関西学院大学研究叢書　第169編

簿記教育上の諸問題

島本克彦

関西学院大学出版会

簿記教育上の諸問題

まえがき

　日本における簿記は、明治期に、銀行員を養成するためだけでなく、教養科目の1つとして導入されたように思われる。ペンを使っての授業は物珍しさもあったともいえるが、何らかの価値を見出したからであろう。つまり、簿記を学ぶことによって、計算、数字や文字の書き方、訂正の仕方、簿記棒による線の引き方をも含む記録方法全般についての知識が得られる。社会生活のためのしつけの意味をも兼ね備えた科目と理解されたのかもしれない。しかし、商店や会社に西洋式の複式簿記が浸透しはじめると、学校で教える場合、統一した指導項目が必要になった。1910（明治43）年、甲種商業学校簿記教授要目の告示がそれである。その後、要目は幾度か改訂されているようである。単式簿記や擬人法による仕訳の説明法等はなくなったが、当時の教科書の内容は、現在でも用語法や法規を除いてあまり変わっていないように思える。

　戦後になると、戦時期の商業教育に対する風当たりを跳ね除けるかのように、その中心科目として簿記教育のさらなる発展を願い、日本独自の検定制度の導入を図られたのである。段階（級）別の検定資格の導入は、珠算と同じように訓練を行うことによって次の段階（級）へと目標を定めることができ、生徒への動機づけを図る1つの手段となった。簿記を訓練科目の1つと位置づけることは、確かに特定の生徒には有効な手段になった。また教える側にとっても、法令や規則等の改正以外、教授項目や方法・内容を考えることなく、各段階（級）の出題範囲に即して指導していけばよかった。その動機づけと指導の容易さのため簿記人口は増加の一途をたどるように見えた。しかし今日では、ICTの出現の影響による簿記関連職の減少や他の資格への生徒のニーズの変化のために、検定制度が有効に機能しない生徒が出現してきた。いわゆる「簿記離れ」について、簿記教育関係者の間で語られることが多くなってきた。徒弟として学ぶのではなく、学校等の簿記は、実社会で行われているものを体系化しながら発展してきた。しかし、いったん体系化したものを実社会で行われている業務内容や事象との照合はあまりされて

いないようである。この点から現在の簿記教育を考えるべきであろう。実社会をできるだけ体験させる教育が主張される今日であって、すべてではないにしろ実社会で行われていないような事象を教えることにどのような意味があるのだろうか。また、生徒が躓く項目や内容について、その教科書における説明方法自体にも問題があるように思える。

ICT の急速な発達に伴い職場や学校の置かれている環境も変わりつつある。本書では、このような状況を意識して、学校教育としての初級簿記の目標は何であるのか。歴史的にどのように変遷してきたのか。また、従来の教育理論や方法も、急速な社会の変化に適応をめざし、脳科学の発達を取り入れ、変わりつつある。そのような状況下で、これからの簿記教育はどうあるべきか。また簿記検定の受験人口の減少等から推測されるいわゆる簿記離れを防ぐ方策はあるのか、といった問題について述べている。

次に、簿記の不易な面として原理的な基礎・基本をしっかりと理解させることには賛同する。しかし、指導内容・方法についても旧来のままでよいのであろうか。個別の項目として、簿記の導入法、簿記教育と倫理、商品勘定、再整理仕訳、決算振替仕訳、単式簿記、簿記を教養科目の1つとして中学校への導入等の問題についても述べている。

また、補論として下野直太郎が推奨しただけではなく、明治後期から大正にかけて普及した大原信久考案の日本式収支計算簿記について述べている。関東大震災により校舎や教材が焼失したり、考案者である大原信久の死去がなければ、日本の簿記学やその教育に多大の影響を及ぼしたと思われるからである。もう1つは、よく学会や研究会の報告で質問のある、ビジネス教育における For と About の問題についても述べている。

本書全体は、これからの簿記を考える場合や現在の簿記教育を指導研究する場合の1つの素材として少しでも役立てればという願いをこめている。

本書は、筆者が 1994 年から 2014 年までに日本簿記学会や日本会計研究学会等で報告した簿記教育に関する論文をベースに加筆・訂正を施したものである。初出の論文を下記に示しておく。

第 1 章　(2000) 日本簿記学会簿記教育研究部会　島本克彦（部会長）『簿記教育上の諸問題――高等学校の現場から』。
　　　　(2004)「簿記教育の諸問題」（統一論題）第 20 回日本簿記学会関西部会報告資料。
　　　　(2005)「簿記教育の諸問題」『日本簿記学会年報』第 20 号、pp. 117-125。
　　　　(2010)「アメリカの商業学校における簿記教育目標の変更」［日本簿記学会簿記教育研究部会（上野清貴・部会長）『教養としての簿記に関する研究』］第 1 部第 7 章、pp. 57-65。
第 2 章　(2009)「ビジネス教育の問題と方策」『商業教育論集』19 集、pp. 9-12。
　　　　(2011)「これからの簿記会計教育」『日本簿記学会年報』第 26 号、pp. 191-201。
第 3 章　(2013)「簿記教育の諸問題――進む簿記離れ」『日本簿記学会年報』第 28 号、pp. 19-27。
第 4 章　(1994)「アメリカにおける簿記導入法の推移について」『研究資料（神戸商科大学経済研究所）』145 号、pp. 27-41。
　　　　(2014)「簿記入門指導における貸借対照表導入法について」（自由論題）第 30 回日本簿記学会全国大会（報告資料）。
第 5 章　(2005)「簿記会計教育と倫理」『日本簿記学会年報』第 20 号、pp. 73-81。
　　　　(2008) 第 7 章「会計倫理教育の可能性――会計倫理は教えられるか」［日本簿記学会簿記教育研究部会（部会長・浦崎直浩）『簿記教育と倫理のフレームワークに関する研究』］pp. 75-80。
第 6 章　(2004)「簿記教育の諸問題」（統一論題）第 20 回日本簿記学会関西部会報告資料。
第 7 章　(2007) 第 8 章「単式簿記と複式簿記――単式簿記教育上の観点から」［瀧田輝己編（2007）『複式簿記――根本原則の研究』白桃書房］pp. 171-192。
第 8 章　(2001)「再整理仕訳についての一考察」『創造（姫路商業高等学校）』

第 13 号、pp. 196-202。
第 9 章　(1999)「高等学校における簿記教育上の諸問題」(統一論題) 第 14 回日本簿記学会関西部会報告資料。
　　　　(2014a)「決算振替仕訳の指導」『大阪簿記会計学協会会報』第 58 号、pp. 5-6。
第 10 章　(1994)「高等学校におけるコンピュータ簿記の導入について」『研究資料 (神戸商科大学経済研究所)』145 号、pp. 43-53。
第 11 章　(2010)「教養簿記の実践」[日本簿記学会簿記教育研究部会 (上野清貴・部会長)『教養としての簿記に関する研究』] 第 3 部第 2 章、pp. 113-121。
第 12 章　(2000)「簿記教育の諸問題」(統一論題) 第 15 回日本簿記学会関西部会報告資料。
　　　　(2000)「高等学校における簿記指導上の問題点と課題——これからの簿記教育と効果的な指導法の手がかりとして」(岸川公紀と共著、うち島本担当部分)『日本簿記学会年報』第 18 号、pp. 54-60。
補章 1　(2012)「日本式収支計算簿記について」第 71 回日本会計研究学会全国大会自由論題報告資料。
　　　　(2014b)「日本式収支計算簿記について」『経理研究』57 号、pp. 145-156。
補章 2　(1998)「商業教育の目標について」『商業教育研究』創刊号、pp. 3-11。

　筆者の簿記の研究については次の 2 人の先生のご指導を抜きにしては考えられない。その 1 人は大学院時代の指導教官であった飯野利夫先生 (一橋大学名誉教授、中央大学名誉教授、駿河台大学名誉教授) である。先生の学部での講義を、「会計学」は通年で 3 回、「高等簿記論」は通年で 2 回も快く聴講させていただいた。ときどき生徒の興味を引かそうとウィットに富んだ話など交えながらも、哲学的な問題についても解説された。会計や簿記の授業では常に「なぜそうなのか」と生徒に問題意識をもたせながら、当時の有名

なテキストを批判的に解説する方法は、つい時間のたつのも忘れてしまうほどの名講義であった。先生のように緻密に考え抜き、その成果に基づいて説明することは私にはとうていできない。しかし、私の簿記授業における仕訳、減価償却や引当金の説明方法は多分に先生の影響を受けている。学会で報告するようになってから、先生のセビロゼミに参加させていただくようになり、黒板を背にする者の心構えをお話しくださるとともに、指導上の疑問点、たとえば「建設仮勘定」の科目にだけ、なぜ勘定がつくのかといった素朴な疑問に対しても、わかりやすくていねいに回答していただいたことが思い出される。

　もう1人は、安平昭二先生（神戸商科大学名誉教授、大阪国際大学名誉教授、関西国際大学名誉教授）である。先生のゼミに卒業生を毎年送っていたことが縁になり先生の研究会に参加させていただいた。日本簿記学会での報告者として数回、ご指名を承った。先生は、「学会準備委員会に、『簿記上の諸問題』として報告しておいたから内容は後で考えなさい」といつも笑いながら話されたことが印象に残っている。研究会では簿記以外にビジネス教育について議論された。先生はその体系化を目指しておられ、「自分はスイス・ドイツのビジネス教育を研究するから、君はアメリカのビジネス教育について研究しなさい」といわれた。日本においてその分野の研究は非常にすくなく困難を極めたが、数回、アメリカのビジネス教育の歴史や現状について報告を行い、その都度、ドイツやスイスの教育との異同点についてご教示いただいた。また、簿記学会での最初の報告時に、深く研究もせず、勘定理論の教育的役割について批判したことがあった。その会場での報告後、先生の指導教官であった戸田義郎先生とともに、内容については忘れてしまったが、痛烈な批判を賜ったことが印象に残っている。その後、もっと勘定理論についても研究すべきとのご指摘を賜り、先生のご著書や論文を中心に、とりわけケーファー・安平の簿記理論の研究を進めた。不明な点は、先生のお忙しいときにもかかわらず、ご自宅に伺って質問させていただき、例をあげながら詳細な説明を受けたことは何よりも幸せであった。しかし、今後の研究方向として、私の能力を見据えてのことだと思われるが、勘定理論をもっと深く研究するようにとは話されなかった。

安平先生のご友人の１人である戸田博之先生（神戸学院大学名誉教授）にも、ご自宅での研究会に参加させていただき、たびたびご指導賜わったこともこの場を借りてお礼申し上げたい。

　また、現在の勤務校である、関西学院大学の平松一夫先生、梶浦昭友先生、小菅正伸先生、井上達男先生、林隆敏先生、阪智香先生、浜田和樹先生、引地夏奈子先生、譚鵬先生にはいつもご指導とご支援をいただいている。この場を借りて、心よりお礼申し上げたい。

　さらに、今まで学会での下記の研究部会に入れていただきご指導を賜った先生方にも感謝申し上げたい（敬称と所属は省略させていただいている）。

　日本簿記学会簿記教育研究部会（2001-2002）『簿記教育における実験的アプローチの有効性』［柴健次（部会長）、徳賀芳弘、木本圭一、岡田依里、岸川公紀、坂上学、高須教夫、中島稔哲、中野常男、福浦幾巳、島本克彦］

　日本会計研究学会スタディ・グループ（2005-2006）『複式簿記システムの構造と機能に関する研究』［中野常男（部会長）、清水泰洋、坂上学、杉本徳栄、高須教夫、陳琦、橋本武久、島本克彦］

　日本簿記学会簿記理論研究部会（2005-2006）『複式簿記の根本原則の研究』［瀧田輝己（部会長）、土井充、富塚嘉一、小林伸行、田口聰志、白木俊彦、松本敏史、島永和幸、杉本徳栄、原田保秀、島本克彦］

　日本簿記学会簿記教育研究部会（2007-2008）『簿記教育と倫理のフレームワークに関する研究』［浦崎直浩（部会長）、野口晃弘、沖野光二、和田博志、池田公司、工藤栄一郎、王春山、菅原智、羽藤憲一、吉岡一郎、島本克彦］

　日本簿記学会簿記実務研究部会（2009-2010）『新会計基準における勘定科目の研究』［菊谷正人（部会長）、石津寿惠、石原裕也、石山宏、梅原秀継、岡村勝義、粕谷和生、北村信彦、小阪敬志、佐々木隆志、杉山晶子、田宮治雄、近田典行、長岡美奈、西山一弘、増子敦仁、溝上達也、吉田智也、依田俊伸、李精、島本克彦］

　日本簿記学会簿記教育研究部会（2009-2010）『「教養としての簿記」に関

する研究』［上野清貴（部会長）、市川紀子、小野正芳、加瀬きよ子、北見善彦、竹中輝幸、中野貴元、長谷川清晴、原田隆、本所靖博、オブザーバー（佐藤信彦）、島本克彦］

日本会計研究学会スタディ・グループ（2013-2014）『学説研究による会計理論構築の探求』［上野清貴（部会長）、小野正芳、吉田智也、金子友裕、山田哲弘、市川紀子、成川正晃、西山徹二、石山宏、浅野千鶴、増子敦仁、中野貴元、長島弘、渡辺竜介、菱山淳、林健治、島本克彦］

本書は、「関西学院大学研究叢書」の1冊として公刊されることは、商学部長寺地孝之先生はじめ、商学部の先生方のご配慮によるものである。深く感謝する次第である。また、本書の出版に際し、いろいろ大変お世話いただいた関西学院大学出版会の田中直哉氏と浅香雅代氏には心よりお礼申し上げる。

2014年10月

島本　克彦

目　　次

　　　　　まえがき　iii

総論的問題　　1

第1章　簿記教育の目標について　　3

　　1　はじめに　3
　　2　アメリカの高等学校における簿記教育目標　4
　　3　目標の種類　5
　　　（1）　職業目標　6
　　　（2）　社会目標　7
　　　（3）　一般教育目標　8
　　　（4）　個人用途目標　11
　　　（5）　大学準備のための目標　11
　　4　目標の変更　12
　　　（1）　職業価値の減少　13
　　　（2）　簿記教員の失業　13
　　　（3）　社会価値の増大　13
　　　（4）　小括　16
　　5　日本における高等学校の簿記教育目標　17
　　6　おわりに　20

第2章　これからの簿記教育　　23

　　1　はじめに　23
　　2　教員・学習者（生徒）・学習内容の変化　23
　　3　指導内容・方法の変化　30
　　4　「覚える簿記」から「よりよく考える簿記」へ　33
　　5　おわりに　37

第3章 「進む簿記離れ」の問題　　*41*

1　はじめに　41
2　方策　42
　（1）　生徒気質の変化（デジタルネイティヴ）を認識する　42
　（2）　簿記に対するマイナスイメージを払拭し、簿記人口の裾野を広げるとともに聡明で理解力のある生徒を取り込む　42
　（3）　簿記教育目標を職業教育目標から非職業教育目標へ拡大する（new vocationalism）　44
　（4）　動機づけ理論の活用　45
　（5）　指導内容や方法の改善を図る（初級テキストの改善）　46
　（6）　講義形態のなかにもアクティブ・ラーニング（PBLや協同学習等）の手法の導入を図る　47
3　アメリカの初級会計（簿記）教育の状況　49
　　　［AP（Advanced Placement）コース］
4　おわりに　50

個別的問題　　53

第4章 簿記導入法の推移について　　*55*

1　はじめに　55
2　仕訳（帳）導入法（The Journal Approach）　56
3　元帳または勘定導入法（The Ledgen or Account Approach）　58
4　小括　60
5　貸借対照表導入法（The Balance Sheet Approach）　60
6　等式導入法（The Equation Approach）　66
7　小括　68
8　現行の日本の教科書における導入法　70
9　おわりに　78

第5章 簿記教育と倫理　　　　　　　　　　　　　　　81

1　はじめに　81
2　なぜ倫理を簿記で教えるべきなのか　82
3　倫理は教えられるか　84
4　目標について　85
5　倫理理論について　87
6　どのように教えるか――事例　91
7　おわりに　94

第6章 商品勘定の指導　　　　　　　　　　　　　　　97

1　はじめに　97
2　商品売買の各種処理法　97
3　繰越商品の決算整理仕訳　100
4　継続記録法と有意味学習を用いた指導例　106
5　おわりに　110

第7章 再整理仕訳についての一考察　　　　　　　　113

1　はじめに　113
2　再整理仕訳　113
3　おわりに　119

第8章 決算振替仕訳　　　　　　　　　　　　　　　121

1　はじめに　121
2　損益勘定の呼称　121
3　名目勘定（一時的勘定）・実体勘定（永久勘定）についての説明　122
4　損益勘定への振替仕訳と純損益の資本金への振替仕訳　122
5　精算表との関連　123
6　おわりに　123

第9章　単式簿記と複式簿記　　　　　　　　　　125
　　　　　　──単式簿記の観点から

　1　はじめに　125
　2　起源・発達　125
　3　定義　126
　4　単式簿記と複式簿記の異なる点　129
　5　単式簿記による教育　132
　6　おわりに　134

第10章　コンピュータ簿記の導入について　　　143

　1　はじめに　143
　2　簿記の授業にコンピュータを導入する方法　143
　3　コンピュータ簿記の指導上の留意点・効果について　146
　　（1）簿記基礎教育の重視　146
　　（2）簿記教育にコンピュータを導入した場合の効果　147
　4　今後の課題　147
　5　おわりに　148

第11章　中学生のための教養簿記　　　　　　　151

　1　はじめに　151
　2　中学生のための教養簿記　152
　　（1）中学生における教育目標　152
　　（2）中学生における簿記教育の必要性　154
　　（3）中学生における教養簿記の内容　159

第12章　その他の問題　　　　　　　　　　　　163

　1　はじめに　163
　2　コンピテンシーに基づく簿記教育　163
　　（competency-based education）
　3　科目名としてふさわしいのは「簿記」か「会計」か　167

4　簿記のイメージ問題　　170
　　　5　有効な指導方法・アイデア　　172
　　　6　おわりに　　176

補論 1　日本式収支計算簿記について　　*179*

　　　1　はじめに　　179
　　　2　収支簿記　　180
　　　3　起源　　183
　　　4　貸借簿記（シャンド簿記・貸借簿記）との比較　　184
　　　　（1）　基本原理　　188
　　　　（2）　総勘定元帳への転記　　189
　　　　（3）　貸借対照表・損益計算書の作成　　190
　　　　（4）　現金仕訳―取引の擬制　　191
　　　5　おわりに　　192

補論 2　ビジネス教育について　　*197*
　　　　　　―― For と About

　　　1　はじめに　　197
　　　2　ビジネス教育の定義　　198
　　　3　ビジネス教育の2つの目標　　200
　　　4　おわりに　　205

　　　　参考文献　　207
　　　　あとがき　　239
　　　　索　　引　　241

総論的問題

第1章　簿記教育の目標について

1　はじめに

　約45年前、高等学校の教員であったWalker（1969, p. 199）は、ビジネス教育の専門雑誌において今日の簿記教育について次のように予言していた。

　西暦2000年までに簿記の教員の仕事はなくなっているだろう。反復的な練習によって批判的思考や学習を「妨げる」教員の技能は、もはや必要とされず、教室内で「せっせと作業する」雰囲気を作り出す教員の能力は、市場性ある資産ではなくなるであろう。
　教員は、ビジネス界や産業界がもはや「複式記帳係」や「手作業の転記係」を求めていないことに気づくであろう。そして「教科書信奉者」としての現在の地位は奪われるであろう。想像力や創意工夫に富んだ進取の精神の必要性を今まで感じず、習得しようともしなかったが、それが彼の弱点（Achilles's heel）となるであろう。彼は、伝統的な方法で教えられる簿記は「保守的な頑固者」が「古き良き時代」を懐かしんで思い出す代物になることに気づくであろう。
　西暦2000年には、今日われわれの学校に存在しているような形の簿記は「過去の物」になるだろう。そうなるのに長くはかからないと信じる「厭世者」もいる。彼等は、コンピュータのせいで、そのコースは今や時代遅れとなり「着実に坂道を転げ落ちている」と断言している。
　こういった考え方と全く同意見というわけではないが、私は、教材の内容や指導手順を変えなければ、個人的かつ職業的技能としての簿記は、完全

に学校のプログラムから除かれると信じている。

　アメリカでは、この45年（とくにこの15年）間において、教材の内容・指導手順が改善され、コンピュータ教育との統合が図られてきたので、現在のところ高等学校やカレッジレベルから簿記プログラムは除かれていない。日本の高等学校の簿記教育については、教材の内容や指導手順を変えなければ、Walker の予言の西暦2000年を西暦2030年に置き換えれば同じことがいえるかもしれない。また高校教員時代、同僚の他教科の教員から「簿記は就職にほとんど役に立たないのに、高等学校で教えて何になるのか」といった質問を発せられることがよくあった。かかる質問が出るように、なぜ高等学校や大学で簿記を教授する必要があるのであろうか。商業系の高等学校や大学において、なぜ昔からカリキュラムに入っているのであろうか。商業系以外の高等学校や大学でも教授すべき科目なのであろうか。いったい高等学校や大学での簿記の教育目標ないし価値は何であろうか。現在、景気は少し回復しているものの、高等学校や大学卒の就職は依然として厳しい状況がずっと続いている。とくに、経理事務員としての採用は、中小企業であっても非常にすくない。このようなことは、1930年代のアメリカでもあったようである。初級に限れば大学も同様であるが、大学では高校ですでに学習した生徒もいると考えられるので、すべての生徒がはじめて習う高等学校に焦点を当て初級簿記教育目標ないし価値とその変更について述べることにする。そこで、アメリカの高等学校の状況を参考にしながら日本の高等学校の簿記教育目標について考えてみたい。

2　アメリカの高等学校における簿記教育目標

　1823年にアメリカの高等学校に簿記の科目が取り入れられたが、その目標は何だったのか。簿記係を養成するため、あるいはその養成準備のためなのであろうか。将来の個人生活に役立てるためであろうか。それ以外に何かあるのだろうか。アメリカでは簿記教育を議論する場合、その目標ないし価

値について取り上げられることが多い。現在のアメリカ簿記教科書の指導書(1)では、職業目標以外に社会目標・一般教育目標・個人用途目標についても述べられている。そのような目標がなぜ述べられるようになったのか。1930年頃の、高等学校の初級簿記に限定した上でのことであるが、アメリカではこれらの簿記目標についての議論が活発になされたようである。

簿記科目は、1709年初頭 Boston（その後1731年 New York）において、航海術、測量術という他の職業科目とともに私立中等学校で提供されたのがそのはじまりだといわれている。簿記としての教科書は、1796年にはじめて Philadelphia で発行された。1821年、Boston で最初の公立高等学校（The English Classical School for Boys）が設立され、2年後の1823年に簿記がそのカリキュラムに追加された。そして、Massachusetts 州議会は1827年に簿記を必修科目に定めた（Hosler et al., 2000, pp. 3-4）。

1918年中等教育改造委員会（Commission on the Reorganization of Secondary Education）が、民主主義における中等教育における7つの基本目標——(1)健康、(2) 基礎的技能の習得、(3) 価値ある家族の一員、(4) 職業、(5) 市民教育、(6) 価値ある余暇利用、(7) 倫理的品性——を掲げた。これは、伝統的ないわゆるアカデミックな教育目標に対して、共同社会に生きる市民の育成と個人の生活経験による学習を重んじる総合的目標の実現のために、20世紀前半のアメリカ中等教育において指導的な役割を果たしたといわれている(2)。当時、簿記は純粋な職業科目であったので、この中等教育目標の第4の目標に重点が置かれていた。これから述べる1930年代の議論のはじまりはこの基本目標にあったと思われる。その後にこの第4以外の目標を初級簿記の望ましい基本目標とし、第4の目標を副次的と考える者が現れたからである。

3　目標の種類

簿記（コース）はビジネス教育のバックボーン（Sproul 1929, p. 40）であったが、その教育上の目標に対する考えはどのようなものだったのだろうか。各論者の簿記教育の目標についてその項目のみをまとめたものが図表1-1である。

図表 1-1　簿記教育の目標

File (1932)	Noel (1935)	Shilt (1937)	Andruss (1937)	Tonne (1947)
・職業 ・一般ビジネス訓練 ・社会 ・上級会計への準備 ・習慣づけと人格形成	・職業価値 ・教育価値 ・社会価値	・職業価値 ・社会価値 ・個人価値 ・経済価値	・一般ビジネス訓練 ・職業 ・習慣づけと人格形成	・個人および家庭用目標 ・消費者としての目標 ・企業管理上の手助け ・就業前準備

Breidenbaugh (1950)	Zelliot (1950)	Boynton (1955)	Casady (1974)	Gilbertson (1992)
・一般教養価値 ・職業目標 ・会計訓練の基礎 ・個人目標 ・社会目標	・一般教育価値 ・個人用途価値 ・補足的価値 ・予備的価値	・職業目標 ・関連職業目標 ・個人用途目標 ・一般教育目標 ・（付随目標）	・大学の準備 ・コンピテンシーの発達 ・キャリア開発 ・一般教養	・職業準備 ・一般教育（キャリア開発、ビジネス言語、個人用途、コミュニケーション、倫理、数学の単位） ・コミュニティサービス ・大学準備教育

出所：筆者作成

以下に、(1) 職業目標、(2) 社会目標、(3) 一般教育目標、(4) 個人用途目標、(5) 大学準備のための目標について簡単に説明する。

(1) 職業目標

ここで各論者の述べる職業目標の意味内容はほぼ同じである。「生徒が卒業後に、個人企業、パートナーシップ、株式会社形態のもとでビジネス活動を有効に行うために帳簿をつける能力と技術を獲得させることである (File 1932, p. 75)」。つまり、職業目標とは将来の簿記係（bookkeeper）の養成ないしその養成準備を重視する目標のことをいう。なお、現在では職業（vocational）という言葉のもつイメージの悪さ等からキャリア（career）といいかえられていることを補足しておく（第3章2(3)参照）。アメリカの簿記教科書では、日本と異なり、最初に簿記に関係する職業（公認会計士、捜査会計士、会計担当者、簿記係等）について図表1-2のような簿記教育のラダーの説明がなされている。

図表 1-2 簿記教育のラダー

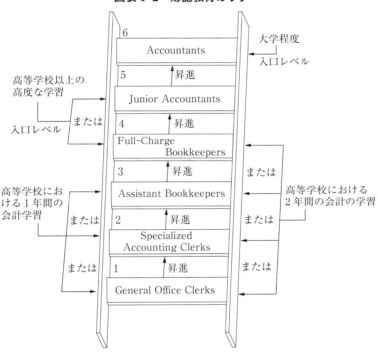

出所：Gilbertson (1992, p. 2)

(2) 社会目標

　社会目標とは何を意味するのであろうか。この目標については経済社会全体から説明する論者がいる。簿記の学習は現在の経済構造を理解する上で、間違いなく社会的な価値がある。生徒は、ビジネスの知識を獲得して固有の習慣を形成することにより、特定の問題解決技法を身につけることができる。ビジネスの手段を通して、また市民としての健全な思考を通して、社会に貢献することができる。簿記指導の社会的な目標は、自由経済社会においてビジネスがどのように機能しているかを生徒に学ばせることである。
　また、消費者つまり社会ビジネスの観点から File (1932, p. 75) は次のように述べる。

社会目標という言葉によって我々は消費者と市民が帳簿記録を利用することを意味している。我々の社会組織、たとえば家庭、学校、友愛組合、教会、政府では、財務記録を行うことが必要である。ビジネスの観点に基づいて業務を処理しようとするとき、我々は収入と支出のバランスが取れるような予算を採用し、収入と支出の管理をしている。……将来の職業にかかわらず、消費者や市民は、帳簿記録と日々の個人的な業務との関係を知る必要がある。さらに市民として我々の税金の歳入と歳出が公正で効率的であることを知る権利がある。簿記は、こういった知識と観点を消費者や市民に提供してくれる。

社会目標は、いろいろな観点から述べられているが各論者の説明は非常に漠然としており理解しにくい。そこでその意味する内容をはっきりと述べている Atkinson（1934, pp. 388-389）の下記の説明は大いに参考になるであろう。

簿記の「社会」目標というとき、我々は何を意味しているのか。この用語は多かれ少なかれ漠然としており、若い教員だけでなく経験のある多くの教員にとっても分かりにくい。「社会」というこの言葉を取り巻く神秘のベールをちょっと剥がし、謎を取り去って見よう。それは単に、簿記の目標を社会に役立つようなものにすることによって、このコースを教育計画の中でもっと重要な位置づけにし、生徒が将来市民となったときに「一般に役立つ」よう訓練すべきであるということを意味しているにすぎない。簿記コースは、実生活の活動に引き継がれる可能な限りの価値観をもって教えられるべきである。いいかえれば、いかに役立つか（有用性）が、このコースの目標をいかに効率的に遂行するか（効率性）を決定する尺度となる。社会価値とは有用価値を意味するのである。

(3) 一般教育目標

アメリカでは職業準備のための目標に対して、後述する Landrum の説明からわかるように、1929 年の金融恐慌を境に疑問の声が沸きあがってき

た。そこで、簿記の教員は、職業準備のための目標ではなく簿記の一般教育目標を強調した。アカデミックコースと肩を並べるために、簿記の教員は、アカデミック教員が自分たちの科目を正当化するのと同じやり方で簿記を正当化した。また、当時ビジネス教育の第一人者であった Harvard 大学の Nichols は 1935 年に下記のような演説を行っている（Percy 1935, p. 777）。

簿記を学習する全ての生徒が、必ずしも将来簿記係になると考えるべきではない。初級の簿記コースは、ある生徒にとっては、疑いもなく、他の科目よりも大きな一般教育価値がある。そしてこの科目の初級コースはあまり高度に職業的で難しくすべきではない。

同時期のビジネス教育のリーダの 1 人である Fearon（1935, p. 539）も次のように述べている。

簿記の目標は生徒に簿記係になる訓練をさせることではなく、生徒にビジネスを理解する経験を積ませることである。我々のクラスに登録した生徒の大多数は、簿記係にはならないだろう。

1945 年のハーバードレポート（Report of the Harvard Committee, pp. 64-65）『自由社会による一般教育』によると、「適切な一般教育とは、単に知識を伝えるだけではなく生徒の精神面におけるある態度を育成することである。次の態度と能力――（1）効果的に考える、（2）考えを伝える、（3）適切な判断をする、（4）価値を識別する――は、もしそれがきちんと教えられるなら、どのようなコースでも養われる」と述べている。それゆえ一般教育は間接的な教育であり、教員の指導方法や姿勢がクラスに影響する。

Landrum（1952, p. 245）は、このことを具体的な例をあげて次のように説明している。

私がクラスで簿記を教えていると仮定してみよう。私は教科書を用いて、簿記の諸原理を説明し、生徒が簿記を学んでいると思っている。簿記だけ

を学んでいると思っているが、そこが間違いである。簿記のほかにも生徒は次のようにいろんなことを学んでいるのである

① 教員を好きになる。あるいは、きらいになる。
② 合格点を取るためにまじめに勉強する。あるいは、難しくしすぎるとカンニングをする。
③ 周りの者の権利を尊重するようになる。あるいは、軽視するようになる。
④ 教員が公平であるかどうかを知る。あるいは、えこひいきをしているかどうかを知る。
⑤ 公共の財産を尊重するようになる。あるいは、軽視するようになる。
⑥ 簿記の原理を効果的に推論できるようになる。あるいは、合格点を取れるようにただ記憶しようとする。
⑦ 簿記の内容に関して、程度に差はあれ、考えを伝えることができるようになる。
⑧ いろいろな取引の結果を帳簿に記入する際、程度に差はあれ、判断ができるようになる。
⑨ 資産、負債、資本、費用、収益を見分け、さまざまな取引がそれぞれの勘定にどのように影響を及ぼすかを識別できるようになる。

Breidenbaugh（1950, p. 17）も、簿記はアカデミック科目と同様に一般教育価値に貢献しうることができるし、するべきであると主張する。その科目には、情報的、訓練的、文化的価値が期待されなければならないとして、下記のような実践的な面を示している。

① 論理的思考力と判断力の育成。
② 事実をグループ化し、概念を結びつける能力。
③ 全体との関係で部分を見る習慣。
④ 類似点や相違点を見極める能力。
⑤ 推論する能力。

⑥　集中・注意・観察・記憶の習慣づけ。

(4) 個人用途目標

　この目標は、生徒をビジネスの問題に精通させ、そして個人用途のために簿記の知識を習得させるという2つの観点から述べられる。新聞等でビジネスに関する文章を読むときや個人のビジネスの問題を考えるときに役立つであろう。将来、いかなる職業に就いても簿記の知識は役に立つであろうし、所得税申告書作成の際にもその知識を適用することができる。また、簿記の学習は、正直・正確さ・自己抑制・価値観を識別する力・協調性等、後の人生において役に立つさまざまな習慣や個人の特性を発達させる機会を提供する。他の教科ではこれらの点がどちらかというと軽視されることが多いのではないだろうか。それ故、簿記の科目においてこの目標が述べられるのである。

(5) 大学準備のための目標

　1935年デューイの主宰する進歩的教育協会が「8年研究」を行い、1942年にその報告書が出版された。[3]その中にある高等学校のカリキュラムについての研究結果が、この目標を論ずる1つの論拠となったようである。高等学校のコースや科目で、すべての生徒が大学で成功するために履修すべきものがあるか、という質問に対して、8年研究の結果、高等学校で履修する科目が、大学での成功を左右することにはならないということであった（Casady 1974, p. 19）。いいかえると、大学準備コースを取る必要はなく、職業科目を選んでも大学で成功していくチャンスは同じようにあったのである。このことは高等学校における簿記が、幾何学、代数学、社会科、物理学、化学などのように、大学に行きたいと願う生徒にとって価値があることを示している。

　実際のところ、大学の教員は、高等学校の簿記をどのように考えていたのであろうか。Huff（1972, p. 73）は、次の事実を紹介している。

　テキサスCPA協会がはじめた「著名講師シリーズ」の最初の講師として

招かれたミシガン大学名誉教授 William Paton は次のように述べた。「私は、何年間も、「会計原理」の講義の最初の時間に、まず、高等学校で簿記を学習した生徒に挙手をさせ、彼らに今まで学んできたことはすべて役に立たないから忘れるようにといってきた。しかし、のちに、自分が誤っていたことに気づいた。つまり、簿記学習の経験は、大学で会計を学びはじめた最初の学期に、はっきりと利点として表れてきたのである」彼の話は、私が常々正しいと信じていたことを裏付けてくれた。

この利点を確認するためにその後いろいろな研究がなされたのである。Hellmuth (1991, pp. 13-16) の調査によると、大学の会計コースの出発点では、高等学校で簿記をとっていた生徒は非常によくでき、簿記をとっていなかった生徒よりもかなり有利であった。しかし、コースが進むにつれてその利点はすぐに減っていき、最終的な成績では、両者の間に重大な相違はまったく見られなかった。だからといって、生徒に高等学校で簿記をとらせるのをやめたほうがよいと結論づけるのは間違っていると彼は述べる。大学ではじめて学ぶトピックのうち、貨幣の時間価値・パートナーシップ会計などについて、高等学校で簿記を学習した生徒は、学習していない生徒ほど理解するのに困難を感じなかった。さらに興味深いことには、簿記コースを履修していた生徒がそのコースを途中でやめる率は、簿記の知識をもたない生徒の3分の1であった。それは忍耐や責任という特性が高等学校のコースで培われた結果であるかもしれない。このことから、高等学校の簿記教育が大学で会計を学ぶ準備として役立っていることが分かる。高等学校の初級簿記は、そのカリキュラムを、変わりやすく、すぐに時代遅れになる職業目標に合わせようとするよりもむしろ、生徒が上のレベルの学習に備えられるようにするべきであるとしてこの目標について述べられている。

4　目標の変更

では本来、職業目標だけであった簿記教育の目標が、なぜ変更されたので

あろうか。その原因として次のことがいわれている。

(1) 職業価値の減少

　1920年頃には、高等学校での簿記についての異論が出始めていた。高等学校卒業後の青少年によって行われる通常のオフィスの仕事は、厳密な意味での簿記というより雑多な事務的性質がはるかに強く、かなりの簿記を用いる仕事はたいてい経験のある大人によって行われていたからである。1930年の調査によると、雑務を行う事務員の数が2,087,379人なのに対して、簿記係、現金出納係、会計担当者の数は930,648人であり、後者に属する10-17歳の事務職員はほんの15,579人にすぎず、18-24歳では297,274人であった（Tonne and Copeland 1938, p. 13）。簿記の知識を要求するこれらの職は、もちろん毎年交替がなされるわけではなく、交替があってもその補充は高等学校以外のところからなされたのである。

(2) 簿記教員の失業

　1928年の金融恐慌が（1）のような状況にさらに拍車をかけた。生徒の就職だけでなく簿記教員にも失業者が出てきたからである。その当時の状況についてLandrum（1952, p. 244）は次のように述べている。

　高等学校で簿記を履修しても、本当に簿記の仕事に就くことができるのか。年齢に関係なく誰もが仕事に就くことは不可能でないにしても難しかった。最悪なのは学校の教員の中にも仕事を失うものがいたことである。不幸にも、一番最後に雇われたものが最初に解雇されるというのが一般的な方針であった。そして最後に雇われたのがビジネスの教員であることが多かった。なぜなら、ビジネスカリキュラムが高等学校のプログラムに最後につけ加えられたからである。

(3) 社会価値の増大

　Clevenger（1939, p. 13）[4]は簿記本来の面からその社会価値の必要性について述べ、簿記科目がきちんと教えられるならば、個人の将来の進路希望にか

かわらず、すべての者にとって価値のある科目となりうるとしている。なぜ個人のビジネスが失敗するのかについて、Yale Law School の Douglas 博士が掲げた6つの理由のうち、①「正しく勘定簿をつけていない」、②「簿記上の事実を取り入れていない」という簿記に関する最初の2つの理由と「ビジネスに失敗した人の90%は帳簿をつけていない」という指摘を引用し、「きちんと帳簿記入することは、その人が有能な人物かどうか、ビジネスを行う権利があるかどうかを試すありふれた日常の手段である」という博士の文言を簿記（とくに記録面）に社会価値があることの根拠としている。

なお、目標が変更された理由について、アメリカの商業教員のバイブル『ビジネス教育の原理』の著者である Tonne（1947, pp. 275-276）は、次のように述べている。

> 高等学校において簿記がその地位を確立するや否や、行政者や教員たちは単なる職業獲得価値（job-getting value）だけで、果たしてその地位が正当化できるのだろうかと感じはじめた。つまり彼らはそれに教養的な側面も与えることを望んだ。「簿記」は新しく入ったばかりで、ぎょうぎょうしい目標は掲げていなかったけれども、生徒にとっては伝統的な科目と同じくらい有用であると主張した。なぜならそれは鍛練価値すなわち訓練移転価値を持ち、生徒がよりよい市民になる手助けをすると考えたからである。簿記は学習プログラムにおいて主要な地位を占めていた算術に似ていると考えられていた。数学に鍛練的価値があるなら簿記にもその価値があり、勘定を記録する場合に必要な綿密な思考は、他の分野にも転移するはずである。また、簿記は記述の几帳面さ、記録の誠実さを重用視するものと考えられていた。このような特性は他の活動にも転移するはずである。さらに簿記を理解することによって、生徒は政府の財政についてよりよい判断をし、したがってよりよい市民になるはずである。そういった推論がなされていた。
> しかし、1925年頃には簿記の訓練目標はそれほど重要視されなくなっていた。教育心理学者たちによって、訓練転移価値（transfer-of-training

value）はある科目に特有のものではなく、転移のための真の準備がなされればどんな科目にも存在することが明らかになった。しかし、1920年代は市民のための教育を重視していたため、大部分のビジネス教育者たちは、そのような教育を簿記の第1目標として受け入れるようになった。

上記のように目標は変更されたように思われたが、論争が生じた。社会化された簿記のようなものはないとして、職業目標の正当性を支持するグループは、「簿記が簿記であるためにはその名前と本質において、職業的である（Landrum 1952, p. 246）」「それが職業ではないとすると、それはどのような簿記でありうるのか（同 1939, p. 247）」「簿記は一つの職（vocation）である。従業員が記録することによって報酬を受け取る仕事である」と反論する（同 1952, p. 246）。しかし、社会化を主張するグループは、上に述べたような簿記履修者の数パーセントしか簿記係として職を得ることができないという実態や、機器操作力が要求されるようになってきたオフィスの状況に注目し、簿記教育の目標を社会化することはよいことであるとした。また個人用途を目標とすることも、消費者教育の一部としても正当化されうると主張した。著名な簿記の教育者であった Andruss（1934, p. 274）[5]は簿記目標の社会化について次のように支持している。

簿記の将来は、社会化に基づく再編成にかかっている。純粋な職業目標だけではもはや支持されない。ビジネス教育者たちはこの点で意見が一致している。大人の生活への準備として、すべての高等学校の生徒が消費者の観点から簿記の知識をもつべきである。現在のコースがこの目標を達成できるように再編成され、すべてのビジネス生徒が簿記コースを1年間学習するならば、その社会的な価値に基いて正当化されうるだろう。その後もさらに続けて学習することは、将来ビジネスで使おうと明確に考えている少数の生徒にとっては、職業的な観点から正当化されるであろう。

Shilt（1937, p. 9）も次のように説明している。

国勢調査による、簿記係や会計担当者になった簿記履修者の数（のすくなさ─筆者注）を指摘して、中等学校における簿記教育を批判する教育関係者が近年多数いるが、これは簿記の学習を非難する十分な理由となりうるであろうか。私たちの多くは化学や物理を2・3年学習し、もしかしたらラテン語や外国語を数年学んでいるかもしれないが、そういった知識を使って生計を立てることを期待しているだろうか。多くの法律家や薬剤師は簿記を学習するが、会計担当者になることを期待していない。医者は心理学を学習するが、心理学者になることを期待してはいない。

(4) 小括

1930年代には、簿記を学習してもわずかの者しか職に就くことができないという経済状況や機械化に伴う職場の状況の変化は、否定できない事実になっていた。職業目標だけでは簿記の科目を設定する意味を見出すことが困難になっていたのである。そこで、非職業目標（社会目標・一般教育目標・個人用途目標等）が主張されはじめたのである。それにより地域や学校管理者から簿記科目設置の意義が認められ、また簿記教員は失業を免れるという2つの効果が期待できたのではないかと思われる。いいかえると目標の変更（あるいは拡大）は、高等学校における簿記の科目それ自体とそれを教える簿記教員の生き残りをかけた戦いであったのかも知れない。当該学校の生徒・保護者・行政担当者の要望や経済社会（とくに地域経済）の状況を反映して目標は変更されたのである。もっとも非職業目標を主張する論者も職業目標を完全に否定しているわけではない。考えられるいくつかの目標のうち、どの目標を主にし、どれを副次的にするかは簿記担当教員の責務になったのである。目標の変更により第4章で述べるように簿記の導入法も変更されたのは当然のことであろう。社会目標を支持する教員は貸借対照表導入法や等式導入法を支持したと考えられる。

5　日本における高等学校の簿記教育目標

　日本では、1884（明治17）年に商業学校通則が制定され、商業教育の一科目として簿記が中等学校に導入された。商業学校（第一種）設置の目的は「主トシテ躬ラ善ク商業ヲ営ムヘキ者ヲ養成スル」と通則に規定（第一章第二条）されているように、職業準備のためであった。その後、大正、昭和と制度的に幾多の変遷はあったが、戦後1948（昭和23）年に始まる新制の高等学校にも簿記が導入された。

　日本では上記（1）（2）（3）（4）（5）の目標のうちどれを強調しているのであろうか。1950（昭和25）年の学習指導要領（試案）では商業教育の一般目標として次の5つの項目が列挙されていた。

1　商業が、経済生活において、どのような機能を果たしているかについて理解する。
2　商業に関する基礎的な知識・技能を習得して、経済生活を合理的に営むために役立てる。
3　商業を自己の職業とする者にとって必要な、知識・技能を身につけ、商業を合理的・能率的に運営する能力を養う。
4　正しい、好ましい経営の態度・習慣を養い、国民の経済生活の向上に貢献するように努める心構えを養う。
5　商業経済社会の新しい状態に適応したり、さらに、いっそう発展した研究をしたりするために必要な基礎を養い、将来の進展に役だつ能力を身につける。

　これらの項目は、当時のアメリカの状況を反映したものと思われる。上述の1と2は一般教育目標ないし社会目標にあたり、3と4は職業目標にあたり、5は大学準備のための目標にあたる。なお、1978（昭和53）年より商業教育の目標は限定列挙から一文主義になり目標が明確でなくなっている。

　思うに、検定試験に合格させることが（1）（2）（3）（4）（5）の目標を見

出すことにつながると考えている教員が多いのではないだろうか。出題範囲が決まっており、合格を目標に動機づけを図ることは、検定のない科目と異なり指導しやすい面をもっているのも事実である。しかし、ややもすれば、合格のための技法の習得にはしり、上記の目標が本当に見出せるかどうかは疑問である。

　また日本では、簿記の職業目標については論じられるが、一般教育目標を論じる人はすくない。もともと簿記という科目は職業高校で職業のための科目という認識があったからであろう。しかし、戦後初代の教科調査官であった大埜隆治はこのような目標を十分に認識していたと思われる。大埜（1953, p. 188）によると、1949（昭和24）年7月14日の当時総司令部経済局にいた Robert Swanson 氏は、文部省に対して、「商業課程の生徒だけでなく、すべての生徒に対して選択科目としてでも簿記を含むように各学校は奨励されるべきである」という簿記教育の普及を強調した勧告書を提出している。この勧告書どおりどうして普通科の選択科目としてでも奨励されなかったのであろうか。今からでも一般教育価値を広く奨励しても遅くはないと私は考える。専門高校（商業高校）や一部の普通高校だけが簿記の科目を設けるのではなく、一般教育目標、さらにはキャリア開発の手段として、もっと多くの普通高校においても簿記を選択させるようアピールすることが必要だと思う。もっとも選択させることによって入試科目の学習時間が減少するという意見もあるであろう。ではなぜ同じ職業教科である家庭科は必修とされているのであろうか。社会の変化に柔軟に対応できる能力や人材の育成を図るという観点から、また生涯学習の基礎的な資質の育成を図る観点からも、簿記は重要な科目であり、ビジネスに何らかの関わりをもって経済社会の構成員として生活していく上で欠かせない。なお、(5) の大学準備のための価値を考えるにあたっては、全米ビジネス教育協会（NBEA: National Business Education Association）刊行のビジネス教育のスタンダードのような高大連携したシームレスなスタンダードを作成することが必要になるであろう。そうすることによって一部の高等学校で行われている日商検定1級レベルのような行き過ぎた簿記教育を是正することになるであろう。日商検定1級に合格させることを主張する高校教員は、生徒がその検定受験のために基礎・基

本的な普通教科の学習を犠牲にしているという事実をどれだけ認識しているのであろうか。

　また、現在も、地域によっては高等学校卒業後経理事務員として採用される生徒もすくないながらいるので、この職業目標をすべて捨てるわけにいかない。しかし、日本の教科書では、アメリカのものとは異なり、税理士や公認会計士といった専門職を含む簿記に関係する職業についての説明はほとんどされていない。一方では進路指導等でキャリア開発を声高くいいながら、科目の中で職業についての説明がほとんどなされていないのはなぜなのだろうか。

　実際のところ、日本の簿記教育では目標について議論されることはほとんどない。一部の大学も商業高校と同様に、検定合格という目標に向けて教員と生徒が日々検定の問題演習に取り組んでいるのが多く見受けられる。日本でも各地域において産業の種類や形態が異なっており就職状況も違うが、簿記を履修して経理の職に就く者は非常にすくなくなっているのが現状であろう。また、第3章で述べるように以前と比べ高等学校や、また商業系の大学においても選択科目になっているなどの理由で、簿記の履修者は減少しており、今一度簿記教育の目標について考える必要があろう。ただどの目標に重点を置くかは、各高等学校や大学の教育目標や生徒とともに、学校を取り巻くステークホルダーのニーズによって異なるであろう。

　初級のビジネス教育（とくにアメリカの高等学校のビジネス教育）の歴史について調べてみると、日本はアメリカが辿った道を年数のラグはあるがほとんど同じように歩んでいるように思われる。それ故、この目標の変更についての議論は、ビジネスについての情報を理解でき、また健全な市民として、すべての生徒が学習すべき第11章で述べる「教養簿記」を考える際の拠り所の1つになると思われる。商業高校生や商業系の大学生だけを対象とするのではなく、できるだけ多くの生徒が履修できるように初級の簿記教育の目標を見直すときが来ているのではないかと思う。昨今「生きる力」「学士力」等といわれている。このような力の基礎・基本に最も深く関連しているのが3R（読み・書き・計算）といわれているが、これにもう1つのR（Recordkeeping）やB（Bookkeeping）を加えるべきであろう。

6 おわりに

　本章では、1930年代にアメリカで議論された簿記（初級簿記）の目標とその変更について紹介し、日本の簿記教育目標についても述べた。当時はまだコンピュータはいうまでもなく簿記機器もまだ発達していない、いわゆる手書き簿記の全盛期といっても過言でないであろう。当初は高等学校卒業後の職業に結びつくための簿記教育であった。好況時は需要もあり簿記のコースは活況を呈していたのである。しかし不況になるとその存在意義が問われるようになり、目標が変更された。いわゆる高等学校の出口の状況が入口（簿記コースの登録）の問題に影響を及ぼしたのである。その後、進学率の上昇に伴う大学への進学準備目標、またコンピュータの出現に伴う職場の状況への対応のための目標や教材内容の変更も行われてきた。このような状況のうち進学準備目標を除いては大学における簿記教育の目標にもあてはまるであろう。それゆえ日本の簿記教育の目標について再考することが必要と考える。

注

（1）　現在、アメリカの高等学校の教科書では、「会計（Accounting）」と表現されている。Bittner（2002, p. 32）が「高等学校の会計コースは、基本的に簿記コースである」と述べているように、日本の簿記と内容の程度差はあるもののほぼ一致していると考えてよいと思う。それゆえ本書では原則として「簿記」という名称で統一して述べている。アメリカにおける「簿記」から「会計」へ呼称の変更については第12章で述べている。

（2）　なお、1918年前後のアメリカのカリキュラムの状況については、倉沢剛（1996）を参照されたい。日本と異なり教育辞典にも「簿記」の項目がある。たとえば有名なGood編（1945）の辞典では「簿記」（p. 49）という項目だけでなく、「簿記―個人用途」（p. 49）、「簿記―社会化」（p. 49）、「簿記―職業」（p. 50）の項目が掲げられている。

（3）　Progressive Education Association, (1942, pp. 118-119). なお、8年研究の概略については倉沢（1985, pp. 607-660）を参照されたい。

(4) Clevenger (1939) の 13 頁の左 37 行の 905 は 90% の誤植と思われる。なお、Wisehart (1930) も参照。
(5) Andruss (1934) の論文に対して Hill (1934, p. 386) と Agnew (1934, pp. 386-387) によるコメントがある。参照されたい。

第2章　これからの簿記教育

1　はじめに

　会社法の改正（2005年7月）、中小企業の会計に関する指針（同年8月）、金融商品取引法公布（2007年6月）、XBRL本格導入（2008）、国際会計基準（IFRS）による連結財務諸表の作成を容認（2010）、各種の実務指針の公表、各種の企業会計基準や企業会計基準適用指針の公表等に見られるように昨今の簿記を取り巻く環境はめまぐるしく変化し、会計実務はいうに及ばず、学校において、将来その業務に携わるであろう教育内容に及ぼす影響は計りしれない状況にある。
　ところで、環境の変化は教育内容だけであろうか。学習者である生徒、指導者としての教員は変化していないのであろうか。また変化の激しい将来の経済社会の担い手である生徒を育成する教授方法は今のままでよいのであろうか。学習したものを単に記憶し、それを評価するだけの指導方法でよいのであろうか。本章では、これからの簿記教育について、主にアメリカ高等学校の指導事例を参考にしながら以下述べることにする。

2　教員・学習者（生徒）・学習内容の変化

　簿記の教育について述べられるとき、会計制度の変革の対応ばかりに気を取られがちである。生徒や教員の世代間や教育理論も変化していると思われる（図表2-1参照）[1]。とくに図表2-2に見られるような世代間（サイレン

図表 2-1　教員・生徒・学習内容

```
         世代間の変化          　　　　　
         教育理論の変革  教    学        会計制度
              ⇘      員    習    ⇙
                          内
                          容

                   生    徒
                     ⇑
                  世代間の変化
```

出所：筆者作成

ト世代⇒ベビーブーマー世代⇒X世代⇒ミレニアム世代）の差異について議論されることがすくないように思われる。よく教員自身やマスコミの間で「このごろの生徒は……」という議論がなされる。しかし、生徒を責めることはできない。時代の変化につれ生活様式や社会環境（ICT等）も変化しており、その中で生徒を育てているのは大人である教員自身の世代であるからである。逆に教員自身の能力・態度についてはどうだろうか。大雑把な議論になるが、生徒と同様に教員もその特徴が世代間によって変わってきている。ミレニアム世代（ネット世代、E世代、スワイプ世代）は、総じて、将来について楽観的でインターネットや関連するマルチメディアを好み、仲間と一緒に学ぶだけでなく情報や知識を共有することを好む。反面、社会的な対人技能に欠け、レトリックや社会的慣行を受け入れようとしない。このような状況を把握し対応していくことが教育の発展に繋がるであろう。しかし、実際のところ多くの高等学校では、Boomer世代の教員が講義をし、紙と鉛筆（最近ではシャープペンシル）よるテストを行い、生徒との相互の活動は制限されている。講義の指導形態も、自分が受けた教授方法をそのまま受け継ぐ形で生徒を指導している教員が多いと思われる。多くの高等学校では原理を理解させることなしに細部の記憶だけを促進する指導方法がなされている。しかし、構造化した問題とその解答という一定の紋切り型の講義形

図表 2-2 世代比較表

	Silent	Boomer	Gen X	Millennial
出生年代	1925–1942	1943–1960	1961–1981	1982–2003
他の呼称		コンシャスネス世代 Me世代	現代の"失われた"世代 無気力世代	Y世代・E世代・N世代 エコブーム
仕事	"手伝いの専門職"に従事する人々の数が1960年代に大増加	仕事中毒 キャリア重視	仕事と家庭のバランスを第一に求める 時間と場所の両方、あるいはいずれにも束縛されない	金銭志向 これまでの世代より自由に所得が使える
学校生活	大学生に見られる特徴 ・引っ込み思案 ・慎重 ・独創性がない ・冒険心がない	すべての年代において評価インフレが目立つ 1946–60年代からSATの点数が全般に減少 学習そのものを楽しむ	評価インフレは減少 自らの選択や、やむをえない事情により、親より教養が足りない最初の世代 オンライン学習者が最も多いのはこのX世代群である	評価インフレの再上昇 クラスでの能動的学習を期待する チーム志向 ボランティア活動が卒業条件の一部となる 読書家
注記	嫉妬と役割逆転の世代 若い頃はひとつ前の世代に、大人になってからは次の世代に注意を向ける	生涯の間、Boomerは自分の世代に熱心に注目している 自己認識と自己中心（自助本が多い）	死の時代に陥る ・AIDS ・殺人やドラッグに関連した死が増加 ・自殺（1980年代半ばには年にほぼ5000件に近い率で）	楽天的 平凡 人種的に多様 プレッシャーを感じる
好み／趣向	伝統的なクラス構造を好む 普通、他人の前で教員に反発したり異議を唱えたりしない	創造的な独自の方法で活動するのを楽しむ 批判に敏感	自力本願 常にまではゆかなくても、定期的なフィードバックを求める	グループ活動に慣れている 能動的学習に満足する 複数の作業を容易に行う

26　総論的問題

	Silent 1925–1942	Boomer 1943–1960	Gen X 1961–1981	Millennial 1982–2003
出生年代	グループでの議論や質問のために選び出されるのを好まない。 グループではなく1人での実践を好む 議論中に質問することはない	しばしば相当専門的な経験をもっている 多くの相互作用や対話の時間を必要とする 緊張ほぐしや導入活動を楽しむ 権威主義的な指導者と問題を起こすことがある	対人関係技能が欠如している 懐疑的である 課題とコースの関連性を求める しばしばっかちである 自分が技能的に有能だと思っている 融通がきき、形式ばらない	テクノロジーの専門的知識がある 目標と達成を志向する 多くの構成と助言を必要とする 失敗から学ぶ 潜在的に金銭と所得に動機づけされる
教育上の活動	中点や箇条書き形式で、教材をまとめる ＊情報を与え過ぎないこと 少なくとも12ポイント字体を用いる みんなが新たな点に時間をかけるとは限らない ＊コンピュータ／研究課題を与える ＊この世代は、インターネットの使用において最も急成長している層である 授業時間中、周期的に動くよう仕向ける	Boomer達が新しい技能のみを練習する時間をたっぷりとる 年にとってきたBoomer達のために少なくとも12ポイント字体を用いる 知識はあっても実際にすることとは限らないという傾向にある 一般にロールプレイの演習を好まない ほとんどのチームプロジェクトを楽しんでやる ＊グループリーダーとしての役割は、"me"中心である彼らにぴったりである 見出しを用いて、教材をまとめる 詳細は別紙に記載する	学校と生活のバランスが重要である 教室外でのグループ活動は抵抗される 可能ならば、ポップカルチャーの例を用いる 個人に十分な注意を払う 最ももて人に注意を払う教材は、短い講義形式（15-20分）で扱う ＊他の教材の扱いはグループ形態で行う 情報を与える時は、強調のために中点を用いる 図表や余白を十分に用いる 視覚的なアピールが重要であるなぜ課題、コース、技能が重要であるかを定期的に説明する	いくつかの段階を設けて、多くの活動を与える 利用可能な最新のテクノロジーと文献を用いる コースやプログラムの目標を経済的な利用と結びつける 創造的な開発などにより創造的にさせる 彼らを口頭発表などにより創造的にさせる 講義や追加的な情報のために読む教材を与える

出所：Baker College Effective Teaching and Learning Department (2004, pp. 28-31)

第2章　これからの簿記教育

図表2-3　本質主義、進歩主義、構成主義の比較

比較領域	本質主義（Prosser）	進歩主義（Dewey）	構成主義
職業教育の本質的役割	国家の安全保障のために必要な職業的・技術的能力を備えた人材を育成し、国家が世界で競争力をもてるようにする。熟練した労働力を維持し、経済の財やサービスの賢い消費のために必要な技能を社会に教育する	人々に問題解決の方法を教える。職業教育はより民主的で思いやりのある労働環境を促進する	実社会の環境の中で、経験的・文脈的、社会的手法によって、知識の構成を促進する
職業教育の最終成果	熟練した、有能な、知的労働力。折り紙つきの伝統や労働慣習にしっかりと根づいて安定した社会。基本的な専門技能がよく訓練された職業教育を履修した卒業生は経済価値のある職業に就くことになる	柔軟で、他の解決法に対しても寛容な心、職業的適応力があり自立した聡明な市民。民主主義における市民生活に合致した労働教育の経験。職業教育のいかなる点でも、最大限のキャリア選択肢を有することになる	個人的、社会的経験に基づいて、仕事場とその他の環境を関係づけ自己管理する学習者。学習者と教員間の目標の大きな相違点を共有し尊重する。他人の視点の真実さとか1つだけの正しい答えとかいうものは存在しない柔軟性、適応性、問題解決能力
カリキュラム	カリキュラムは雇用に必要な技能や知識の本質的な中核をなむ。教育課程は、前もって決められた仕事の成功にくっつくような統制のとれた配列で組み立てらるべきである。新たに出現した職業能力要件の曖昧な仕事は避けるか、あるいは、リスクマネジメントの基準に基づいて取り上げるべきである	カリキュラムは短期の雇用可能な技能と長期の転移可能な技能の2つの面に焦点をおいた職業教育の移である。個人の欲求や願望に対応した技能はテクノロジーや社会の変化、個人の欲求や願望に対応しなければならない	学習に影響を及ぼすもっとも重要な1つの要因は学習者がすでに持っている知識である。生徒が関係づけるのに焦点をおいて、生徒が関係づけるのに焦点をおいて、生徒それぞれの内容領域がどのようにそのテーマを取り扱うかを重視して教材を統合するアカデミック教育と職業教育との統合。メタ認知と戦略的自己調節に着目。理論を指導するために実用的なものを用いることによって、職業（実用的）数学と理論数学の違いや社会的文脈の重要性に気づかせる

比較領域	本質主義 (Prosser)	進歩主義 (Dewey)	構成主義
教師	職業的技能に精通した人。自分の専門領域における最新の技能を備え、事実を重視すべきである	教員は生徒の関心をつなぎとめ、能力を伸ばす手はずを整える。生徒の自然な好奇心や動機づけを通して学習を援助すべきである。教員は多面的な才能をもち、解決すべき重要な問題を提示する際にはガイドの役目を務めるべきである	教員教育の主眼は教科目の知識や教育学だけではなく教員の信念、考え、個人的理論、教科目に関する経験、指導、学習である。教員は知識を構成しつつある生徒達の補助者である。最初、教員は直接的な指導を行うコーチとみなされるが、生徒が問題解決により上達するようになるにつれて次第に姿を消すことになる。教員はモデルであり、仲介役であり、建築場の足場である。教員は診断的な指導に従事し、学習者の誤りや誤解の矯正に努める
指導方法	職業教育は現実に対応したものでなければならない。基本的な技能や技術的知識は、まさに実際の雇用状況の中にいているように学び適応されるべきである。講義と実地教授はとくに有効である。単一の概念と技能を教える教育機器の適用が可能	基本的な職業技能を教えるために、機会を広げようという気持ちをしっかり念頭に置いて、幅広い教授技法や学習解決技法が用いられるべきである。問題解決技法や技能を伸ばす議論や学習課題。民主主義における市民のための教育。社会や変化への順応のための教育。チーム構成のためのグループ内相互作用	個人的学習を補佐する。学習は社会的、経験的、能動的なものであるから、議論、協同、交渉、意味の共有が重視される。概念が多元的に説明される
評価	獲得した技能の労働市場における売却可能性	労働市場で競争できる能力。職場の問題を解決する能力。技術や社会の変化に適応できる能力	学習者の理解や解釈に集中した質的手法。適応(同化と順応)し、問題を解決する能力

出所：Lynch (1997, pp. 27-29)

式の方法だけで、果たしてこれからの簿記教育はよいのであろうか。知識基盤型社会に対応するためにも、変化する社会に対応できる将来のよきビジネスパースンを育成するという観点からも、ミレニアム世代に欠けていると思われる対人関係技能などのソフト技能も、簿記の授業のなかに導入していくことが必要であろう。また、問題解決や意思決定に見られるような必要な高次の思考を身につけさせることができる後述する批判的思考も大切である。

　高等学校における簿記教育を、一般教育と捉えるか職業教育と捉えるかは重要な問題であるが、日本ではそれについてあまり議論されずに職業教育（専門教育）の科目の１つとして考えられている。その職業教育の理論との関係はどのように理解したらよいのであろうか。Lynch（1997）は、職業教育の理論を図表2-3のように（1）本質主義［essentialism（Prosserによる）］、（2）進歩主義［progressivism（Deweyによる）］、（3）構成主義（constructivism）の３つに分類し年代順に説明している。かつての条件づけによる行動の変容を意味する学習（……できる）から認知科学の発達により認知構造の変容を意味する学習（……わかる）へ、つまり、行動主義から認知の構造を組み換えていく構成主義理論へと、学習理論の発展とともに教育に対する考え方も変わりつつある。しかし、今のところ構成主義に基づく簿記教育を論じる人はすくない。この構成主義も問題点があることに留意する必要がある。つまり、新しい知識を生徒自身が構成し獲得するのが構成主義の考えであるが、生徒が既にもっている知識に誤りがあれば新しい知識を獲得したことにならないからである。不易と思われる内容をしっかりと正確に指導する本質主義も職業教育では重要と思われる。また、進歩主義理論からは、生徒をできるだけ現実の世界に引き込み、発見や行動を通して学ばせることも必要となるであろう。

　このように世代間の特徴と職業教育理論を考えた場合、これからの簿記教育は、学習内容の変更だけでなく、学ぶ生徒の能力・態度・興味・関心等や教える側の教授方法の研究・開発をうまくブレンドすることが必要とされるであろう。

3 指導内容・方法の変化

社会の変化に対して指導内容・方法をどう対応していけばよいのであろうか。アメリカの高等学校の会計（簿記）の教科書を調べてみると、日本で通常行われている問題とその解答という授業形態と異なっていることがわかる。かつては、現在の日本と同じであったけれども、(1) 会計教育改善委員会 (AEEC: Accounting Education Change Commission) の勧告と、(2)「必要技能を達成するための長官委員会」[SCANS: The Secretary's Commission on Achieving Necessary Skills (1991)] の報告書が公表されて以来、それらの勧告に従い教科書の内容が大幅に変わっている。(1) の勧告の内容について、Boyd et al. (2000, p. 41) は、会計教育の伝統的なアプローチと会計教育改善委員会 (AEEC) によるアプローチとを比較して図表 2-4 のようにまとめている。

図表 2-4 簿記教育の伝統的なアプローチと会計（簿記）教育改善委員会 (AEEC) によるアプローチ

	伝統的アプローチ		会計教育改善委員会アプローチ
1	簿記の技術コースに重点を置く	1	一般および企業組織に幅広く重点を置く
2	簿記科目の統合がほとんどなされていない	2	税金・管理会計・財務会計・システム・監査の統合を重視
3	ルールを教えることに力点を置く	3	事例利用のような構造化されない問題解決により力点を置く
4	統一公認会計士試験の指導に力点を置く	4	チーム学習および学び方を学ぶ学習により力点を置く
5	コミュニケーションおよび対人関係技能にあまり注意が払われていない	5	幅広い目標を認識する
6	受動者としての生徒	6	カリキュラム全体を通してプレゼンテーションや対人関係技能により力点を置く
7	テクノロジーは非コンピュータコースではあまり用いられない	7	学習に能動的参加者としての生徒
8	入門会計は外部財務報告の作成に焦点があてられる	8	会計（簿記）カリキュラム全体を通してテクノロジーが利用される
		9	入門会計(簿記)は、社会や組織における会計(簿記)の役割に重点を置く。意思決定に会計（簿記）情報を利用することに焦点を置く

出所：Boyd et al. (2000, p. 41)

また、(2) の SCANS 報告書の内容については日本ではほとんど紹介されていない。SCANS 報告書が出された後、アメリカのビジネス関連の教科書（とくに高等学校やカレッジ）に非常に大きな変化が見られた。それは会計（簿記）の教科書についてもいえる。日本でも SCANS 報告書の影響と思われるが、「生きる力」（文部科学省 1996）、「社会人基礎力」（経済産業省 2006）、「エンプロイアビリティの判断基準等に関する調査研究報告書」（厚生労働省 2001）、「人間力戦略研究会報告書」（内閣府 2003）、「学士力」（文部科学省 2008) 等々各機関でいろいろ述べられている。しかし、教科書にはほとんど具体的に反映されていない。それゆえ、既にアメリカの教科書に反映されている SCANS 報告書についてごく簡単に紹介する。
　まず明日の学校を特徴づける（図表 2-5 参照）。そしてフレキシブルな経済に必要なスキルとして、基礎技能と職場におけるさまざまなコンピテンス（図表 2-6 参照）を教科書の各章に散り混ぜ、指導する際のコンピテンス目標としている。
　なお、2002 年以降のさらなる職業の多様化と急速な ICT の発達を反映するため、SCANS に代わって「21 世紀スキルのためのパートナーシップ」(The Partnership for 21st Century Skills: P21) が、Apple、Dell、Microsoft などの情報企業と連邦教育省の協同でいわゆる第3セクター方式により創立された。すべての子供に対して 21 世紀に相応しい教育をスローガンとしており、図表 2-7 のような枠組みにより、2014 年の教科書に取り入れられている（図表 2-7 の各項目内容は図表 2-8 参照）[3]。

図表 2-5　現在と明日の学校の特徴

	現在の学校	明日の学校
方略	・基本的技能の発達に焦点をあてる ・指導と切り離されたテスト	・思考技能に焦点をあてる ・指導と統合した評価
学習環境	・復習と短期記憶からの想起 ・生徒は個人として活動する ・階層的に連続する―高次の前に基本	・生徒は自分で能動的に知識を構成する ・協同的な問題解決 ・技能は実際の問題の文脈の中で学ぶ
管理	・管理者による監督	・生徒中心、教員は方向づけ
成果	・数人の生徒だけが考えるようになる	・すべての生徒が考えるようになる

出所：SCANS (1991, p. 22)

図表 2-6　職場におけるコンピテンス

資　　源	時間配分	資金の配分	資材と設備資源の配分
	人的資源の配分		
対人関係技能	チームのメンバーとして参加	他者の指導	依頼者／顧客へのサービス提供
	リーダーシップの発揮	決定に達するまでの交渉	多様な文化的背景をもつ人との作業
情　　報	情報の入手と評価	情報の組織化と維持	情報の解釈と伝達
	情報処理のためのコンピュータ利用		
システム	システムの理解	パフォーマンスのモニターと修正	システムの改善とデザイン
テクノロジー	テクノロジーの選択	タスクへのテクノロジーの応用	テクノロジーの維持と故障解決

基 礎 技 能

基 本 技 能	読むこと	書くこと	数的処理
	聞くこと	話すこと	
思 考 技 能	創造的思考	意思決定	問題解決
	心の目で物事を見る	学び方を知る	推論
人 的 資 質	責任	自尊心	社交性
	自己管理	誠実／正直	

出所：Guerrieri *et al.* (2007, 4B); SCANS (1991)

図表 2-7　21 世紀スキルのためのパートナーシップ

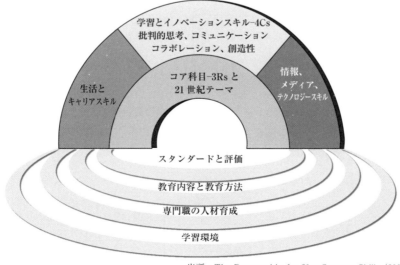

出所：The Partnership for 21st Century Skills (2009)

図表 2-8　21 世紀スキルの項目内容

21 世紀の生徒の成果	
コア教科	学習と革新スキル
英語、リーディング、言語技術	創造性と革新
外国語	批判的思考と問題解決
芸術	コミュニケーションとコラボレーション
数学	**情報、メディアおよびテクノロジースキル**
経済	情報リテラシー
理科	メディアリテラシー
地理	ICT リテラシー
歴史	**生活とキャリアスキル**
政治と市民	柔軟性と適応性
21 世紀テーマ	積極性と自己管理
国際感覚	社会と異文化スキル
金融、経済、ビジネスと起業リテラシー	生産性とアカウンタビリティ
市民リテラシー	指導力と責任感
健康リテラシー	
環境リテラシー	
サポートシステム	
スタンダード評価	
教育内容と教育方法	
専門職の人材育成	
学習環境	

出所：筆者作成

4　「覚える簿記」から「よりよく考える簿記」へ

　会計教育改善委員会（AEEC）の勧告や SCANS 報告書・21 世紀スキルにも述べられているように、これからの教育には批判的思考（critical thinking）についての指導が重要と思われる。簿記教育に関しても、「覚える簿記」から「考える簿記」へとしばしばいわれる［青柳（1993, pp. 52-57）、橋本（2009, pp. 32-38）］。しかし、具体的にどういうことを指しているのか明らかでない。思うに批判的思考を導入することにより、生徒個人のメ

タ認知（metacognition）の能力を高める方法がこれからの簿記教育に必要であると考える。批判的思考（critical thinking）とはどういうことを意味するのかについてはさまざまな人が述べている（道田 2004, pp. 333-346）[4]。ここで批判的という用語は、否定的な見方や欠点を見出すのではなく中立的な意味である。分析、統合、評価、推論などの高次の思考に焦点があてられていることに留意すべきである。

ではなぜこのような批判的思考が必要なのであろうか。Reich〔(1991, pp. 181-182)、中谷訳（1991, pp. 249-250)〕は次のように述べている。

> かつての大量生産の経済であった時代には、「専門家とは特定分野の知識に習熟した人のことであった。知識というものは目の前にあり、習熟しようと思えばいつでもできる。それは、埃をかぶった厚い本の中に収録されていたり、規則や公式の形で正確に記録されていた。知識を忠実に吸収し、試験を通りさえすれば、「プロフェッショナル」の地位は自動的にあたえられた……しかし、新しい経済の——潜在的な問題点と未知の解決策を結びつける手段を必要とする。——時代には、古い知識体系を習得したとしても、けっして高い所得が保証されるものではない。これはとくに重要な点で、そうした知識の習得は高所得を得るのに必要ではなくなった。……コンピュータのキーをたたくだけで、……事実、データ、文書、公式、そして規則は容易に手に入る。価値があるのは、その知識をいかに有効かつ創造的に活かすかの能力である。実際に、専門家教育が機械的な反復によって大量の知識を吸収することに力点を置き、独創的な思考を軽視してきたことは、その後の人生における創造的能力の発揮を阻害することになった。拡がりつつある地球経済では、最もプレステージの高い企業の最も名誉ある地位といえども、その仕事が容易に真似できるルーティン業務であれば、世界的な競争にさらされることだろう。新しい企業の参入に対する唯一有効な、本当の防御とは、新しい問題を解決し、発見し、媒介する技能なのである。

批判的思考学会の会長であったElder（2000, p. 1）も次のように述べている。

最近まで、概して技術技能を指導するのを主眼とする体験学習を含むクラスでは、有利な雇用を見出すために必要な専門的な能力を提供することであった。しかし、世の中の経済的構造がより複雑になるにつれ、テクノロジーそれ自体変化し続けるにつれ、変化の割合が加速するにつれて、また次第に国内と外国とがより相互依存するにつれて、狭い定義での技能領域での職業訓練はもはや役に立たない。

またメタ認知を高めることについて、秋田喜代美は次のように述べている（秋田 2008, p. 88）。

メタ認知の働きは、生涯にわたって自ら学ぶ自律した学習者を育てていく上で不可欠である。学校で学んだ内容を、学校以外でもまた卒業してからも使えるように、持ち運び可能な知識、状況に応じて柔軟に使える知識、そして長期間にわたり使えるよう育てることが求められている。

では、具体的にどんな指導方法が考えられているのか。大きく分けて（1）タキソノミー（認知領域）（Bloom）による方法［Reinstein et al.（1997）; Duron et al.（2006）; Guerrieri et al.（2007）; Reinstein et al.（2008）］と（2）反省的判断モデル（Reflective Judgement model）（King・Kitchener）による方法［Wolcott et al.（1997）; Springer et al.（2004）］に分けられるであろう。初級簿記のレベルでは、指導の容易さという観点から、GLENCOE Accounting（2007年版）の指導書に提示されている（1）Bloom のタキソノミー（認知領域）による方法が望ましいと思われる（Guerrieri D. J. et al., 2007, TM30）。なお、2000年版から批判的思考問題が導入されているが、2007年より各章ごとにタキソノミー（認知領域）のカテゴリー目標を確かめるために、適切な質問や提示をすることにより、生徒の反応を見る方法に変更されている[5]。以下、日本で批判的思考を導入する場合に参考になると思われるので、思考水準—Bloom のタキソノミー（認知領域）（図表2-9参照）とその具体的な簿記の課題例（1）（2）を掲げておく。

図表 2-9 思考水準──Bloom のタキソノミー（認知領域）

カテゴリー	目標	予想される生徒の反応	適切な質問・提示の方法
知識	情報を識別し想起する	定義する・認識する・想起する・識別する・分類する・表示する・理解する・調査する・収集する	だれが……?、何を……?、いつ……?、どこで……?……を述べよ
理解	事実と思考の整理と選択	翻訳する・解釈する・説明する・記述する・要約する・推定する	自分自身の言葉で……を言い換えなさい。……の要点は何か?
応用	事実・規則・原理の活用	適用する・解決する・実験する・説明する・予言する	……の例はどのようになるか?……にどのように関係しているか?
分析	全体を構成要素の部分に分ける	関連させる・関係させる・識別する・整理する・照合する・分類する・区別する・編成する・範疇する・発見する・比較する・推論する	……にしたがって分類しなさい……と比較したら／対比したらどうなるか?
統合	新しくまとまったものを形作るために概念を組み合わせる。	産出する・提案する・設計する・結合する・系統立てる・構成する・仮定する	……から何を予想するか?……と結びつけたらどんなことが起きるか?
評価	意見・判断・決定の発展	評価する・判断する・批判する・決定する	……をどう考えるか?……を優先するか?

出所：Guerrieri *et al.*（2007, TM30）

課題例（1） 「収益、費用、引出金に影響を及ぼす取引」

1　引出金勘定の残高は通常どちらに生じるのか。
2　資本主持分と資本主の資本勘定との違いは何か。
3　あなたの企業は過去において公益会社から過剰請求されていたのでその返済用の小切手を受け取った。借方記入するのはどの勘定か。貸方記入するのはどの勘定か。
4　どのような一時的勘定が会計期間の損益に影響を及ぼすのか。
5　会計期末における資本主持分の等式を書きなさい。期首資本主持分の等式からはじめ期末の資本主持分の等式で終わりなさい。
6　ある取引を記録するのに、資本主持分勘定を用いる場合と対比して、一時的勘定を用いる慣行を評価しなさい。

出所：Guerrieri *et al.*（2007, p. 128）

課題例（2） 「倫理」

1　ビジネス倫理を定義しなさい。
2　倫理規則の目的は何か。
3　学校で生徒の倫理規則を確立するための委員会に参加するなら、あなたはそれに何を入れたいか。
4　倫理と法律を比較ないし対比しなさい。
5　会計担当者が倫理規準を持っていないならどんな行動規準が用いられるべきか。
6　2002年のSarbanes-Oxley法において、独立監査人はクライアントの経営者ではなくクライアントの監査委員会に報告することを義務づけた。監査委員会は経営者に対して独立している。この義務づけの正当性を主張しなさい。

出所：Guerrieri *et al.*（2007, p. 845）

5　おわりに

　これからの簿記教育を考える場合、会計制度の変革に伴う教育内容を理解させることも重要であるが、教員や生徒の世代間の変化や各種の職業教育の理論を取り入れると共に、社会や生活様式の変化も視野に入れた永続する技能、つまり問題解決や意思決定に役立つ批判的思考を取り入れた授業方法を行う必要があると考える。

注

(1)　教員、学習者（生徒）の観点から教育上の問題点を取り上げている先行研究として、日本簿記学会簿記教育部会（柴健次部会長）（2002）、中野編（2007）がある。
(2)　なお、福浦（2008）はICTによる教育において、構成主義を教化主義（instructivism）と対比して述べておられる。構成主義は認知的構成主義と社会的構成主義に分けて区別されることがある（図表2-10参照）。
(3)　2014年現在、P21は、そのマイルガイドを参照して全米の19州が導入している。しかし、ブッシュ政権の2001年「落ちこぼれゼロ法（The No Child Left Behind）」による統一試験の実施の影響によりP21の導入は遅れているようである。

図表 2–10　認知的構成主義と社会的構成主義

	認知的構成主義	社会的構成主義
学習	・積極的構成と先行知識の再構成 ・既有知識と新知識を結合する多様な機会やプロセスを通じて生じる ・他者や環境との相互作用を通して生じる深い処理を含む	・社会的に定義されている知識および価値 ・社会的に構成された機会を通じて生じる ・他者や環境との相互作用を通して生じる内容、手続き（学習方法）や解釈（学習する意味や知識の価値）の多重処理を含む
教授	・より完全な理解に向けて鼓舞したり、誘導する	・（生徒）と一緒に知識を構成する ・学習についてどう取り組むかについての選択の範囲を拡大する
教員の役割	・多くの専門的知識をもつ者 ・ある知識の源泉（生徒・教材・環境とともに） ・促進者あるいは誘導者 ・意味のある思考、教材などと相互に影響を及ぼす機会を創出する ・考えや誤った概念が聞こえないかと耳を澄ます	・多くの専門的知識をもつ者 ・ある知識の源泉（他者・教材・社会的構築物・環境とともに） ・促進者あるいは誘導者・協同参加者 ・意味のある思考、教材などと相互に影響を及ぼす機会を生徒とともに構成する ・知識について異なる解釈を協同構成する：社会的に構成されている概念に耳を傾ける
仲間	・必ずしも考慮されないが、考えを鼓舞したり、質問したりする	・通常知識構成プロセスの一部を担う ・（集団での間主観的立場で）知識の定義に貢献する ・学習機会の意味を明らかにするのに助けとなる
生徒	・心の中で積極的に構成する ・知識の源泉（個人および集団） ・創造者・構成者 ・積極的に考える者、説明する者、解説する者、質問する者 ・理解する、質問する、説明する	・他者や自己が一緒になって積極的に協同構成する ・知識の源泉（集団および集団のなかの個人） ・創造者・協同構成者 ・積極的に考える者、説明する者、解説する者、質問する者 ・理解する、質問する、説明する、協同構成する、社会的文脈を解釈する

出所：Shuell (1996, p. 744).　一部省略している

　2010年には、グローバルIT企業、世界各国の研究者や政府、国際機関が連携し「21世紀型スキルのための教育と評価プロジェクト」（ATC21S）（Assesment and Teaching of 21st Century Skills）が創設され、その内容はPISA2012の問題にも取り込まれている。一方、大学教育ではその教育成果を、世界共通のテストで測定することをめざす取り組みがなされつつある。2006年「OECDによる高等教育における学習成果調査（Assessment of Higher Education Learning Outcomes, AHELO）が行われ、その実施可能性を検証するための試行調査（フィージビリティ・スタディ）が2008年から2012年にかけて実施されている。フィージビリティ・スタディ

は「一般的技能」「専門分野別技能～「工学」と「経済学」分野」「付加価値」「機関の特徴」の4領域から構成されている。AHELO専門分野のテストは、「チューニング（Tuning）」と呼ばれる方法を用いて定義したコンピテンス枠組に基づいて作成されている。簿記教育についても世界共通の学習成果を目指したスタンダードが作成されるかもしない。

(4) 道田（2001）はEnnis（1996）やPaul（1993）などの代表的な批判的思考の諸概念について詳細に検討されている。なお、会計における批判的思考についての先行研究の整理は、Wolcott *et al.*（2002）によってなされている。

(5) なお、Century 21 Accounting（Gilbertson *et al.*, 2008）では、タキソノミーを用いないで単一の設問形式による方法に拠っている。

第3章 「進む簿記離れ」の問題

1 はじめに

　2009（平成21）年日本簿記学会関東部会アンケート調査によると、教員が生徒の簿記離れを感じている割合は高校では50％、大学では65％であった。学齢期人口の減少、公認会計士試験の合格者数の減少、日商簿記検定受験者の大幅な減少［2011（平成23）年度］、大学の商系学部における簿記の選択科目化、ICT化の進展に伴う会計事務員の採用の減少等が原因と考えられる。

　本章では、かかる簿記離れに歯止めをかけ、初級簿記教育を発展させるための方策について、生徒気質の変化、簿記に対するマイナスイメージ、教育目標、指導内容や方法の観点（図表3-1参照）から述べるとともに、アメリカの状況についてもふれることにする。

図表3-1　急速に進む社会の変化に対して簿記教育を発展させるための方策

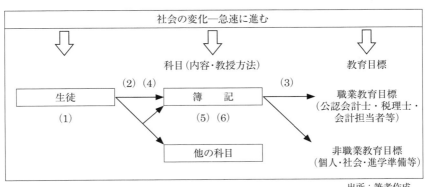

出所：筆者作成

2 方策

簿記離れに歯止めをかけ、初級簿記教育を発展させるための方策としてどのようなものが考えられるであろうか。下記において6つの方策を提案する。

(1) 生徒気質の変化（デジタルネイティヴ）を認識する

デジタルネイティヴの特性[1]は簿記離れを引き起こす原因の1つとなっていると思われる。

昔の生徒と異なりマルチタスキング能力が高いが、注意力が長くもたないという特徴があげられている。この特徴が簿記の指導内容に重要な影響を与えていることを教員は認識すべきである。その対策として複雑な簿記の指導には、注意の持続を考慮に入れた双方向対話型授業内容やその展開を図る必要がある。

(2) 簿記に対するマイナスイメージを払拭し、簿記人口の裾野を広げるとともに聡明で理解力のある生徒を取り込む

経営科目の1つであるマーケティングなどと異なり、「面白くなく退屈で暗い」というマイナスイメージが強調される。このことについて Ames (1991, p. 37) は音楽になぞらえ次のようにうまく表現している。

一度も音楽を聞いたことがない生徒がいるとしよう。彼女は、個人的に全く音楽家を知らない。しかし、音楽家はみんな内向的で暗く退屈な人間であり、音楽はこの世で最も退屈な科目だと聞かされたとする。そして自分は、音楽入門コースを取らなければならない。それは非常に難しいコースだと聞いている。次の15週の間に教授は五線や調記号、四分音符、八分音符、シャープやフラット、拍子記号、音階等の規則を講義する。自分には無関係で役に立たないと思われる多数の細々とした規則を嫌々ながら勉強している彼女を想像してみなさい。その学期の終わりまで音楽はただの一度も聞かされないのである。細々としたルールを教える前にすくなくとも Beethoven や Mozart の作品に触れさせることが適切ではないだろうか。

第3章　「進む簿記離れ」の問題　43

　ではこのような簿記に対するマイナスイメージを払拭するにはどういう手だてがあるだろうか。Stitt-Gohdes（2011, p. 111）の著『ビジネス教育の原理』における次のような方法が参考になるであろう。

　授業のはじめにまず行うべき重要なことは、そのコースへの関心を生み出すことである。残念ながら、簿記は必要悪―重要であるがあまり面白くないものと見なされている。教員が初日に創り出す雰囲気がその後のコースの行方を決定する。生徒が学習していることを日常生活での使い道と結び付けることは、関心を生み出す一つの手段となる。会計のおかげで現在および将来いかに暮らしが楽になるか、ということを生徒に考えさせるために、もし会計システムが存在しなっかたら、ある人々の人生、たとえば Bill Gates、Leonardo Dicaprio、Mochael Jordon、Barrack Obama のような人々の人生は、どうなっているかについてブレインストームさせなさい。会計システムがなければ、自分たちにどれくらいお金があって、どのように使われるかを、これらの人々はどうやって知ることができるであろうか。

　次に何らかの方法でマイナスイメージを払拭することができたとしても、また少子化に伴う生徒数の減少に対応するためにも、高等学校において、とりわけ生徒数71.8％（図表3-2参照）を占める普通科の中の聡明で理解力のある生徒に対して、上に述べたような生徒気質に合った啓発活動を進めることが必要である。従来の活動は、推薦入学等に見られるように専門高校にシフトした感があり、専門高校以外のとりわけ普通科になされていない。高校

図表 3-2　高等学校学科別生徒数・学科数［本科 2013（平成 25）年 12 月］

区分	生徒数（人）	比率（％）	学科数
普通科	2,398,261	71.8	3,365
職業学科（専門高校―商業）	209,299	6.3	574
総合学科	173,679	5.2	317
合計（注）	3,340,561	100.0	5,059

（注）工業科（260,559）、農業科（83,921）、家庭科（42,777）等も含む。
出所：文部科学省「平成25年度学校基本調査」

生に対する PR 活動は、ネットを活用した AICPA[3]と異なり、JICPA は、主にビデオ やパンフレットにより行っており、紙媒体よりネットを利用して将来の進路を考える生徒が多い点を考慮していないので改善が望まれる。学会や職業専門団体等は、科目の設定権限をもつ高校教員、各種教育委員会、保護者の理解を得るために、第１章で述べたように職業教育目標に限定せず、いいかえると将来の進路に関係なく、簿記科目の履修機会を確保するなどして、その必要性について積極的にアピールし、簿記人口の裾野を広げるために努力する必要があると考える。

なお、大学での簿記離れの要因は、簿記に対するマイナスイメージ以外に、簿記科目が商系学部において、必修ではなく選択科目としてカリキュラムが設定されている大学が多いことがあげられるであろう。そのことが生徒の簿記科目の重要性に対する認識を下げる一因にもなっていると思われる。大学における簿記や会計科目担当者の一層の必修科目化への努力が必要とされるであろう。

(3) 簿記教育目標を職業教育目標から非職業教育目標へ拡大する (new vocationalism)

日商２・３級等の簿記検定試験の目標として、「企業における経理担当者または経理事務員（経理補助者）として必要な簿記に関する知識として」や「大学・短大の入学基準・優遇のために」が述べられている。しかし、前者の目標を標榜したとしても検定資格は就職時や経理担当者（建設業経理事務士検定は除く）にとっての必須要件となっていない。後者の目標も普通科の高校生にとっては基準・優遇にはならない。それゆえ学校でなぜ簿記を教えるかについて、担当教員はその家計を含めた経済社会への役立ち（非職業教育目標）にも拡大して言及しておく必要があろう。

2011 年中央教育審議会答申において「普通教育、専門教育を問わずさまざまな教育活動のなかで実施されるキャリア教育に職業教育も含まれる（図表3-3）」と述べられていることから、簿記教育はキャリア教育の１つとしてすべての生徒に必要な科目と考えられる[4]。その場合の科目内容として非職業教育目標をも念頭において教授すべであろう。

図表 3-3　キャリア教育と職業教育

	キャリア教育	職業教育
定義・内容	一人一人の社会的・職業的自立に向け、必要な基盤となる能力や態度を育てることを通して、キャリア発達を促す教育	一定または特定の職業に従事するために必要な知識、技能、能力や態度を育てる教育
教育活動	普通教育、専門教育を問わずさまざまな教育活動のなかで実施される。職業教育も含まれる	具体の職業に関する教育を通して行われる。この教育は、社会的・職業的自立に向けて必要な基盤となる能力や態度を育成する上でも、きわめて有効である

出所：中央教育審議会答申（2011, p. 16, 19）より筆者作成

(4) 動機づけ理論の活用

　動機づけ理論の観点（図表3-4）から簿記離れについて考えるとどうなるであろうか。簿記教育（とくに高校）は検定合格という外発的動機づけにより述べられることが多い。確かに外発的動機づけ（いわゆるアメとムチ）は短期的にはやる気を起こさせるであろう。しかし、長期的に持続させるためにはさらなる報酬を与え続ける必要がある。報酬を得ることが目的化し、学習活動を行うことが手段となり、学習の楽しさを削ぎ自律性を失わせる結果となっている。このことが簿記教育を歪め、簿記離れを加速させる要因の1つとなっていると思われる。たとえば専門高校では、全商検定3級→2級→1級へと強制的に履修させるための反動から、大学へ入学しても会計関係のゼミを履修しないという現象が多く見られることからも理解できるであろう。
　また、簿記については、数学のように「基礎的な数学力を身につけた者が、大学教育において高い学業成果をあげ、それらの相乗効果によって、生涯にわたってより高い所得を稼得し、より高い職位に昇進し、転職時でも収入面において有利な条件に恵まれていること」「また、親の学歴が所得に及ぼす影響を、数学学習が相殺する効果も見出されている（浦坂他 2002, pp. 40-41）」という報酬志向の実証データはない。それ故、簿記教育では外発的動機づけよりもむしろもっと内発的動機づけを重視した導入法や指導法を取り入れる必要がある。内発的動機づけ（充実志向）によって得られる達成感や充実感が報酬となるため、自発的・積極的に学習活動に従事し、その行動

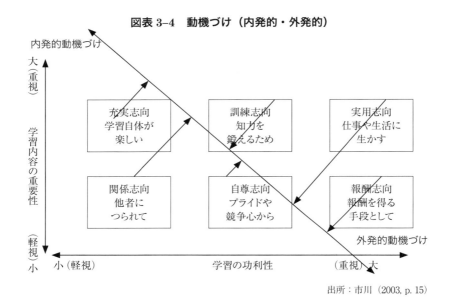

図表 3-4　動機づけ（内発的・外発的）

出所：市川（2003, p. 15）

は継続するといわれている。いわゆるフロー状態にさせる動機づけが簿記離れを防ぐ1つの方法と考えられる。

（5）　指導内容や方法の改善を図る（初級テキストの改善）

　上に述べた非職業的目標とする初級簿記教育を考えた場合、単に将来の経理担当者養成を目標とする検定の出題内容や項目への依存からの脱却を図る必要がある。またコンピュータ化した会計実務や国際動向［たとえばA・AS会計（英国）、APテスト（米国）］に対応するためにも教育内容や方法を検討することも必要となろう。さらに、これからの簿記教育を見据えた場合、単にルールを暗記や訓練させるだけでなく「考えない簿記からよりよく考える簿記へ」と教育内容を進化させることが重要である。その結果として経済社会における簿記教育の社会的重要性をアピールすることになり、簿記の履修者を増やすことになるであろう。学習課題例（3）として、次に2問を掲げておく。

課題例（3）

（問題1）商品の三分法を採用した場合、売上原価を計算するために下記の決算整理仕訳を行った（ただし、期首棚卸高¥100、期末棚卸高¥120）。

　　　　（借）仕　　　　入　　　100　　　（貸）繰越商品　　　100
　　　　（借）繰越商品　　　120　　　（貸）仕　　　　入　　　120

この場合、2つの仕訳を行わないで期首と期末の差額¥20だけの仕訳を行ったら間違いになるでしょうか。議論しなさい（出所：筆者作成）。

（問題2）取引を仕訳帳から総勘定元帳と補助元帳の両帳簿へ転記するときに間違いを引き起こす時がある。ある従業員が売上取引を得意先元帳へ記録しそこねることがある。もしその債務額が支払われないなら受取勘定は回収できない。そこで、間違いとその結果生じる損失を避けるために、企業は有効な内部統制を設けるべきである。内部統制は、(1) 予防、(2) 発見、(3) 訂正の3つの段階に分けられる。予防的統制は個人が間違いをするのを防止する。取引を転記するために首尾一貫した手続を確立しそれに従うことは、予防的統制になる。発見的統制は間違いを見つけることである。試算表を作成することは発見的統制になる。訂正的統制は間違いが発生した場合にビジネスを通常の状態に戻すことである。現金係につける信用責任保険のような保険は訂正的統制になる。十分な従業員のいる企業は間違いの機会を減らすために幾人かの間で職務を分担すべきである。職務を分担することにより、ある従業員が他の従業員の仕事をチェックできる。たとえば、1人の従業員が取引を総勘定元帳に転記し、一方では他の従業員が補助元帳に転記するという具合である。

討論しなさい。
1　あなたが従業員あるいは得意先として気づいた場合の内部統制手続を記述しなさい。各手続を (1) 予防的、(2) 発見的、(3) 訂正的なものとして示しなさい。
2　警察官がレーダーで高速道路を監視する場合、それはスピード制限の予防的統制か発見的統制かどうかについて議論しなさい（出所：Gilbertson, Lehman 2008, p. 330）。

(6) 講義形態のなかにもアクティブ・ラーニング（PBLや協同学習等）の手法の導入を図る

昨今、日本の教育界においてもアクティブ・ラーニング（PBLや協同学

習等）の手法の導入について議論されることが多くなってきている。簿記教育においても導入を図るべく教材や指導方法の研究を進めるべきであろう。Segovia は、会計における能動的学習を引き起こす方法を、図表 3-5 のように具体的にまとめており参考になると思われる［Segovia（2006, p. 19）; Taylor（2006）］。

図表 3-5　簿記における能動的学習を引き起こす方法

Taylor が勧める教育変革	簿記科目への適応
従来の教育概念を破る	・講義授業をやめる；難解な概念に対してビデオを作る ・生徒の能動的な学習活動に焦点をあてる
学習中心の学問的枠組みへ移行する	・目標を達成するために最適な教授法やテクノロジーを用いた学習成果に焦点をあてる ・他の必要資料（課題、手順、情報）にハイパーリンクできる学習モジュールをデザインするために、科目経営システムやフロントページを利用する
生徒参加に焦点をあてる	・協同学習活動を展開する ・体験学習を利用する ・パワーポイントによる提示と個人応答式質問を統合する
学習体験を促進するために能動的で創造的な方法を用いる	・科目内容と生徒の生活を結びつける ・podcasts を利用する ・ゲームを作る ・http://www.merlot.org/ の MERLOT で入手できるテクノロジー資料を利用する ・出版社のコンピュータ採点宿題サイトを利用する
実生活への適用を通じて、生徒が意義を明らかにするのを助ける	・サービス学習活動を展開する—非営利エージェンシーのための会計システムを展開する；VITA（http://www.irs.gov/taxtopics/tc101.html の IRS Volunteer Assistance オンラインプログラム）を動かす ・生徒に情報を自分の過去、現在、未来の生活に適用させる
教育目標分類（タクソノミー）の上層階で教える	・暗記を要する課題や試験、低レベルの知識適用を避ける ・高度な批評的物の考え方を活用する
知識情報をもって授業に臨むことを生徒に義務づける	・参加得点（パーティシペイション・ポイント）を授業中の能動的な学習活動の準備となる読書や研究活動に、結びつける ・科目経営システムのオンラインクイズを授業が始まる前にさせる ・ディスカッション掲示板上の事例に関連する重要な概念や事実に的を絞った質問をボードに貼る
多様な学習選択を作り出す	・異なった学習スタイルを促進するためにテクノロジーを活用する ・シミュレーション、ミニプレイ、タブローを用いる
意義のある評価を行う	・生徒に、知識レベルの学習を理解していることを応用によって表すよう求める ・より高度な学習レベルを評価する試験や研究課題を作る

出所：Segovia（2006, p. 19）

3 アメリカの初級会計（簿記）教育の状況
　［AP（Advanced Placement）コース］

　アメリカでは、Baby Boomer 世代の退職により、会計専門家は今後 10 年以内に 50% 減少するため、リクルートに際し他の専門職との競争にさらされると予想されている。その対策を議論するため 2012 年、AAA と AICPA は協同して Pathways Commission を設け、同年 7 月に報告書を出している[5]（AAA and AICPA 2012）。高校において他のアカデミック科目のように AP Accounting Course を設け、大学入学後、大学の単位として認定する方策を提言している（すでに 2007 年より、9 州で試験的になされ、2009-2010 年では 20 州が実施されている）。なお、AP 会計科目の利点や現在の高等学校会計科目との相違点については図表 3-6、AP コースモジュールについては図表 3-7 を参照されたい。

図表 3-6　AP 会計科目の利点

現在の高等学校会計科目		AP 会計科目と試験
会計科目よりも簿記科目に類似している；職業科目とみなされている	科目内容	大学レベルの科目に近く、厳密で興味をそそり、会計職業を反映した厳密な内容である
多くの教員には職業との関係が欠けている；したがって、適切な科目内容に対する見識や大学レベルの学習に最適な練習についての知識が不足している；会計コースをより良くするために利用できる教材・資料について知らない	教員の資格	AP 会計の教員は学究的な必要条件を満たしていなければならない。また／あるいは、専門知識を身につけるための研修会に参加しなければならない；専門的な能力開発のために、大学や州の公認会計士協会を利用することで、会計職業との永続的な関係が築かれる
現在の高等学校会計科目は、履修を妨げる障壁の役割を果たしている；勉強がよくできる生徒は高校で会計を取らない。また取ったとしても「成績が良い」生徒の多くは、職業訓練としてのその科目性ゆえに、大学での履修はやめてしまうことになり、その結果、職業として会計に従事する者がすくなくなる	生徒の成績レベル	AP 科目は、それが代表する学問分野の「生徒養成」プログラムの役割を果たしている。とくに、調査によれば、AP 科目を取る生徒はそうでない生徒と比べて、大学在学中にその分野の科目をすくなくとも 1 つは履修する可能性が高いことがわかっている。もしこのことが AP 会計科目にもあてはまるなら、より多くの優秀な生徒が大学レベルの会計を経験することになり、したがって、会計を専攻する者や会計職業に就く人々の数と質が増すことになる

出所：Bittner and Deines（2009. p. 14）

図表 3-7　AP コースモジュール

	タイトル	時間	%
モジュール1	会計および財務報告入門	8	9
モジュール1	損益分岐点分析	13	15
モジュール1	会計情報システム	17	19
モジュール1	販売および在庫の会計	10	12
モジュール1	貨幣の時間価値	8	9
モジュール1	固定資産会計	8	9
モジュール1	長期負債および持分会計	15	17
モジュール1	財務諸表	9	10
	合　計	88	100

出所：THE ACCOUNTING PILOT & BRIDGE PROJECT CURRICULUM
(http://www.kscpa.org/up_and_coming_professionals/educator_resources/10-the_accounting_pilot_bridge_project_curriculum)

　2008 年1月、日本では中央教育審議会の作業部会による（仮）高大接続テスト（目標準拠型の到達度試験）が議論されている。そのテストの科目内容の全容等や米国の AP テストとの関連性は明らかにされていない。しかし、米国の AP 会計（簿記）の動向を注視しておくことは簿記人口を増加させる1つの方策を考えるための手本になるであろう。

4　おわりに

　簿記離れに歯止めをかけ、初級簿記教育を発展させるための方策について述べた。簿記の教育価値をアピールし、今日以上にその有用性を理解させることに成功したとしても、現実に生徒は大学進学の推薦基準や就職等の目先の利益に影響されやすい。その面から簿記離れを考えると、現在の簿記学習には外的な動機づけである検定合格という報酬、いいかえると目先の利益がなくなりつつあるのかもしれない。それゆえ内的な動機づけのためや将来の経済生活への役立ちのために、各種の授業方法・工夫などを取り入れたりして現行の簿記教育を変える必要がある。簿記担当教員は生き残りをかけた戦いに向かわざるをえない。社会は変化し、変化することを避けることはでき

ない「変わることは持続する（Change is constant.; Benjamin Disraeli）」。

注

(1) デジタルネイティヴ（Digital Natives）とは次のように定義されている。「現代の子供たちは、両親とかなり違ったやり方で社会化している。その数字には圧倒される。その子供たちが大学を卒業するまでに、10,000 時間以上のビデオゲームをし、200,000 通以上の電子メールやインスタント・メッセージを送りあい、10,000 時間以上デジタル携帯電話で話をし、20,000 時間以上テレビを見たり、500,000 以上のコマーシャルを見るであろう。しかし、おそらく読書時間は多くて 5,000 時間であろう。これが現代のデジタルネイティヴと呼ばれる生徒である（Prensky 2001, p. 1）」。またデジタルネイティヴは、Millennials Generation, GenerationY, Net Generation, Nexters, DotComs, iGeneration, Echo-Boomers, Me Generation, Generation-D とも呼ばれる（Feiertag and Zane 2008）。最近では、モバイル世代やスワイプ世代（Swiping Generation）ともいわれている。

　本文以外の生徒気質の第 1 の特徴として、溺愛する保護者（ヘリコプターペアレント）の存在であり、自立への移行が遅く困難であり、不明確さに対する耐性が低いという特徴があげられる。これに対しては、コース構成を明確にしたり、明確な期日のあるシラバス、課題に対して納得のいくガイダンスを提供し、評価規準を示すような対処法が必要である。すでに大学や高校等で行われているが、さらに詳細かつ明快なシラバスやガイダンスが必要となるであろう。第 2 の特徴として、自己中心（ミー世代）で忙しく学習活動に耐性がないことがあげられる。これに対しての方策は伝統的な講義では役に立たなくなっており、生徒中心の学習に替えたり（能動的学習）、コースデザインに参加させることが必要とされる。また課題に対してもいくつかの中から選択させたり、代替的なものを示すことが必要とされるであろう。第 3 の特徴として、生徒は多くのストレスを抱えている。そのストレスを弱める方向に指導の改善をはかる必要がある。つまり、内容を減らし、教材分析や思考過程を強調することが重要となる。モジュール化し、柔軟な締切期日の採用やリマインダーを用いたりすることが要求されるであろう。途中の評価情報を提供することも有効である。第 4 の特徴として、学ぶことそのものよりも、むしろよい成績をとることにとりつかれている生徒が多くなっている。そのため平気でカンニングをする傾向にある。カンニングを防ぐために、試験を何種類か用意したり、試験の監督を厳しくする必要がある。また課題やレポートにおいて盗用防止ソフトを活用することもいわれている。その他の特徴として職場、学校、社会生活において娯楽を求めたり、仕事と生活とのバランスを考えたり、チームで学習し活動するなどがあげられている［Alsop（2008）; Wilson and Gerber（2008）; Mooney, Mooney and

Crosson (2012); Tapscott (2009)]。
(2) 2012年7月に地方の公立の進学校である普通高校に対して簿記について、簡単なアンケート（図表3-8参照）を実施したところ、「簿記」という科目名を知っているものは、回答した者のうちわずか4.3%で、「会計」は8.1%であった。大学でも人気のあるマーケティング科目は、高校段階ですでに簿記より認知されていた。現代では一部の学校を除いて家庭科で家計簿記を教えなくなっているのも一因かもしれない。もっとも、将来なりたい職業について質問すると、教員43名、公務員40名、ビジネスパースン34名、医師20名、エンジニア15名、研究者12名、薬剤師7名、弁護士4名に対して、公認会計士は7名の生徒が希望していた。高等学校や地域の差はあるものの進路指導における職業についてのキャリアガイダンスの影響と思われる。

図表 3-8　地方の公立進学高校（普通科）へのアンケート調査結果（2012年7月）

知っている科目 （回答数 185 名・複数回答）	経済（140）・経営（106）・心理（106）・金融（53）・民法（51）・財政（41）・マーケティング（39）・会計（15）・簿記（6）
将来なりたいと思っている職業 （回答数 260）	（多い順）教員（43）・公務員（40）・ビジネスパースン（34）・医師（20）・エンジニア（15）・研究者（12）・薬剤師（7）・公認会計士（7）・弁護士（4）・その他（78 未定も含む）
職業に就きたい理由 （回答数 242）	性格や適性（119）・社会貢献（65）・給料（19）・親や友人等の勧め（16）・興味（8）・安定（7）・その他（8）

(3) 「Start Here, Go Places」や「Taking Care of Business」がよく知られている。
(4) なお、米国では職業教育とキャリア・テクニカル教育との関係を図表3-9のように説明している。

図表 3-9　職業教育とキャリア・テクニカル教育との対比

職業教育（Vocational Education） 以　　前	キャリア・テクニカル教育 （Career Technical Education） 現　　在
一部の生徒のために	すべての生徒のために
一部の仕事のために	すべてのキャリアのために
6から7のプログラム	16クラスター81の進路
アカデミック科目の代わりに	アカデミック科目と連携
高等学校に焦点	高等学校と大学とのパートナーシップ

出所：Hess, Benson (2006)

(5) なお、AICPA の Taylor Report (2000) において、CPA への制度的障害として無知、誤解、ネガティブな認識について言及している。米国では高等学校の65%が会計科目を提供し、高校生の25%が受けている。その受けた生徒のうち15%が大学での会計コースを取っており、受けていない75%のうちわずか9%しか大学の会計コースを取っていない。そして高校での会計科目は職業科目あるいは救済科目と認識され、高校で会計科目を取るかどうかが大学での会計を取るかどうかに影響を及ぼすことはほとんどないという報告書を出していた。

個別的問題

第4章　簿記導入法の推移について

1　はじめに

　周知のように、簿記を導入するにはいろいろな方法がある。日本ではどちらかといえば勘定学説に基づく導入法について議論されることが多く、簿記教育という観点からの議論はすくなかったように思われる[1]。そこで本章では、1920年代から1930年代にかけて、Littelton（1923, 1931）、Sproul（1929）、Cradit（1929, 1931）、Schmidt（1931）、Baker（1935）、Boynton（1970）、Musselman et al.（1979）等により活発になされた議論によりながら、アメリカの高等学校レベルないし大学初級レベルでの簿記導入法の推移とそれぞれの長所・短所について述べることにする。そして、現在の日本の教科書で用いられている導入法とそこで展開される取引要素説の問題点と改善すべき点について考察する。なお、ここでいう導入法（approach）とは、簿記という科目を指導する際の、提示の順序を意味する。

　簿記一巡の手続きは、図表4-1のように、第1段階：仕訳帳への仕訳、第2段階：元帳への転記、第3段階：試算表および精算表の作成、第4段階：財務諸表の作成、第5段階：締切・繰越および線引、第6段階：繰越試算表の作成、再び第1段階へという順序で説明される。

　これらの6つの段階のうち、第3・第5・第6段階は事前に簿記の知識が生徒に必要とされる。しかし、残りの第1・2・4段階は必ずしも前もって簿記の知識を必要としないので、この3つのどの段階からでも導入することができる。

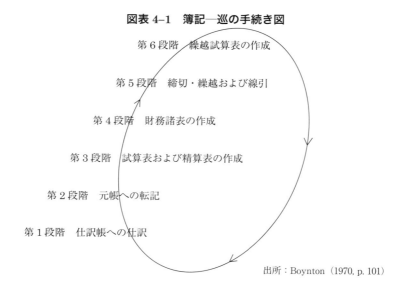

図表4-1 簿記一巡の手続き図

第6段階　繰越試算表の作成
第5段階　締切・繰越および線引
第4段階　財務諸表の作成
第3段階　試算表および精算表の作成
第2段階　元帳への転記
第1段階　仕訳帳への仕訳

出所：Boynton（1970, p. 101）

2　仕訳（帳）導入法（The Journal Approach）

　仕訳（帳）導入法は上に述べた簿記一巡の手続きの第1段階：仕訳帳への仕訳から導入をはじめ、実務で一般的に行われているのと同じ順序で、簿記の手続きを指導していく方法である。[2]

　この名称は、生徒に仕訳帳または仕訳日記帳の記録をさせることから指導をはじめるという事実に由来している。当初この方法は、単に取引を記録させることであったが、現在では、取引を分析させる点に重点が移行ないし修正されている。

　この導入法の著名な支持者である、Ewell（1929, pp. 57-58）[3]は下記のように述べている。

　この方法は商取引を借方要素および貸方要素に分析することである。その過程は仕訳と呼ばれ、簿記の基本である。これらの要素の名称、金額、あるいは受取額と支払額を示す項目が、仕訳帳に記録される。しかし、仕訳

帳と呼ばれる帳簿に、借方とそれに対応する貸方を単に記録するだけでは、本質的には、仕訳の過程を正式に記録したことにはならない。取引は口頭であれ、文書であれ構成要素に分析されて仕訳されるのである。仕訳帳導入法では、生徒は、借方と貸方の両方の金額を取引と関連づけたり、相互に関連づけたりして学習する。そしてとくに帳簿の導入期には、正確を期すため、またすぐ参照できるようにするために、たいてい記録文書が作成される。この導入法が用いられたときに満足できる結果が得られるのは、次のような理由からである。

(1) すべての高校生が、取引の当事者になった経験をもっている。たとえば、キャンディを購入するとき、お金を支払って代わりにキャンディを受け取るということを知っている。1つの価値形態を受け取って別の価値形態を手放すということを理解するのは、簡単なことである。このような交換に基づいて、簿記の最初の授業は、すでに生徒がもっている知識からはじめ、やさしい段階を踏んで進められる。

(2) ほとんどすべての簿記の教員が、仕訳は簿記の基本的な過程であるという見解を支持している。記入させる形態に関係なく、仕訳の過程はすべての簿記係によって用いられる。これは簿記一巡の最初の手続きであり、簿記原理の初歩的な学習に当然のことながら適合している。多くの指導者は、仕訳記入の決定を伝統的な仕訳帳に記入する方法と混同している。その方法は、仕訳を記録する多くのやり方のうちの1つにすぎない。広い意味において、仕訳の過程は、与えられた取引を記録する場合に借方と貸方に勘定を示すことである。1つの取引に関わるすべての勘定が当然一緒に考慮されなければならない。このことを行う場合、多くのやり方が存在する。しかし初心者にとって、取引を記録する最も簡単で最も理解しやすいやり方は、その仕訳にある。というのは、ここでは、借方項目と貸方項目とが対置するからである。この対置状態を通して、借方、貸方の正しい関係が容易に把握されるのである。

(3) 取引の性質自体が、その取引を記録するために用いるべき勘定を決定

するのだということを、生徒は、この仕訳帳導入法によって容易に印象付けられる。他の導入法では、生徒は、事前に決定されたある元帳勘定を用いなければならず、それ以外の勘定は用いてはならないと考える。それゆえ生徒は、新しい取引に出会ったとき、その取引に合う新しい勘定を用いずに、すでにもっているいくつかの勘定を合わせようとしてしまう。

以上のように簿記の導入において、取引を借方要素・貸方要素に分析すること、つまり仕訳（journalizing）を最初に導入することにより、簿記一巡の次の段階への移行が容易になる。また、各種取引ごとに一単元として提示でき、帰納的な方法である。しかし、次のような短所もある。

(1) この導入法によると、仕訳やその後の転記について、生徒は何週間もの間、自分がどの方向へ向かっているのか、いいかえると最終目標が見えないので、よく理解せずに単に暗記にたよる学習を行うことになる。
(2) 生徒は、これらの型にはまった日常の学習が簿記の全体図とどのように関係しているかわからなくなる。つまり、木を見て森を見ずということになる。
(3) おもしろみのない導入法になりがちである。生徒は教員の言葉だけを信じてかなりの学習と練習をしなければならない。つまり自発的な学習が行いにくくなる。

3　元帳または勘定導入法 (The Ledger or Account Approach)

元帳導入法は、簿記一巡の手続きにおいて第2番目に記入する帳簿であるが、最も重要な元帳からはじめる方法である。元帳は、帳簿の発生関係からいえば仕訳帳よりも先に設けられているので、この導入法は発生に従ったものだといえる。1910年頃までは仕訳（帳）導入法以外にはほとんど注意が払われていなかったが、1912年の代表的なテキストで、仕訳帳の前に、現

第4章　簿記導入法の推移について　59

金、売上、仕入勘定が導入され、その後1913年の改訂版において、仕訳帳を説明する前に一般に用いるすべての勘定が導入されたのが最初といわれている（Cradit 1929, p. 179）[4]。最初、元帳にふれず、基礎的・基本的な簿記概念である省略形式の元帳勘定から授業を展開していく場合には、勘定導入法（Account Approach）とも呼ばれている。このような方法は、当時のビジネス教員に受け入れられ、1912年から1930年まで多くのアメリカの教科書で採用されていた。個々の勘定を指導した後、仕訳帳の記録について説明するのが普通である。しかしはじめの仕訳の方法を指導する前に、試算表および貸借対照表の概念が教えられることも時々ある。

Kirk（1929, p. 59）[5]はこの導入法について、次のように主張している。

　勘定導入法（Account Approach）が最初に教えられるのは、商取引が勘定に影響を及ぼすからである。それゆえ、勘定の基本原理を知ることがきわめて重要である。生徒は勘定と取引との関係を理解する前に勘定の意味を知らなければならない。その後の簿記の初期指導は、生徒が取引を分析し、影響を受ける勘定を決定できるように訓練することにある。……もし、生徒が勘定の意味と結果（results）を理解していれば、なぜ一つの帳簿に同じ種類の取引を記録し、総額や結果（results）を元帳に転記することが賢明であるかを容易に説明できる。

Sproul（1929, pp. 59-60）はこれに続けて、次のように述べる。

　この方法によって各勘定を指導する場合、勘定によって示される一般的な要素を含む取引だけを分析のために選択する必要がある。そして、取引の2つの面に同時に注意を払うのではなく、当該勘定に影響を及ぼす取引の面に主として注意が向けられる。学習が進んでいくにつれ、うまく指導するためには、新しい勘定を前に学習した勘定に結びつけることが要求される。これは、通常行われていることである。初歩的なやり方では、学習する勘定の機能と解釈を生徒に示すこともある。しかし、その説明は専門的であってはならない。もし、簿記手続きの他の部分を深く論じすぎると、

生徒の能力を超えることになるだろう。

　勘定の意味、勘定の記入原則を最初に指導しておけば、取引と勘定を用いて分析することができ、指導しやすくなると評価する反面、次のような短所もある。

(1) 仕訳（帳）導入法と同様、機械的でおもしろみのない導入法になりがちである。
(2) 簿記一巡の途中からはじめて仕訳にもどり、それから最終段階へと進むので、生徒に混乱を生じさせる。
(3) 最終目標が明らかにされず、異なった勘定間の関係を示すことができない。

4　小括

　上述したように仕訳（帳）導入法と元帳または勘定導入法にはそれぞれ長所・短所がある。それらを Cradit（1931, p. 31）は、図表 4-2 のように整理している。次節に述べる貸借対照表導入法にもいろいろなバリエーションがあり、単純には比較できないが、その方法に比べて仕訳（帳）導入法は、短所の数が多く、また元帳または勘定導入法では仕訳（帳）導入法よりも少しすくなくなるようである。

5　貸借対照表導入法（The Balance Sheet Approach）

　貸借対照表導入法は、取引の分析や勘定の説明をしないで簿記一巡の終わりの貸借対照表を理解させることからはじめる方法である。図表 4-2 からもわかるように、仕訳（帳）導入法や元帳または勘定導入法は指導上多くのルールを必要とし、生徒に最終目標を見せずに黙々と数時間テクニカルな

第4章 簿記導入法の推移について

図表 4-2 仕訳（帳）導入法と元帳または勘定導入法

(1) 仕訳（帳）導入法		(2) 元帳（または勘定）導入法	
取引の記録から取引の分析に重点が変化		正式な元帳から勘定へ重点が変化	
(a) 長所	(b) 短所	(a) 長所	(b) 短所
1 単元を提示するのは非常に簡単である	1 多くの規則を必要とする	1 単元を提示するのは簡単である	1 多くの規則を必要とする
2 各取引は一単元として記録される	2 最終目標が見えない	2 (1)(a) 2と同じ	2 (1)(b) 2と同じ
3 各単元は容易に理解される	3 論理的ではなく日付順に展開	3 理由が各段階で提示される	3 (1)(b) 3と同じ
4 帰納的	4 資本主への記帳の影響が示されない	4 個人学習のために望ましい	4 資本主への記帳の影響が部分的に示される
5 非常に古い方法	5 簿記の機械的な側面を強調する	5 (1)(a) 4と同じ	5 簿記の半機械的な側面を強調する
	6 多くの単元を提示するため多くの時間を必要とする		6 最初に非常に多くの用語を導入する
	7 継続的な復唱を必要とする		7 異なった勘定間の関係を示すことができない
	8 生徒が教員に依存する点において自発性を展開させることができない		8 最初に多くの概念を導入することにより学習を複雑にさせる
	9 理論的に考える能力を増進させることができない		9 わずかであるが自発性と理論的に考える能力を発達させる
	10 仕訳、試算表および貸借対照表において貸借平均の原理を展開することができない		

出所：Cradit（1931, p. 31）一部省略と加筆している

説明に費やすことになる。このような短所を排除するためにこの方法が考案されたのである。Littleton によると、この導入法は簿記原理の等式表示から派生したもので、1920年代頃に注目を浴びるようになったらしい。等式表示はそれまでの簿記のテキストに広く用いられており、1880年と1907年に Sprague によって体系づけられた（Littleton 1931a, p. 33）。この方法を用

いた最初のものは、1918年、McKinseyが中等学校用に編纂した教科書である（Backer 1935, p. 19）。当初は専門的で正式な貸借対照表が導入されたため、この導入法はうまくいかなかったようであるが、簡単な形式の貸借対照表を用いるようになるにつれ、前述の仕訳（帳）導入法や元帳または勘定導入法よりもはるかに人気が出てきた。
　Jakson（1929, pp. 62-63）⁽⁶⁾は、この導入法を次のように説明している。

　貸借対照表導入法は、行動は理解を伴ってはじめて教育的意味をもつという原則に基づいている。第1に企業自体、第2に取引が企業に及ぼす影響、第3に取引を記録する方法が強調される。簿記は、生徒がすでに精通している単純な算術的な過程によって導入され展開される。生徒は、ビジネス慣行の性質をすぐに把握し、記録のメカニズムが何のためにあるのかだけでなく、なぜそれが必要なのかを学ぶ。このことを基礎にして借方および貸方の基本的な過程が展開される。そして、生徒は簿記過程について「いかに（How）」を容易に学ぶ。教員と生徒の両者にとって最も重要なことは、生徒が意味のない簿記形式や手続きに途方に暮れて、最初のセメスターあるいは全1年間を過ごすのではなく、何についてやっているかを理解して学習するということである。
　具体的にいうと、貸借対照表導入法によって、生徒に手元現金と売ることのできる商品を含む個人の財産およびその個人の金銭の貸借状況の一覧表が与えられる。生徒は、その個人がどのくらい価値（ここでいう価値は単に算術上の問題である）があるかを決定するだけでなく、ビジネスマンに最も役立ちそうな形式でその結果を示すよう要求される。ここで貸借対照表の単純な形式を学び、この表が資本主にとって、なぜ、そしていかに有用なのかを学ぶ。貸借対照表等式によって、つまり個人の価値は、資産が債務を上回ることによって測定されるという事実が証明される。生徒はただ作業を行っているのだけでなく、やりながら自分の行っていることを理解しているのである。
　しかし、貸借対照表導入法による簿記の指導は、ここで終わりではない。この時点で教科書は、勘定導入法または仕訳（帳）導入法にもどることが

よくある。貸借対照表導入法では、ビジネス取引を最初に取り上げ、なぜすべての取引が等価値の交換となるのかを説明し、そのような取引の影響が貸借対照表にどのように反映されるかを示す。このように貸借原理が組み立てられ貸借対照表等式に直接結びつけられる。それゆえ、生徒は簿記のメカニズムが導入される前に、単純で算術的な過程によって帳簿に記録されなければならないビジネス慣行の性質を把握する。

この導入法は、仕訳（帳）導入法や元帳または勘定導入法の短所を克服したという意味で指導目的上の、また、生徒の心理に影響を及ぼす観点から、次のような長所がある。

(1) 生徒に最初にビジネス活動の全体像（目標）を見させることにより、その目標を満たす手助けとして簿記の必要性を喚起させることができる。
(2) 貸借対照表（および損益計算書）が提示されるので、そこに記載されている情報の源泉について、原因と結果を明らかにさせ、論理的に考える能力を発達させたり、好奇心を掻き立てさせることができる。
(3) 部分から全体へというより、むしろ全体から部分へというやり方は、学習が最もたやすく効果的に行われるという原則にかなう。この原則はすべての技術にあてはまる。建築家は、建物1つ1つのレンガや梁で考えない。また劇作家は、テーマを考え、「全体」に照らし合わせて「部分」を構成し、「導入」がほとんど完成した段階になって登場人物の話す台詞にとりかかる。全体から部分へという方法である（Littleton 1923, p. 569）[7]。またあたかも推理小説のような手法と同じであるともいえるであろう。
(4) 記録することが簿記の目標であるという思い込みを無くし、管理の手段として、経営者あるいは個人生活の観点から教えることができる。
(5) 機械化が進むにつれて、簿記の仕事は縮小されるようになったため、ただ単に記録の方法よりもその記録がどのように役立つかを知ることが重要になってきており、この導入法はその状況に対応している。

しかし、この導入法に対しても次のような短所がある。

(1) 生徒は、貸借対照表がどのように作成されているかを知らない。そこに示されている金額がどこから出てきたのかについて混乱を生じさせることになる。
(2) 貸借対照表が正しく絶対確実な価値の表であるという誤った概念をうえつける危険性がある。貸借対照表における多くの勘定は、せいぜい価値の見積もりであって正確なものではない（Myer 1946）。[8]
(3) 勘定とは何か、また勘定がどのように用いられるかを知らない段階でいくつかの勘定科目と貸借平均の原理について教えることになる。
(4) 貸借対照表が最初に提示されるので、簿記一巡の手続きのどの位置にいるのか混乱を生じさせることになる。
(5) 最初に多くの新しい概念つまり資産、負債、資本、勘定科目、貸借平均の原理、財務諸表を包括的に学習させることになる。また、それらの概念を生徒の経験に結びつけて導入しても多くの時間を要することになる。
(6) 演繹的であり、生徒が個人で学習するには適していない。
(7) 利益の決定（損益計算書）が資本の決定（貸借対照表）よりも重要であるのに資本の決定を先に指導することになる。
(8) 貸借対照表の作成は、会計担当者（accountants）が行うのであって、簿記係（bookkeepers）ないし会計事務員（accounting clerks）の養成には適さない。

貸借対照表を用いて簿記の全体図を理解させるこの導入法は、当初上の短所で述べたように非常に多くの複雑で抽象的な概念を与えすぎたためスムーズにいかなかった。そこで修正ないし変更がなされてきた。つまり、貸借対照表を生徒に提示する前に、次に述べる等式（簿記等式または貸借対照表等式）を導入することにより、指導を簡潔化する方法である。また、この等式を用いても、最初の提示の中には、指導しなければならない専門用語や抽象的な概念があったので、この専門用語や抽象的な概念を理解させるために日常の簡単な用語を用いて指導する方法がとられた［たとえば資産（assets）

の代わりに「所有するもの」(owns)、負債 (liabilities) の代わりに「借りているもの」(owes)、資本 (proprietorship または capital) の代わりに「正味財産」(net worth) または「請求権」(ownership)]。しかし、このような修正ないし変更がなされても完全には短所を解消することができなかった。それゆえ、抽象化をいっそう全面に出して行う次節の等式導入法が生じたのである。この貸借対照表導入法の提示順序は、次の通りである（ただし、いくつかのバリエーションが存在する）(Musselman et al., 1979, p. 8)。

(1) ある生徒を例にとって、その「純財産」の明細書を提示する（この純財産の概念は貸借対照表の見方を誤らせることがある）。
(2) 正式な貸借対照表を導入する。普通、サービス業で単一の資本主 (proprietor) によるものを用いる。この段階では、貸借対照表は通常無区分で、勘定形式である（大学レベルの教科書はしばしば株式会社形態を用いる）。
(3) 仕訳帳（2欄または多欄）、あるいはT勘定を用いて貸借対照表に影響を及ぼす取引を分析する。
(4) 仕訳帳（2欄または多欄）、あるいはT勘定を用いて収益・費用取引を分析する。
(5) 貸借対照表および収益・費用取引を記録するために仕訳帳を導入する（大学の教科書では、ふつう特殊仕訳帳をすぐに用いている）。
(6) 1つの元帳だけに勘定を転記する（通常この段階で、標準または残高の元帳形式が導入される）。
(7) 試算表を作成する（精算表はこの段階で用いても用いなくてもどちらでもよい）。
(8) 財務諸表を作成する。損益計算書と貸借対照表の報告形式は、通常この段階で導入される。区分貸借対照表を導入する教員もいる。
(9) 元帳の勘定を締め切る（整理事項を精算表で挿入する場合、整理仕訳はこの段階よりも前に行われる）。
(10) 整理後試算表を作成する。

6 等式導入法 (The Equation Approach)

　等式導入法は基本的簿記等式を用いて導入する方法である。貸借対照表導入法の修正ないし変形として考えられたものである。それゆえ当初はこの導入法は貸借対照表等式導入法（The Blance Sheet and Equation Approach）と呼ばれていた。高度に単純化し抽象化した等式を用いることによって段階的に簿記の用語や方法を提示していく方法である。[9] 最終的な貸借対照表や損益計算書へと連続性をもって指導できるので、他の方法に比べて指導展開における中断をすくなくする長所がある。

　この導入法の提示順序は次の通りである（ただし、いくつかのバリエーションが存在する）(Musselman *et al.*, 1979, p. 8)。

(1) 基本的な等式を認めることによって、ビジネスを成立させる。等式の左側の経済資源（資産）は、右側のその資産に対する請求権の金額と等しい。

(2) 「資産＝負債＋資本主持分」という簿記等式の3つの基本的要素を識別する（大学では一般的に株主持分という用語が用いられる）。

(3) 簿記等式の詳しい一覧表として、勘定形式を導入する（高校レベルでは単一の資本主によるサービス業が用いられるが、大学では株式会社形態が用いられる）。

(4) 等式のなかで、貸借対照表取引を分析する（この段階では仕訳帳も勘定も全く用いない）。

(5) 収益・費用取引を分析し、等式のなかで純利益の概念を導入するために、等式を拡大する（ここでもまた、仕訳帳も勘定も全く用いない）。

(6) 収益・費用取引の詳しい一覧表として、損益計算書を導入する。

(7) 2つの財務諸表の関係を示すために、貸借対照表のなかで純利益を導入する。

(8) 開始仕訳をし、資産、負債、資本主持分、収益、費用勘定の変動を記入するため、T勘定を導入する。

⑼　通常、2欄式の仕訳帳を導入する。
⑽　試算表を作成する。
⑾　財務諸表を作成する。貸借対照表の報告形式は、通常この段階で導入される。区分貸借対照表を導入する教員もいる（精算表はこの段階で用いても用いなくてもどちらでもよい）。
⑿　元帳の勘定を締め切る（整理事項を導入する場合、整理事項はこの段階より前に行われる）。
⒀　整理後試算表を作成する。

　等式導入法と貸借対照表導入法は、取引を分析するために元帳勘定の導入を遅らせる傾向があるという点では似ているが、図表4-3のように相違点があることに注意しなければならない。
　等式導入法によって指導した場合の長所として、次のものが掲げられている。

(1) 貸借対照表は会計期末に導入されるので、最初に教えることの難しさをさけることができ、また簿記一巡の手続きの正しい段階どおりに指導できる。
(2) 貸借記入の原則は、簿記等式の3つの要素（資産・負債・資本主持分）に焦点をあてて指導することができる。
(3) 勘定と勘定分類は財務諸表ではなく簿記等式に関連づけて導入されるので、指導が容易になる。永久勘定および一時的勘定も等式に関連づけて適当なときに導入することができる。

　しかし、等式導入法は、他の導入法より指導方法的には優れているが、代数的能力が劣る生徒に心理的な負担を与え、導入に困難を伴うことがある。履修前に代数的能力の確認を行う必要性が指摘されている。また、収益と費用を説明する際に等式を用いると複雑になることが問題点としてあげられている。

図表 4-3 等式導入法と貸借対照表導入法の比較

	等式導入法	貸借対照表導入法
最初の導入	基本的な等式だけを用い、貸借対照表の細部は後に回す	最初から貸借対照表の細部を教えてから等式が導入される
取引の分析	等式上で分析される 資産・負債・資本主持分の要素の変化が確認されてから勘定の必要性が導入される	T勘定または仕訳で分析される
収益・費用取引の分析	等式を拡大することによって導入される 資産＝負債＋資本主持分 　　　　　　　（資本） 　　　　⇩ 資産＝負債＋資本＋収益－費用 　　　　　　　（資本主持分）	T勘定または仕訳で分析される
純利益概念	等式上で確認される 精算表を詳しく学習しなくても導入される	簿記一巡の手続きの最終段階になって精算表および損益計算書とともに導入される

出所：筆者作成

7　小括

いままで述べてきた4つの導入法を簡単に図解することによって要約すれば図表4-4のようになるであろう。

図表4-4からわかるように(1)の仕訳帳導入法、(2)元帳導入法、(3)貸借対照表導入法にも修正ないし変更がなされてきている。つまり(1)は

図表 4-4　4つの導入法の変遷

		1912年以降		1918年以降		
(1) 仕訳帳導入法	→	(2) 元帳導入法	→	(3) 貸借対照表導入法	→	(4) 等式導入法
取引の記録に重点		正式な元帳から導入		正式な貸借対照表から導入		
↓ 修正・変更		↓ 修正・変更		↓ 修正・変更		
取引の分析に重点		勘定から導入		簡単な貸借対照表から導入		

出所：筆者作成

取引を仕訳帳に記録させることより、取引を分析させることに指導の重点が移ってきている。(2) では正式な勘定から導入するのではなく、簡単な勘定を説明した後、それを用いて仕訳させるようになってきている。(1)(2) の批判の上にたった (3) の修正ないし変更としては、正式な貸借対照表よりもむしろ簡単な貸借対照表から説明する方法がとられている。

Boynton (1970, pp. 54-55) は簿記指導の目的を次のように述べる。

簿記係が成功するには簿記等式を理解しなければならないのと同様、教員も行動に関する次の等式を理解すべきである。

$$行\ 動 = 知\ 識 + 技\ 術 + 態\ 度$$

したがって、簿記の目的についての1つの考え方は、影響される行動、つまり習得される知識と習得される技術と形成される態度の観点から考えることである。

この等式は簿記を導入する場合にもいえることである。つまり簿記一巡の手続きを指導する場合、知識と技術と態度が重なり合ってはじめて素晴らしい導入法となるのである。

(1) 仕訳帳導入法と (2) 元帳または勘定導入法は、どちらかというと繰り返しの多い型にはまった事柄を教えることに重点を置きすぎていた方法である。Littleton [1923a (1961, p. 568)] も述べているように、これらの方法は、ちょうど配管の仕事を見習工に教える方法と変わりなく、それはあたかも誰かが生徒に絶えず「こういうふうになっている。だからとにかく私のいうようにしなさい」と述べるような方法である。つまり技術面を重視した方法といえるのである。反対に (3) 貸借対照表導入法と (4) 等式導入法は、生徒に今から何をするのか、簿記の目的と必要性の外観をまず説明することからはじめる方法である。つまり知識・理解面を重視した方法といえるのである。別の表現をすれば (1) 仕訳帳導入法と (2) 元帳または勘定導入法は、How-Approach であり、(3) 貸借対照表導入法と (4) 等式導入法は、Why-Approach とも呼ばれている。どちらの方法を用いるかは、

HowとWhyのバランスの問題とも考えられる。またHowとWhyのバランスを考えながら指導したとしても、生徒の態度・興味・関心を考慮しなければ指導はうまくできないという考え方から、動機づけ導入法（Motivation Approach）を主張する者もいる（Boynton 1970, pp. 106-107）。しかしこの動機づけ導入法はHowまたはWhyのそれぞれの面のなかで必要なことであり、あえて上記の範疇に追加する形で分類する必要はないと考える。

とくに高等学校やカレッジレベルで簿記を導入する場合には、Howだけでよいといった考え方もあるが、アメリカでは現在このような考え方をとる者はすくない。それゆえWhyを重視する方向へと重心が移り、(3) 貸借対照表導入法と (4) 等式導入法を用いて指導する者が多いといわれている。もっとも最近では、(3)(4) に先立ってビジネス一般についての事柄や経済の背景的知識を教える方法も好まれている。

8 　現行の日本の教科書における導入法

現行の日本の教科書における導入法は、おおむね次のような順序で説明されることが多い。

最初に簿記一巡の手続きを示すことはなく、資本等式→貸借対照表等式→貸借対照表の説明→損益計算書等式→損益計算書の説明→取引の説明・取引の分解・勘定記入→仕訳→元帳→試算表→精算表→決算（損益計算書の作成・貸借対照表の作成）の順で説明される。

この方法は修正された貸借対照表導入法と考えられる。しかし、せっかく学習目標である貸借対照表や損益計算書を提示しておきながら、そこでは資産、負債、資本（あるいは純資産）、収益、費用の用語を説明するとともに会社名、会計期間や合計と2重線による締切等多くのことを指導することになり、生徒の学習意欲を低下させることになりかねない。それゆえ、教員は最初の決められた時間内に多くのことを指導する経験と技術を要することになる。

さらにこれらの点をうまく教授・学習できたとしても、次に提示するのは日本特有といわれている取引要素（資産・負債・資本・費用・収益）の結合

関係による仕訳の説明である(10)。まず取引要素をどのように分けるかが問題である。この要素説を提唱したといわれる吉田良三も当初はイギリス簿記の影響があったようであるが、その後の教科書を見る限り、8要素、10要素、12要素、6要素と変遷が見られる（図表4-5参照）。当時の簿記指導者や生徒の意見を取り入れたためと思われる。現在の日本の教科書では通常8要素で説明されることが多い。しかし、8要素説では、たとえば商品売買において売上（または仕入）返品取引や売上（または仕入）値引取引を三分法にて処理する場合、売上（または仕入）返品勘定や売上（または仕入）値引勘定を用いることを前提にして説明していると思われる。しかし，現行の簿記テキストでは、売上（または仕入）返品勘定や売上（または仕入）値引勘定を用いない処理法で説明するため矛盾が生じるようになったと考えられる。つまり、8要素説では費用の消滅（減少）や収益の消滅（減少）の要素を設けないため、擬制した解釈をせざるを得ない。それゆえ返品・値引勘定を用いない場合には10要素説でないと説明できないように思える。また、8要素説では貸借対照表と損益計算書との関係、とくに資本と損益の関係が説明しにくい欠点がある。

　さらに、取引要素の結合関係表において指導上弊害となっているのは、その結合関係を表すために借方要素と貸方要素を線で結んで結合パターンを示す説明をしていることである。しかし、この説明方法は、多くの取引の結合関係を覚えなければならないという先入観を生徒に与え、学習意欲を喪失しかねないように思える。たとえ要素の結合のすべてを説明しなくても、上で述べたようにいろいろな仕訳例を暗唱させた仕訳（帳）導入法の短所を復活させることになりかねない。取引要素の結合関係を示した吉田自身、要素の結合よりも要素の分類を重視していたように思える。1904（明治34）年から1940（昭和5）年までの各種レベル簿記書のうちの17冊を調べたところ、線で結んでいるものは4冊にすぎない。また、要素の結合例もすべて掲げていない点からも推察されるであろう。借方要素と貸方要素を線で結んで説明した場合にも、収益の発生と費用の発生のような取引例はないとして線で結ばない教科書も多い。確かに通常の取引に限定すればそのような考え方は正しい。しかし振替取引や訂正取引を取引要素の結合表を用いて説明しない場

図表 4–5　吉田良三の取引要素説の変遷

『最新商業簿記學』 (1904, p.18)	取引要素結合法則 有價物を受く　　有價物を渡す 貸金を生ず　　　貸金を取返す 借金を返す　　　借金を生ず 損失費用を生ず　利益を生ず 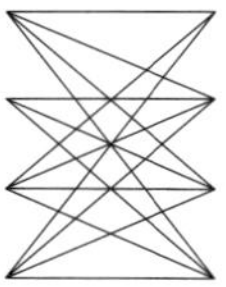
『最新商業簿記』 (1907a, p. 19, 29) 『簡易商業簿記教科書』 (1907b, pp. 61-62)	八要素結合関係（仕訳法則） （借方）　　　　　（貸方） 有價物を受く　　　有價物を渡す 貸金を生ず　　　　貸金を取返す 借金を返す　　　　借金を生ず 損失を生ず　　　　利益を生ず
『甲種商業簿記教科書』（上巻） (1911, p. 55)	取引八要素 有價物の取得　　　有價物の喪失 債権の發生　　　　債権の消滅 債務の消滅　　　　債務の發生 損失の発生　　　　利益の發生
『最新商業簿記』 （第2回訂正改版） (1912, p. 30)	取引構成八要素（仕訳法則） （借方）　　　　　（貸方） 有價物を受く　　　有價物を渡す 貸金を生ず　　　　貸金を取返す 借金を返す　　　　借金を生ず 損費を生ず　　　　利益を生ず

第 4 章　簿記導入法の推移について　　73

文献	取引構成十二要素		取引六要素	
	(左方要素)(借方たるもの)	(右方要素)(貸方たるもの)	(左方要素)	(右方要素)
『最新式近世商業簿記』(第2回改訂)(1922, p. 25, 32, 41)	有形資産の増 無形資産の増 負債の減 資本金の減 利益の減 損失の増	有形資産の減 無形資産の減 負債の増 資本金の増 利益の増 損失の減	資産の増加 負債の減少 資本の減少	資産の減少 負債の増加 資本の増加

＊取引要素の数は財産及資本を分類する精粗に仍り自由に増減し得るが故六又は十二と云う如くが之常に一定せるにはおらず。唯、取引仕訳の準拠としては之を上掲の如く十二要素に分つを以て最も便利適切なりとす (p. 32)。

取引構成六要素	
資産の増	資産の減
負債の減	負債の増
資本の減	資本の増

文献	取引構成十二要素			
	(左方要素)(借方要素)	(右方要素)(貸方要素)	(左方) 資産 (右方)	
『簡易商業簿記教科書』(第3回改訂)(1923, p.51,64)	有形資産の増 (有價物を受く) 無形資産の増 (貸金を生ず) 負債の減 (借金を返す) 資本金の減 (引出又は減資) 利益の減 (利益を減ず) 損失の増 (損失を生ず)	有形資産の減 (有價物を渡す) 無形資産の減 (貸金を取返す) 負債の増 (借金を生ず) 資本金の増 (元入又は増資) 利益の増 (利益を生ず) 損失の減 (損失を減ず)	増加 | 減少 負債 減少 | 増加 資本 減少 | 増加	

＊十二要素の各々に小活字にて付記さるは各要素の通俗的名前なり (p. 64)

第4章 簿記導入法の推移について

『増補改訂近世簿記精義』 (1925, p. 45, 60)	（借方記入） 1.資産の増加 2.負債の減少 ⎫ 3.事業主の引出 ⎬ 請求権の減少 4.損失の発生 ⎭ 等式に起る六變化 　　資産　＝　負債　＋　資本 　増加　減少　増加　減少　増加　減少	（貸方記入） 5.資産の減少 6.負債の増加 ⎫ 7.事業主の出資 ⎬ 請求権の増加 8.利益の発生 ⎭
『商業簿記教科書』(上巻) (1923, p. 64, 80)	取引構成十二要素 （借方要素）／（貸方要素） 有形資産の増／有形資産の減 無形資産の増／無形資産の減 負債の減／負債の増 資本金の減／資本金の増 利益の減／利益の増 損費の増／損費の減 同上十要素 有價物を受く／有價物を渡す 貸金を生ず／貸金を取返す 借金を返す／借金を生ず 引出又は減資／元入又は増資 損費を生ず／利益を生ず	取引六要素 左方記入／右方記入 資産の増加／資産の減少 負債の減少／負債の増加 資本の減少／資本の増加
『簡易商業簿記教科書』 (1931, 改訂増補, p. 47, 49, 56)	取引構成十二要素 （左方要素）（借方）／（右方要素）（貸方） 有形資産の増／有形資産の減 無形資産の増／無形資産の減 負債の減／負債の増 引出又は減資／元入又は増資 損失の増／損失の減 利益の減／利益の増	取引六要素 資産の増加 ╳ 資産の減少 負債の減少 ╳ 負債の増加 資本の減少 ╳ 資本の増加

『商業簿記提要』 (1934, p. 30, 34) 『商業簿記教科書』(上巻) (1934b, 四訂版, p. 57, 58) (1940, 五訂版, p. 52, 53)	取引八要素結合関係 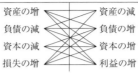 資産の増　　資産の減 負債の減　　負債の増 資本の減　　資本の増 損失の増　　利益の増 ＊取引要素の数は財産及資本を分類する精粗に応じて増減せしめ得るから、必ずしも八要素に限るものではない（提要, pp. 29-30 教科書　四訂版, p. 57, 五訂版, p. 52）。 仕訳の法則 (1) 資産に属する諸勘定は、増加の時借方となり減少の時貸方となる。 (2) 負債に属する諸勘定は、増加の時貸方となり減少の時借方となる。 (3) 資本に属する諸勘定は、増加の時貸方となり減少の時借方となる。 (4) 収益に属する諸勘定は、発生の時貸方となり減少の時借方となる。 (5) 損失に属する諸勘定は、発生の時借方となり減少の時貸方となる。

図表 4-6　取引が複雑にして其仕譯の困難なる時之を容易に解決する仕譯手引

（次掲諸項は何れも適当なる勘定の借方に記入）	（次掲諸項は何れも適当なる勘定の貸方に記入）
(1) 資産の取得又は増加	(7) 資産の喪失又は減少
(2) 負債の消滅又は減少	(8) 負債の発生又は増加
(3) 損失又は費用の発生	(9) 利益の発生
(4) 事業主が営業より資産を引出し又は営業が事業主の負債を引継ぐに基く資本の減少	(10) 事業主が資産を以て出資し又は営業の負債を引受くることに基く資本の増加
(5) 或勘定に於ける貸方記入又は其貸方残高を他勘定に振替	(11) 或勘定に於ける借方記入又は其借方残高を他勘定に振替
(6) 他勘定より振替へられたる其借方記入又は其借方残高	(12) 他勘定より振替へられたる其貸方記入又は其貸方残高

出所：吉田良三（1925, p. 77-78）

合、どこでどのように説明するのであろうか。そのような振替取引や訂正取引は取引ではなく、振替仕訳や訂正仕訳として取引から除外して説明する教員も見受けられる。仕訳の方法として取引要素の結合表を用いているので、そのように考えることはできない。吉田良三は、1914（大正3）年、簿記研究者用の参考書として『近世簿記精義』を発行した。1912（大正元）年の木村清五郎との論争の後、1925（大正14）年『改訂増補近世簿記精義』にて次のような仕訳の手引きを追加している（図表4-6参照）。理由はわからないがこの手引きをその後発行の教科書に掲載しなかったため、要素の結合関係図ばかりが普及してしまったことが要素説による説明を過大評価してしまったといえるであろう。

では、日本の現行の教科書における導入法についてどのような改善方法が考えられるであろうか。

(1) その1つの方法として、上に述べたように貸借対照表導入法にも短所があり、取引要素の結合関係表にも問題点がある。それゆえ、全面的に等式法に移行すべき方法である。とくに仕訳を重視するような検定資格を目標としない、いいかえると仕訳を行うよりも、等式により簿記全体の枠のなかで、借方・貸方の増減を理解させる読み手側を意識した導入法を考える場合には適しているように思われる。

(2) 2つ目として、知らない等式法に飛びつくより、慣れ親しんだ貸借対照表導入法による教員も非常に多いと思われる。あたかもハムレットに出てくる「見知らぬ他国に飛んでゆくより、いっそ慣れたこの世の煩いに耐えるがましと考えるのでないなら。こうして、思い惑う意識がわれわれすべてを臆病者にしてしまう (Shakespeare作、野島秀勝訳 2002, p. 143)『ハムレット』」状況が予想される。この場合でも次のような改善策が考えられるであろう。

① 現行の資本等式あるいは貸借対照表等式から貸借対照表の作成への提示ではなく、簡単な貸借対照表から貸借対照表等式へと順序を逆に説明する方法。

② 現行の教科書にあるような先に資産、負債、資本の定義を説明するのではなく、簡単な貸借対照表から逆にそれらに共通する要素を導出させる方法。

9 おわりに

いくつかの文献によりながら簿記導入法の推移について述べてきた。これらの導入法のうちどれが一番良いかという問題に対して、Boynton（1970）が述べているように教員が最もうまく教えることができる導入方法が一番なのである。しかし Littleton のいう学習の経済性（economy of learning）、つまり最小の努力で最大の効果を上げるにはどうすればいいかを常に考えていくことが教員にとって大切なのである。

注

(1) とりわけ日本では、安平昭二によって勘定理論に基づく簿記教育法の工夫が精力的に進められてきた。現在の大部分の簿記書では、収益・費用勘定（名目勘定）を資本勘定の下位・従属勘定とした説明がなされている。これは勘定理論としての物的二勘定学説（純財産学説ないし資本等式説）または貸借対照表学説（貸借対照表等式説）に基づいている。しかし安平は、このような説明方法は複式簿記の機構上の特徴と整合性をもたないとして「実体・名目二勘定学説」を提唱し、安平の多くの簿記書にこの説は反映されている。かつて筆者は安平が執筆した 1988（昭和 63）年発行の高等学校教科書（商業 145『簿記会計 I』大原出版）を 5 年間使用し、収益・費用勘定（名目勘定）を説明するときのそれまでの苦労が解消され、生徒の反応もよかったことを経験している。なお安平の説については安平（1979, 1987a, 1987b, 1992a, 1992b）を参照されたい。

なお、日本で簿記の導入法について述べたものに沼田（1955）がある。
この論文で、従来の簿記教育にいかなる展開方法があったかを下記のように総覧している。
(1) 簿記の記帳・計算技術の展開をいかなる対象によって行うか。
　(a) 単式簿記導入法と複式簿記導入法（Single Entry approach, Double Entry approach）

　　　　(b) 家計簿導入法（Personal approach）
　　　　(c) 役務業導入法（Service Enterprise approach）
　　(2) 基本概念の了解をどのようにして導入し，展開するか。主として等式導入法（Equation or Formula approach）による展開。
　　　　(a) 資産等式導入法（A＝L＋P Equation approach）
　　　　(b) 資本等式導入法（A-L＝P Equation approach）
　　　　(c) 試算表等式導入法（A＋E＝L＋P＋I or Trial-Balance Equation approach）
　　　　(d) 経済的概念としてのA＝Lによる導入法（Economics Explanation of Fundamental Equation approach）
　　(3) 簿記手続きの順序の上からみてどのように展開するか。
　　　　(a) 仕訳帳導入法（Journal approach）
　　　　(b) 貸借対照表導入法（Balance sheet approach）
　　　　(c) 元帳導入法（Ledger approach）
　　(4) 貸借記入技術を中心としてどのように導入するか。
　　　　(a) 現金収支を中心として導入する方法（Cash Introduction approach）
　　　　(b) 擬人的導入法（Personification approach）
　　　　(c) 取引結合関係導入法
　　教授自身も述べているが，この分類した導入法は相互に緊密な関係を有し，1つの導入法を多くの角度から観察したものであるため，本書では採用していない。他に導入法について述べたものに，山口（1961），黒澤（1967b），大羽（1968）がある。
　　また，導入法について本文以外に
　　　原価導入法［A Cost Approach: Littleton（1981）; Noble（1933）］
　　　資産導入法［The Asset Approach: Foster（1941）］
　　　分類導入法［The Classification Approach: Henrich（1942）］
　　　ビジネス文書導入法［Business Paper Approach: Hoffman（1949）］
　　等が述べられている。これらの方法は特定の教科書には採用されているが一般的とは考えられないので本章では除外して議論している。
(2) 久野光朗の研究によると，19世紀初頭までのアメリカの簿記の指導方法は，この仕訳帳アプローチに基づく記帳例示主義もしくは質疑応答方式が多かったとされる（久野 1985, p. 242, 382）。
　　なお，中野常男は，会計史的な観点から仕訳帳アプローチを次のように定義している。「仕訳帳アプローチ（journal approach）つまり仕訳帳における取引の貸借分析を複式簿記教示上の主題として捉え，擬人的受渡説に基づく仕訳規則の提示とその機械的な暗誦・暗記を通じて各種取引の仕訳パターンを経験的に学習させることに重きを置いた手法」（中野 1992, p. 5）。
(3) Elwellの出典は明記されていないので，Sproul（1929, pp. 57-58）より引用した。
(4) 年代的に本文と異なる記述も見受けられる。Littleton（1931b, p. 34）によると元帳導入法は19世紀半ばであり，その頃に取引を借方と貸方に分析する予備的なも

80 　個別的問題

のとして、元帳勘定が導入されるようになったと説明している。なお、久野光朗は「(アメリカにおいて元帳導入法の一筆者注)先鞭をつけたのは、筆者が知るかぎり Preston であると思われるが、それを最も良く徹底させたのは Jones である」としている（久野前掲書, p. 242）。

(5)　Kirk の出典は明記されていないので、Sproul (1929, p. 59) より引用した。

(6)　Jackson の出典の明記はされていないので、Sproul (1929, pp. 62-63) より引用した。

(7)　なお、Littleton は、貸借対照表導入法の限界を指摘し、価値の交換 (change of value) の概念より価値の転換 (conversion of value) 概念を強調した。彼は、この転換概念に基づく導入法、いいかえると商事会社よりも製造業に基礎をおく原価導入法 (Cost Approach 1931, pp. 33-37) を主張した [具体的な実践例は Eaton (1933, pp. 29-33); Noble (1933, pp. 29-33) 参照]。後にこれを発展させ貸借対照表ではなく損益計算からはじめる損益計算書導入法 (Income approach) (1934, pp. 342-346) を提唱している。また、Foster (1941, pp. 8-15) は、初学者に「資産＝負債＋資本主持分」という等式を用いて説明する方法を否定する。持分は貸借対照表日現在、資産に対する請求権としてはみなされないとし、貸借対照表の右辺を無視し、資産から導入する資産導入法を提唱している。

(8)　Myer (1948, pp. 8-13) は、「貸借対照表導入法は、貸借対照表と会計の本質に関して、将来の思考をゆがめることになる3つの誤った先入観、つまり (1) 貸借対照表は企業の財政状態を示す、(2) 貸借対照表は資産の価値を示す、(3) 貸借対照表の資産と負債の差額は企業の価値を示す、をうえつけることになる。会計の初級コースにおいては、貸借対照表の表示は生徒が会計のメカニズムについて十分な知識をもつまで延期されるべきである」と述べている。

(9)　等式導入法が主張されたのはいつ頃かはっきりしない。思うに、Turner の論文が 1985 年に発表されていることから考えると、それ以前は高等学校レベルではあまり用いられなかったようである。Reininga (1965) の論文の発表年代から推測すると大学レベルではもっと前から用いられていたようである。

(10)　取引要素説は、日本固有の方法と述べられることもあるが、年代の前後を考慮しないと、アメリカの簿記のテキスト (Jackson, Sanders, Sproul 1926, p. 52) にも次のような図式で説明がなされている。

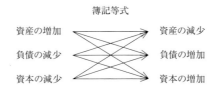

簿記等式

第5章　簿記教育と倫理

1　はじめに

　1986年アメリカ会計学会（AAA）会計教育の将来の構造、内容および範囲に関する委員会（Bedford委員会）[American Accounting Association, Committee on the Future Structure, Content, and Scope of Accounting Education (The Bedford Committee), 1986, p. 109; 八田進二・橋本尚訳（pp. 109-110）] は「専門職業会計教育は、必要とされる技能や知識を重視するのみならず、職業専門家としての倫理基準や責務を教え込むものでなければならない」と勧告した。また、1987年Treadway委員会 [National Commission on Fraudulent Financial Reporting (Treadway Commission), 1987, p. 78; 鳥羽・八田訳, 1991, p. 124)] は「経営と会計のカリキュラムは、倫理的な価値観を重視し、それと不正な財務報告の防止、発見および抑止に役立つ知識および技能の習得との統合を図るべきである」と勧告した。さらに、1992年会計教育改善委員会（AECC: Accounting Education Change Commission 1992, p. 2)、は基本的見解報告書第2号「会計教育の入門コース」のなかで「入門コースの主な目標は、経済上の意思決定を支える情報発達とコミュニケーション機能としての会計を学ぶことであり、この目標を達成するためには、公表された情報の信頼性を高める会計監査の役割だけではなくて、その歴史、倫理、公的責任、国際的重要性を含む会計専門職についての概観を生徒は習得すべきである」と提言している。

　1995年全米ビジネス教育協会（NBEA）はこれらの勧告や提言を受け入れ、全米の高等学校の簿記カリキュラムのなかに「倫理」を統合、強化すべ

きだと主張した。アメリカではその年以降の高等学校の簿記教科書に倫理が導入され、ワークブックも刊行されている。しかし、日本の高等学校の学習指導要領および解説には倫理の導入については言及されていない。本章では、簿記教育と倫理の問題についてアメリカの議論・指導事例を参考にしながら、下記の5つの点について紹介・考察することにする。

2　なぜ倫理を簿記で教えるべきなのか
3　倫理は教えられるか
4　目標について
5　倫理理論について
6　どのように教えるか——事例

2　なぜ倫理を簿記で教えるべきなのか

アメリカの高等学校の簿記に倫理を導入するようになったのは、上に述べたようにアメリカ会計学会等の勧告があっただけではなく、生徒の実情を見たときに、教える必要性を感じたからであろうと思われる。当時の様子について Ohlemacher (1990, p. 14) は次のように述べ、簿記（会計）への倫理の導入を主張している。

道徳低下についての最近のタイム紙の世論調査で、両親が子供に対して責任をとらないから、また、適切な道徳基準を教え込むことができないからであるということに、回答者の90％以上が賛同している。手本となるべき政治家の失態と同様にビジネスマンの倫理の欠如は、道徳基準を下げる一因となっている。近年の報告によると、生徒と両親が意味のある会話に費やす時間は1日平均30秒だけである。一方、生徒は1日おおよそ6時間を学校で過ごしている。そこで、価値観に関する必要なガイダンスや指導を行うのは教員の責務となる。我々はみな、明日を担う者を形成しようとしているのだから、それをいやだと思ってはいけない。

不幸にも、最近のメディアによるスキャンダルの報道は、成功者ではあるが倫理に欠ける者を手本として生徒に提供する傾向にある。今日の十代の若者たちが、善悪の区別をしようとするときにとまどうのも無理はない。彼らが見聞きするものの多くが、強欲、不正、腐敗に関するものだからである。生徒はこうした間違った情報を受けとっているので、ビジネス教員はこれを正すための方法を見出さなければならない。

かかる事情は日本においても同様だと思われる。武内清は高校生の道徳（規範）意識の低下は大人に原因があるとして次のように述べている（武内 2002, p. 68）。

世の大人たちが、最近の若者たちの規範意識や規範感覚の崩れや道徳心のなさを嘆き、規範意識や道徳心の育成を声高に叫んでも、当の大人たちが法を守らず、道徳心のなさを露呈することがしばしばある。最近の相次ぐ官僚や政治家の不祥事がそれを示している。教師も模範にはならない。現代は若者が尊敬し、模範にすべきモデルが不在である。

このような事情を考えるならば、学校で倫理を教えるのが道徳の低下を防ぐ1つの手立てになるであろう。倫理を教えるというと、ともすれば特別の時間を設けて道徳教育を行うことが主張され、各教科・科目のなかで行うことはあまり述べられない。高等学校のビジネス科目、とくに簿記の科目に倫理を導入するならば、将来、生徒が簿記を用いる仕事で倫理的な問題に直面したときに役に立つであろう。教員は、生徒が専門職に就いた場合に経験するいろいろなジレンマを授業のなかで提示して理解させる必要がある。人は、知らないうちに非倫理的な行動をしてしまうことがある。そういったことを避けるために、意思決定に関連して起こる倫理的な諸問題を事前に認識して適正な判断ができる者を育成することは重要である。

3 倫理は教えられるか

倫理を簿記に導入したとしても、はたして倫理は教えられるかどうかが問題になる。大学やビジネススクールで倫理が教えられるか否かについて、Fess（1987, p. 60）は、次のように述べている。

> 会計（簿記）で倫理を教えることは、数々の成功例から見て可能であることがわかる。しかし、正式に倫理の指導を受けた生徒の数は会計（簿記）をとっている者全体から見るとごく少数である。すべての生徒に倫理教育が行き届くようにするには、新たな必修コースを設けて生徒の負担を大きくするより、今あるコースの中に組み入れていくのが良策であろう。

Shenkir（1990, p. 30）は当時の状況を次のように述べている。

> 大学やビジネススクールにおける倫理教育について反対の立場をとる者は、性格や人格は20歳までにすでに決定されているので、人の倫理観を学校で変えようとしてみても絶対にうまくいかないと主張する。これに対して、ビジネス倫理の指導に賛成する者は、近年の心理学研究の結果を引用して「性格は個人が教育を受けている間ずっと発達し続ける」と反論する。

PeursemとJulian（2003, p. 9）も次のように述べている。

> 倫理を学習することによって、問題を認識し、意見を分析し、専門家と顧客と社会との間に生じる価値観の衝突をうまく処理する技能を身につけることができる。関連した問題が持ち上がったときに、学習者がたとえ行動に移さないにしても、その問題に慣れ、それに対処できるようになるだけでも、教育的重要な役割があるように思われる。

これらをまとめると、簿記のなかで倫理を教えることは可能であると考え

られる。

　日本の高等学校では、簿記教員で倫理を教えたことがある者はほとんどいないかもしれないが、倫理的な問題を含む意思決定の経験は誰にでもあるだろう。倫理を教えるというのは、教員が生徒に「倫理的であれ」と指導することではない。簿記クラスに倫理を教える目的は、生徒が倫理的な考えと自らの意思決定モデルを統合する手助けをすることである。簿記教員として、意思決定のプロセスを示し、意思決定の結果だけでなく倫理的な問題を考えさせる適切なフレームワークを提供することが重要である。

　また、それぞれの生徒の価値観は、教員が彼らと接する以前にすでに植え付けられているから、倫理的な問題を教えることはできないと考える教員は多い。しかし、この認識は正しくない。人の意思決定のための倫理的な基礎は生涯にわたって変わり続けることがあると研究でわかっている（たとえば後で述べる Kohlberg 理論）。基本的価値観は人生の早い時期に学ばれるけれども、これらの価値観は人の知識水準が上がるにつれてより複雑なものになってくる(2)。

4　目標について

　倫理指導について Hasting Center の所長であった Callahan が提示した次の5つの目標は有名である。
　(1) 道徳的想像力を刺激する、(2) 倫理問題を認識する、(3) 道徳的義務感を養う、(4) 分析能力を養う、(5) 不一致やあいまいさを許容し、減少させる。
　Loeb (1988, p. 322) は、Callahan (1980, pp. 64-69) のこの目標を会計（簿記）に応用して、次のような7つの会計（簿記）倫理教育の目標を提案している。

1　会計（簿記）教育を道徳問題と結びつける。
2　会計（簿記）における倫理的な意味合いをもつ問題を認識する。
3　道徳観念すなわち責任感を養う。
4　倫理的なコンフリクトやジレンマを処理するのに必要な能力を養う。

86　個別的問題

　　5　会計（簿記）専門職の不確かな問題に対処できるようにする。
　　6　倫理的行為を変化させる下地を作る。
　　7　会計（簿記）倫理のあらゆる側面の歴史と成り立ちを理解し、一般的な倫理分野との関係を理解する。

　これらの目標について Huss と Patterson（1993, pp. 236-237）による解説があるので、以下簡単に紹介する。

　会計（簿記）問題は倫理問題と結び付けて考え、あらゆる状況で道徳的選択がなされなければならない。第1の目標として生徒は、簿記上の意思決定によって当事者の一方が傷つくような状況が生じることも知っておくべきである。専門職に就いたとき、彼らはこういった望ましくない状況を避けたり解決したりする仕事に直面するであろう。ここから、倫理指導の第2の目標が生じる。個人は簿記問題に倫理的な意味合いが含まれていることを認識しなければならない。倫理的なジレンマを認識できないために、人は不道徳な行動をとってしまうのである。生徒は、専門家が遭遇する倫理的な状況について議論する機会をもつことで、そういった状況を容易に認識できるようになる。倫理的ジレンマを確認したら、生徒はその状況にどのように対処し解決すべきかを決定しなければならない。この決定は個人の道徳観念に基づいてなされる。このことが、次の第3・第4の目標へとつながる。それぞれ個人は道徳的義務感を養い、倫理的なコンフリクトに対処する技術を身につけなければならない。それらはクラス環境のなかで身につけさせることができる。生徒は自分の考えを他の生徒たちの注意深い吟味にさらすことによって、道徳的に正しい行動についてより客観的な考え方ができるようになる。クラス環境のなかで磨かれるこういった道徳義務感や倫理的ジレンマ解決の技術は、個人生活あるいは職業生活において将来出会う状況に適用できるのである。しかしながら、すべての倫理的ジレンマが1つの方法で解決できるというわけではない。むしろ状況にはさまざまな解決法がある。これは会計（簿記）のケースにもあてはまる。そしてそれが第5の目標のなかに反映されている。倫理教育は、生徒が会計（簿記）専門職の不確かな問題に対処できるようにするべきである。ある倫理的なジレンマには、かかわっている

個人やその状況が生じた背景によって、さまざまな解決法がある。生徒は不確かな点を認識して、それらを倫理的ジレンマの確認と可能性のある解決策の評価に取り入れるべきである。会計（簿記）教育は、生徒に倫理行動の変化の準備をさせるものでなければならない（第6の目標）。さらに会計（簿記）倫理の歴史や内容を理解させ、倫理全体との関連を理解させるべきである（第7の目標）。

5　倫理理論について

　教えるにはいくつかの倫理の理論について理解しておく必要がある。Baker（1999, pp. 115-134）[3]は倫理の2つの側面の研究に置かれる重点を比較検討することによって、会計（簿記）倫理の研究理解に寄与した。論文では、会計（簿記）倫理のいろいろな研究方法は次の2つの次元に沿って性格づけられるとしている。

　第1の次元は認識論的次元と呼ばれている。Bakerは研究方法の性格づけを、「ある問題が倫理問題であるかどうかを、人はどのようにして知るのか」という質問に対する答えによって行った。つまり、倫理問題は主に個々の意思決定者によって左右されるという考え方（原子論的思考）を一方に置き、社会的、歴史的要因によって左右されるという考え方（社会的思考）を反対側に位置づけた。前者の考え方は、個人は倫理問題を構成しているものが何であるかを知ることができ、その問題に関して決定する「自由意思（free will）」をもつというものである。それとは対照的に後者は、個人は自由意思をもたず、社会的機構（たとえば家族、組織、クラス、社会）の一員であることで倫理問題を知るようになり、社会的機構は歴史的な要因によって構成され、社会に存在する緊張関係や衝突に左右されるという考え方である。

　第2の次元は規範論的次元と呼ばれ、倫理的意思決定の主要な焦点が、普遍的原理から派生する義務感に置かれている（義務論的である）のか、倫理的行為の結果に置かれている（結果論的である）のかによって、会計（簿記）倫理の研究法を性格づける。どの方法も完全にどちらか一方にのみ焦点が置

かれているということはない。したがって、規範論的次元は、決定論的な分類体系であるというよりむしろ、ある特定の方法がもつ傾向を映し出すように意図されている。

　会計（簿記）倫理の研究法は、上に述べた認識論的次元と規範論的次元のある組み合わせからなっている（図表5-1参照）。

　倫理学は、善・悪、正・不正に関する問題を扱う。学問分野としての倫理では、経済学、心理学、社会学、政治学のような社会科学分野で提起されるのと同じような問題に焦点があてられるが、同時に、哲学のなかでの倫理学は社会科学の学問とは区別される。倫理学は経験的な知識よりもむしろ価値と関わりがあるからである。いいかえれば、倫理学の研究は、実際の人間行動よりむしろあるべき人間行動に関係がある。

　会計（簿記）倫理のほとんどの研究の根底にある仮定は義務論的なものだといえるだろう。倫理的に正しい行為と不正な行為の識別は当然可能であり、ある行為が正しいかどうかがその結果に左右されることは基本的にはないと考えられているからである。しかし、会計（簿記）担当者の側の倫理的行動を支持する賛成意見は、しばしば行為が正しいかどうかそのものよりも、倫理的行動規範に従わなかったことから生じる結果の観点から述べられる。倫理の義務論的研究方法は、倫理規則の超越的な性質と、この超越性の

図表 5-1　倫理学への哲学的アプローチ

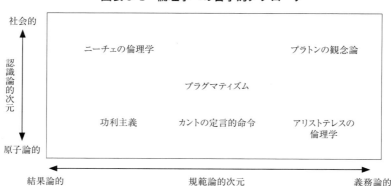

出所：Baker（1999, p. 119）

源(すなわち神、自然法、あるいは他の何かに由来しているのかということ)を説明する必然性を伴う。この質問に答えなければ、倫理的諸規定は異なった見解をもつ者から異議を唱えられるはめになる。一方、結果論的倫理観は、倫理的行為の結果の善し悪しを測る方法があると見なしている。この考え方は、倫理的行為の結果の善し悪しを明確に測れる信頼できる手段はないという点で、問題がある。哲学のなかの倫理問題はこのように根本的に不確かなため、多くの研究者たちはおそらく社会科学的な見地から会計(簿記)倫理を研究するようになったのであろう。

会計(簿記)倫理のさまざまな社会科学的研究方法が吟味され、それぞれの手法がどのようにして、哲学、経済学、心理学、社会学、批判理論、フェミニスト理論、ポストモダン理論のような学問において、定着しているパラダイムから適用されてきたかを示すある試みがなされている。これらの学問が会計(簿記)倫理の研究にどのように反映しているかを示したのが図表5-2である。

次に、日本においても小中学校の道徳教育で実践されよく知られているKohlberg理論について説明する。これは、道徳性発達パラダイムの1つである。Kohlbergのアプローチは図表5-2からわかるように倫理的知識の中

図表5-2 倫理学への社会科学的アプローチ

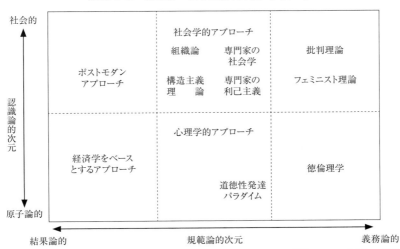

出所:Baker (1999, p. 119)

心として個人を基礎にしているため、認識論的次元の原子論的目的の方向にある。しかもこのアプローチは基本的に、社会全体に利益を与える高い水準の倫理的推論の促進に重点が置かれているので、規範論的次元の義務論的目的の方向にある。

Kohlbergは他律的道徳観から自律的道徳観への発達について論じたPiagetの理論を発展させた。Kohlbergの道徳教育は、それまでの道徳教育を批判する。最初の伝統的道徳教育は具体的な徳目を教える品性教育であった。これは特定の価値の注入主義へ陥るおそれがある。特定の価値は、その時代、地域、政策、宗教等によって相対的なものであるのに、普遍的価値と見なしがちであった。これに批判して登場したのが価値明確化（Value Clarification）の道徳教育である。しかしこの道徳教育は、価値判断の結果ではなくプロセスそのものを重視した点では評価できるが、よく考えて下した結論はすべて同等に正しいとする点で、倫理的相対主義に陥っているとKohlbergは批判する。どのようなプロセスによって判断が生じるかは、判断プロセスを導く認知構造に依存しており、その構造の仕方は、人間の道徳的な発達に対応したいくつかの段階があり、順序性をもっていると主張する。認知構造の段階的発達は、分化と統合を組み合わせながら進展するのであるが、それは道徳的判断においてもあてはまる。つまり、分化と統合の進展は、規範性と普遍性の向上をもたらすとKohlbergは考える。そしてこの認知構造の発達を図表5-3のように3水準6段階に分類した。

多くの大人の道徳的推論は第4段階で述べられているものと同じである。第5段階あるいはそれを超える道徳的推論は経営者のように教育を受けたグループでもふつうでない（Geary and Sims 1994, p. 8）。Huss, and Patterson（1993, p. 237）は「教育者は、生徒の道徳性の発達に貢献する責任がある。大学生の道徳性の発達はけっして完全なものではないので、基本的価値観を認め支持することで、会計専門職としての道徳性の発達を高めるべきである」と述べている。Geary and Sims（1994, p. 8）は、Kohlberg理論はとくに会計における倫理教育にとって適切であり、この理論に基づいて倫理教育を行う場合のガイドラインとして次の2つの点を述べている。

図表 5-3　Kohlberg の道徳性の発達段階

水準	焦点	性質（正しいこと）
Ⅰ　慣習以前の水準	自己（self）	
第 1 段階		罰の回避（罰や制裁を回避し、権威に対し絶対的服従することが正しい）
第 2 段階		自己満足（各自が自己の利益や欲求に合うように行動することが正しい）
Ⅱ　慣習的水準	集団	
第 3 段階		仲間の承認（身近な他者から期待されるよい役割を行い、よい人間関係を保つことが正しい）
第 4 段階		規則に従う（社会秩序を尊重し、それに従うことが正しい）
Ⅲ　慣習以降の水準	社会	
第 5 段階		社会規範（社会全体によって吟味され正当な手続によって一致したものが正しい）
第 6 段階		広い倫理諸原理（普遍的に妥当な倫理原理に従うことが正しい）

出所：Geuerreri *et al*.（2000, p. 3）一部追加している

　第 1 に、Kohlberg の慣習的水準の倫理教育を上の水準に上げようと努力することが、職業専門家と社会の幸福にとって大切である。この目標の達成は、取り組みの程度と、倫理教育を支援するために選択する教授法・教材に依存する。第 2 に慣習的水準を超えることができる言葉のやり取りを行い、より高度な倫理的認知力を養うために、教育的努力がなされるべきである。

　この Kohlberg 理論についてもいろいろな批判がないわけでもないが、高等学校や大学において初級簿記教育に倫理を導入する場合の 1 つの理論的根拠になると考える。

6　どのように教えるか——事例

　倫理を教える有効な手段としていろいろな指導方法が考えられている。Vincent と Meche（1995, pp. 2-3）は、(1) 教員の行動、(2) 倫理規範、(3) 物語、(4) 生徒の経験、(5) 読書、(6) 書物と映画の利用、(7) 事例研究、

（8）グループ学習、（9）スクラップブックの利用、（10）講話、（11）ロールプレイング、（12）ゲーム、（13）シミュレーション、（14）模擬裁判による指導方法（方略）を提示している。

　指導時間や教材の作成に要する労力等を考慮すると、（1）の教員の行動に加えて、（7）の事例研究による方法が比較的容易に導入しやすいと思われる。この方法によると、事例問題を短時間で読ませることができ、またビジネス環境のなかで従業員の典型的な状況を提示できる利点がある。実際にGlencoeの会計（簿記）教科書が用いている5段階モデル（下記の課題例（4）の①から⑤の質問をしながら授業展開をする方法）[5]によって実施した私の指導経験（数回であるが）を踏まえながら、以下に留意点を説明し参考に供することとする。

・問題を与えてすぐに議論すべきか、じっくりと考えさせ各自の回答を用意したプリントに書かせた後に議論すべきか。クラスの生徒の態度などによっても異なると思われるが後者の方法が有効であった。
・代替案とその影響を1つ1つ議論すべきか、すべての代替案をリストアップしてから議論すべきか。すべての代替案の可能性が知らされる前に回答策に飛びつくことになるので後者の方法が有効であった。
・「あなたならどうする」という最後の質問については、意見の一致が見られるならその復唱をすればよいが、そうでなければクラス投票をさせる。
・つい教員自身の意見を述べたくなるが、これについては賛否の分かれるところであろう。しかし事例問題の目標を教員自身がしっかりと理解しておく必要がある。その目標は、生徒に率直な議論をさせ、異なった意見や背景にふれさせることである。教員は独善的になって、1つの代替案の正当性を主張してはならない。そのようなことをすれば説教になる。

　　課題例（4）　　Guerrieri *et al.* (2000b, p. 44)（【　】内は指導書による回答例である）

　『あなたがAce Hardware社の会計事務員であるとしよう。店のマネージャーが月次試算表を作成するようあなたに要求した。試算表の合計は一

致しない。その誤りを見つけることができない。あなたは、試算表をその日の終わりまでに作成しなければならない。困ってしまったあなたは、試算表を一致させるように勘定残高の１つを変えようかと考えている』

① 倫理的な問題は何か。
　【期限に間に合うように会計記録を変更することは認められているか】
② 代替案は何か。
　【a. その金額を変え、今日中に仕上げる】
　【b. 上司にその誤りを見つけるのを手伝ってくれるよう尋ねる】
　【c. そのまま提出し、試算表の合計が一致しないことを誰にも気づかれないのを願う】
③ 影響を受ける当事者はだれか。
　【a. あなた】
　【b. あなたの管理者】
　【c. 会社】
　【d. 所有者と株主】
④ 上記②のa～cの代替案等は③のそれぞれの当事者にどのような影響を及ぼすか。
　a.【(1) あなたは時間に間に合うようにその任務を行うが、不正確な財務記録を出すことになる】
　　【(2) あなたの上司はその変更を見つけることができず、不正確な情報を承認し、信用を損ねることになる】
　　【(3) 会社の財務記録が誤って示され、一般に認められた会計原則に反することになる】
　　【(4) 所有者と株主は不正確な情報に基づいて会社についての意思決定を行うこと】
　b.【(1) その誤りを見つけ出す手助けが得られる】
　　【(2) あなたの上司は、あなたの仕事は注意深く正確さを目指していると評価する。あるいは自分で誤りをみつけるようにすべきだと考えるかも知れない】
　　【(3) 会社に影響は及ぼさない】
　　【(4) 所有者と株主が財務情報をみるまでに誤りが見つかるだろうから彼らに影響はない】
　c.【(1) あなたは自分の仕事について正直でない】
　　【(2) あなたの上司が見つけたらあなたの責任であなたはその任務を正しく行うことができないと判断する】
　　【(3) 会社の財務記録は不正確になる】

【(4) 所有者と株主は不正確な情報に基づいて会社について意思決定を行う】
⑤　あなたならどうする。
　　　【生徒の回答策を認めてやり、それを選んだ根拠を発言させる】

7　おわりに

　簿記に倫理を導入するにあたって、アメリカの議論を紹介し指導に留意すべき点について述べた。現在の高校生や大学生の現実の姿に日々接していると、どうなっているのだろうと感じることがしばしばある。私自身が年を経たせいかもしれない。簿記の科目の中で倫理教育をすることに多くの教員は抵抗するであろう。限られた時間を、本来教えるべき知識・技能の指導にあてることが重要ではないのかと。しかし知識・技能を習得させて、正しい答えを強調するだけでは、継続して学ぶことはできない。将来さまざまな仕事に直面した場合に十分な能力を発揮することができるであろうか。簿記を学ぶ生徒は、正解をもたない課題に対処することも学ぶ必要があるであろう。倫理を導入し、その学習を行うことにより、批判的思考や問題解決能力、コミュニケーション能力、交渉、チームワーク、対人関係能力、リーダーシップ等の能力を生徒に身につけさせる隠れたカリキュラム（hidden curriculum）を指導する場合の一助になるであろう。簿記においても生きる力を養う教育を行うことができるのである。

注

(1)　本書では原文どおりに「会計」と訳しているが、第1章注(1)で述べたように「簿記」と読みかえても問題は生じない。それゆえ会計（簿記）と明示している。
(2)　なお、「会計倫理は教えられるか」について、最近出版されたCheffers, Pakaluk（2005, 2007）等の書物にも述べられているが本章では取り上げていない。
(3)　このBakerの論文はKetz ed.（2006）にも収録されている。

なお、この論文に対して、Dillsrd（1999, pp. 141-143）がコメントしている。
(4)　日本における Kohlberg 理論については、Mischel（1971、岩通訳 1987）、Kohlberg（永野監訳 1990）、Kohlberg et al.（片瀬・高橋訳 1992）、佐野・吉田編（1996）、山岸（1999）、片瀬・高橋・菅原（2002）を参照。なお、Kohlberg 理論を、村井（1994）は批判している。
(5)　課題事例問題の指導方法（5段階モデル）については、Guerrieri *et al.*（2000a, 2000b）を参照した。

第6章　商品勘定の指導

1　はじめに

　簿記の指導における問題点の1つのテーマとして必ず述べられるものに「商品勘定の指導」がある。古くは、原口（1924）「商品勘定に就いて」や東（1924）「商品勘定の整理記帳法私案」にはじまり、数多くの論文が検索できる。本章では、商品勘定の指導について教育的な観点から、先行研究を整理する。その後、処理法の変遷についてアメリカの変更例を参考にしながら、今後見直す場合の方向性を示唆し、棚卸計算法から継続記録法へと指導の重点を移行するために有効な、Ausubelの有意味学習の理論を用いた1つの指導事例を紹介する。

2　商品売買の各種処理法

　周知のように商品売買の処理法については各種ある。単に便宜上商品勘定の分割として説明したり、最初から分割した勘定（たとえば、三分法）から説明している教員もいると聞いている。各種の処理方法の関連をどのように理解すればよいかについて、緻密に分類整理した安平昭二（1980, p. 34、1988, p. 25, 31、ただし一部追加している）に基づき、各種処理方法の長所・短所を追加すれば図表6-1のようになるであろう。安平は、売上原価分割計上法としての広義の分記法（狭義の分記法と売上高・売上原価表示法）と売上高一括計上法としての広義の総記法（狭義の総記法と三分法）とに分類す

98　個別的問題

図表 6-1　商品売買の各種処理法と長所・短所

		商品販売の都度計上する場合		売上原価となる部分を区別しない	
		売上原価となる部分を区別する 継続記録法を前提とする（決算整理は不必要）		売上原価となる部分を区別しない 継続記録法等による（決算整理は必要）	
		分記法〈狭〉〈商品勘定・商品売上益勘定〉		総記法〈狭〉〈商品勘定のみ〉	
		長所	短所	長所	短所
損益勘定に売上総利益のみを示す（純額主義）	（広義の）分記法	・直観的に理解させやすい ・販売の都度原価が明らかである と商品の手持高と売上原価の処理が期中に行える	・手書き簿記を前提にすれば期中に売上原価と損益を計算するのに時間と労力を要する	・期中の仕訳は容易に理解させることができる	・返品値引等がある場合当期の売上高・当期の仕入高を計算するのに時間と労力を要する ・商品勘定自体の貸借差額は意味がないので、商品管理が勘定の上でできない ・売上損益計算の処理手続が繰越記入の手続が、通常の勘定処理と逆の順序になり理解させにくい ・決算時に振替手続を要する
損益勘定または売上高・売上原価または売上高・仕入高・棚卸高等の計算要素を表示する（総額主義）	（広義の）総記法	売上高・売上原価表示法〈商品勘定・売上原価勘定・売上勘定〉		三分法〈仕入勘定・売上勘定・繰越商品勘定〉	
		長所	短所	長所	短所
		・比較的理解させやすい ・販売の都度原価が明らかであると商品の手持高と売上原価の処理が期中に行える	・手書き簿記を前提にすれば期中に売上原価と損益を計算するのに時間と労力を要する	・期中の仕訳は容易に理解させることができる ・当期仕入高・当期売上高の計算が勘定の上でできる	・決算時に多くの振替手続を要する

出所：安平（1980, p. 34; 1998, p. 25, 31）に基づき筆者追加

る。後者は継続記録法を前提としない場合にとられる方法であるとして、具体的には次のような場合を想定されている。

(1) 商品有高帳を設けない場合
(2) 商品有高帳を設けても、単に数量だけを記入する場合
(3) 商品有高帳に数量・単価・金額を記入しても、払出単価の決定につき、総平均法・期間別先入先出法・期間別後入先出法を適用する場合

広義の総記法において、なぜ単一の商品勘定（狭義の商品勘定）を用いずに商品勘定を分割（たとえば三分法）するのであろうか。先行研究をまとめると次のように整理できるであろう。

(1) 勘定科目の特性を純粋にするため
(2) 経営に必要な統計的数字を示すため
(3) 英国式帳簿組織の要求に合致せんがため

(1) 商品勘定の分割理由について、この理由を根拠に説明する教科書が多い。確かに混合勘定としての商品勘定を仕入勘定・売上勘定・繰越商品勘定の3分割することにより形式的には純粋になるように思われる。しかし、混合勘定をどう定義するかによって見解が分かれる。上野道輔によると、混合勘定は、「実質要件として、①所謂混合取引即ち化合取引の化合的結果を記入すること、②残高として混合残高を有すること、形式的要件として、③然も此の混合残高を分析したる二個の結果、二個の残高を其の同一勘定に於て示すこと」と定義する（上野 1928, pp. 24-26）。実質的要件（①と②）と形式的要件（③）を具備すべきものを完全なる（あるいは狭義の）混合勘定と呼ぶ。実質的要件のみ具えて形式的要件を備えないものを不完全なる（あるいは広義の）混合勘定と呼んでいる。それゆえ、実質的要件を備えることを主に考えることによって、売上勘定や仕入勘定も混合勘定と呼ぶことも可能である。しかし、通常は形式的要件を備えていることに重きを置いて区別しているため狭義の

混合勘定以外の場合には純粋勘定と解している。なお、広義の総記法における処理法には、さまざまなバリエーションが述べられている。主なものを整理すると図表6-2のようになるであろう。
(2) 狭義の総記法による商品勘定において売上高や仕入高の把握に時間と労力がかかる。まして返品・値引等を別勘定で記帳していない場合にはより複雑となる。それゆえ、この理由を根拠として商品勘定の分割理由を説明する教科書もすくなくない。しかし、この理由は必ずしも正しいとはいえない。分割勘定によらないでも、補助簿を活用することにより統計的な数字を得ることも可能であるからである。補助簿を活用することにより、分割商品勘定における決算時の振替仕訳を行う煩雑な手数を省くことができるからである（古舘 1931, pp. 319-324）。
(3) 大陸式帳簿組織を用いた場合、一切の取引を仕訳帳を通して元帳に転記する結果、合計試算表と仕訳帳の合計額の一致による転記の検算が可能になる長所がある。反面、同一取引を主要簿と補助簿の両帳簿に2重に記入するので記帳事務に手数を要し煩雑になる短所がある。逆に英国式帳簿組織によって特殊仕訳帳を用いる場合、大陸式帳簿組織を用いた場合と比べてその短所が軽減される。それゆえ分割商品勘定を用いたとしても英国式帳簿組織を採用することを前提にしないと、商品を分割しても効果は生じないからである（渡部 1925, pp. 12-18）。

先行研究からわかるように、混合勘定の定義、補助簿の利用、帳簿組織の観点から商品勘定を分割すべき絶対的な理由はないように思われる。それゆえ、現行の教科書で金科玉条のごとく説明されている三分法の説明については、再考すべきである。

3　繰越商品の決算整理仕訳

次に、商事企業対象の簿記では必ず指導することになっている繰越（棚卸）商品の決算整理仕訳が問題点としてあげられる。初級簿記（とくに高等

第6章 商品勘定の指導　101

図表6-2 広義の総記法――各種の総記法（狭）と三分法について

処理方法	総記法					三分法				
	Ⅰ	Ⅱ	Ⅰ	Ⅱ	Ⅲ	Ⅰ	Ⅱ	Ⅲ	Ⅳ	Ⅴ	Ⅵ
購入時（原価で記入）	商品勘定	商品勘定	仕入勘定（費用勘定）	仕入勘定（資産勘定）	仕入勘定	仕入勘定	仕入勘定	仕入勘定	仕入勘定
販売時（売価で記入）	商品勘定	商品勘定	売上勘定	売上勘定	売上勘定	売上勘定	売上勘定	売上勘定	売上勘定
売上原価の計算（決算時）	商品勘定	商品勘定	仕入勘定	仕入勘定	繰越商品勘定	損益勘定	売上原価勘定	売上原価勘定	売買勘定
売上利益の計算（決算時）	商品勘定	商品勘定	損益勘定	損益勘定	売上勘定	損益勘定	損益勘定	損益勘定	損益勘定
繰越高の計上（決算時）	商品勘定	繰越商品勘定	繰越商品勘定	繰越商品勘定	繰越商品勘定	繰越商品勘定	繰越商品勘定	繰越商品勘定	繰越商品勘定
狭義の混合勘定の種類	商品勘定	商品勘定	仕入勘定	仕入勘定	仕入勘定・売上勘定	仕入勘定・売上勘定	仕入勘定・売上勘定	仕入勘定・売上勘定	仕入勘定・売上勘定
用いられる勘定の種類		繰越商品勘定	繰越商品勘定			繰越商品勘定	繰越商品勘定	繰越商品勘定	繰越商品勘定	繰越商品勘定
備考	・決算時に繰越高を商品勘定で繰越	・決算時に繰越高を繰越商品勘定を設けて繰越し、翌期に振替	・購入時に仕入勘定を費用勘定として処理・勘定数だけを考えれば三分法だが、決算時にだけ用いる繰越商品勘定を除外すれば二分法といえる	・購入時に仕入勘定を資産勘定として処理・同左	・決算時に売上原価を繰越商品勘定にて計算処理・同左	・決算時に仕入、売上、繰越商品の残高を損益勘定に振替・同左	・決算時に売上原価を売上原価勘定にて計算処理・同左	・決算時に売上原価を売上原価勘定にて計算処理・用いる勘定数だけを考えれば、四分法ともいえる	・決算時に売上原価を売買勘定にて計算処理・同左

出所：筆者作成

学校の簿記)の授業では、決算整理仕訳の指導において、どちらかといえば「How」に重点がおかれ、「Why」に重点がおかれることがすくない。「期間損益計算」「収益と費用との対応」といった用語を日本では、アメリカの教科書のように入門時に教えず、「簿記」を履修後の「会計」の科目で指導することになっている。このことが指導を困難にしている理由の1つに掲げられるであろう。Boynton (1970, p. 466)(なお5は筆者が追加している)は、繰越商品の整理仕訳を次のように分類している。(1)

「第1法」売上原価勘定を用いて整理する方法。
　　1-1　期首棚卸高と期末棚卸高の両方を用いる方法。
　　1-2　期首棚卸高と期末棚卸高との差額のみを用いる方法。
「第2法」仕入勘定を用いて整理する方法。
　　2-1　期首棚卸高と期末棚卸高の両方を用いる方法。
　　2-2　期首棚卸高と期末棚卸高との差額のみを用いる方法。
「第3法」損益勘定を用いて整理する方法。
　　3-1　期首棚卸高と期末棚卸高の両方を用いてそれぞれの金額を精算表上の損益計算書の同じ行に記入する方法。
　　3-2　期首棚卸高と期末棚卸高との差額のみを記入する方法。
「第4法」決算(振替)仕訳による方法——直接整理法
「第5法」整理記入欄に期末棚卸高を借方・貸方ともに記入する方法。

アメリカでは、「第1法」は今世紀初頭に広く普及した方法であり、「第2法」は1930年代から1940年代を通してもっとも人気のある方法であった。現在これらの方法が用いられなくなっている理由は、損益計算書を作成するのに必要なすべての金額が精算表の損益計算書欄上で得ることができないからである。また、「第2-1法」では、2つの仕訳の勘定科目が貸借反対になっており、ときどき生徒に、どの仕訳が期末繰越商品なのか、期首繰越商品なのかという混乱を生じさせるという弱点がある。それゆえアメリカの教科書では「第3法」が一般的である。『21世紀会計　入門編 (*Century 21 Accounting First Year Course*)』(South-Western社) の教科書では第4版 (1987) 以降、「第3-1法」から「第3-2法」に変更した。引き続き現在も「第

図表 6-3　繰越商品の整理仕訳

方法	勘定科目	試算表 借方	試算表 貸方	整理記入 借方	整理記入 貸方	損益計算書 借方	損益計算書 貸方	貸借対照表 借方	貸借対照表 貸方
1-1	繰越商品	5,000		(b) 4,000	(a) 5,000			4,000	
	売　　上		3,500				3,500		
	仕　　入	2,000		(a) 5,000	(c) 2,000				
				(a) 5,000	(b) 4,000	3,000			
	売上原価			(c) 2,000					
1-2	繰越商品	5,000			(a) 1,000			4,000	
	売　　上		3,500				3,500		
	仕　　入	2,000			(b) 2,000				
	売上原価			(a) 1,000 (b) 2,000		3,000			
2-1	繰越商品	5,000		(b) 4,000	(a) 5,000			4,000	
	売　　上		3,500				3,500		
	仕　　入	2,000		(a) 5,000	(b) 4,000	3,000			
2-2	繰越商品	5,000			(a) 1,000			4,000	
	売　　上		3,500				3,500		
	仕　　入	2,000		(a) 1,000		3,000			
3-1	繰越商品	5,000		(b) 4,000	(a) 5,000			4,000*	
	損　　益			(a) 5,000	(b) 4,000	5,000	4,000		
	売　　上		3,500				3,500		
	仕　　入	2,000				2,000			
3-2	繰越商品	5,000			(a) 1,000			4,000	
	損　　益			(a) 1,000		1,000			
	売　　上		3,500				3,500		
	仕　　入	2,000				2,000			
4	繰越商品	5,000				5,000	4,000	4,000*	
	損　　益								
	売　　上		3,500				3,500		
	仕　　入	2,000				2,000			
5	繰越商品	5,000		4,000	4,000	5,000	4,000	4,000	
	売　　上		3,500				3,500		
	仕　　入	2,000				2,000			

*期首繰越商品と同じ行に期末繰越商品を示さないで、試算表の勘定科目の下の行に繰越商品（新）という名称で示すというバリエーションもよく用いられる。

出所：Boynton (1970, p. 466) 一部追加している

3-2法」で説明されている。この変更理由は、繰越商品の整理は、教えるにも学ぶにも困難であるという教員の意見があったからであり、この方法を用いることにより、繰越商品の整理は消耗品の整理と同じようになり、わかりやすくなった（Ross and Hason 1987, p. 56)。

　なお、アメリカの教科書では「第4法」が見受けられる。これについてはかつて Andruss（1938a, b）と Briggs（1938）の論争があった。以下、簡単にそれを紹介する。

　Andruss は伝統的な方法として期首繰越商品・期末繰越商品を仕入勘定に振り替えた後、仕入勘定の売上原価を売上勘定へ振り替えたり、あるいは損益勘定へ振り替えるという伝統的な方法を批判した。「このような伝統的な方法では、結局生徒を始点に戻っていくような迷路に入りこませてしまうことになる。近代的な決算手続は純利益（または損失）を計算するために、また純利益（または損失）を生み出すすべての要素、つまり原価・費用・収益項目を示すために、損益勘定に集計することが必要がある（Andruss 1938a, p. 720)」。そこで彼は、損益勘定にすべての名目項目を直接振り替える単純な「第4法」主張する。しかしこの見解に対して Briggs は次のように反論する。「Andruss は、経営者が、損益勘定を企業活動に影響を及ぼすすべての要素を体系化し、分析し、関連づけるための便利な手段として用いていないことを認めておきながら、なぜ損益勘定に期首と期末の繰越商品を示すことが重要であると考えるのだろうか。確かに Andruss がいうように損益勘定を通して繰越商品を整理することは決算手続を単純化すると思うが、それを行うには十分な理由が必要であり、あくまで整理仕訳と考えるべきとする。つまり、両仕訳（期首・期末の繰越商品を損益勘定に振り替える仕訳—筆者注）は整理と考えるべきであり、他の整理仕訳とともに記入すべきである。2番目の仕訳（期末繰越商品を損益勘定に振り替える仕訳—筆者注）は整理仕訳であり、最初の仕訳（期首繰越商品を損益勘定を通して振り替える仕訳—筆者注）も、期末繰越資産を勘定に記入する前に期首繰越資産は振り替えなければならないし、また資産勘定は締め切られないので、決算（振替—筆者注）仕訳よりも整理仕訳と考えたほうがうまく説明できる（Briggs 1938b, p. 117)」。つまり損益計算書において期首と期末の繰越商品を扱うの

と同じように、Briggs は経験的に、仕入勘定を通して繰越商品を整理する仕訳方法は生徒に理解させやすく、決算整理仕訳が決算振替仕訳と交じるときの混乱を避けることができる。また「Andruss は、生徒が各手順をなぜそうなるかを全く理解せずにもっぱら記憶にたよっているというが、それは方法ではなくて教員に責任がある」と反論する（Briggs 1938, p. 117）。しかし、Andruss はこの Briggs の主張に対し次のように反論する。「損益が借記されたり貸記されたりするどのような仕訳記入も決算振替仕訳として分類する立場を支持する。実際のところ決算仕訳と整理仕訳と区別する境界線はあいまいである。整理仕訳は『混合勘定』を純粋にする。また未記録の項目を記録するために締切前に行う。それは事実上予備的な決算振替仕訳なのである。損益勘定に期首繰越商品の直接振替と期末の繰越商品を損益勘定に貸記（控除）する記録は同時に 2 つのことを行っている。つまり（1）混合勘定（繰越商品）を純粋化し資産として繰り越すため、（2）2 つの繰越商品の差額により利益または損失を計算できるようにするため、それぞれを損益勘定の反対側に振り替える。そのような記入の中に決算整理と決算振替の要素があるけれども、私はその目的が帳簿を締め切ることであると考える。各要素を損益勘定に直接関連づけた方が、生徒にそれらを決算振替仕訳として理解しやすくさせるであろう（Andruss 1938, p. 118）」。

期首・期末の繰越商品を損益勘定に振り替える仕訳を、決算整理仕訳と考えるか決算振替仕訳と考えるか異論のあるところである。つまり、繰越商品勘定を混合的資産勘定と考えるか、あるいは商品原価勘定（費用）と考えるかによって異なると思われる。[3]

日本の初級の簿記教科書では「第 2-1 法」により通常説明される（補足的に「第 1-1 法」が説明される教科書もある）。売上原価を理解させた後に決算整理仕訳の説明を行う方法が普通であろう。この決算整理仕訳は検定試験に必ず出題されている。それゆえ半ば条件反射的になるまで指導されることが多いため、生徒は、ほとんど間違わないようである。しかし「第 2-1 法」により作成した精算表の損益計算書欄の仕入勘定残高の意味を尋ねて見ると答えられない生徒が多い。推測するに売上原価の意味を理解して仕訳を行っているかというとどうもそうでないようである。指導方法に問題があるのか

もしれないが、実験的に「第3-1法」によるとそのようなことを生じることがすくなかった（統計的に処理したわけではないが）。アメリカのように、精算表の作成を簿記一巡の手続きとしない日本では同じような議論はできないかもしれない。日本では元帳に損益勘定を開設する記述をしておきながら、精算表の勘定科目欄に損益勘定を記入する例は見られない。また検定では「第2-1法」の方法により出題されることが多いので「第3法」により説明することは困難かもしれない。しかし高等学校の教科書では「第2-1法」が採用され、それ以外の方法について議論されることがないのはなぜであろうか。簿記教育の観点から精算表の利用をふくめて再考の余地はあると思う。

4　継続記録法と有意味学習を用いた指導例

　日本の教科書では、商品売買の処理を説明するとき、まず、分記法について説明し、その後三分法を説明する。そのとき必ず仕入帳、売上帳、商品有高帳の説明をする。その後同じ章あるいは決算整理の章で繰越商品の整理の仕訳について説明する。商品有高帳によってその都度原価が計算できると説明しておきながら、つまり継続記録法による説明をしながら繰越商品の整理仕訳になると期首・期末棚卸高を用いる棚卸計算法によって説明している。この点についても商品の整理仕訳について生徒がつまずく原因の1つになっているのではないだろうか。これについては安平昭二も次のように述べている（安平 1988, p. 36）[(4)]。

　　現在の我が国の簿記テキストの大部分は三分法の処理を説明した後、商品売買に関連する補助簿の記入と題して、仕入帳、売上帳、商品有高帳を説明するという構成をとっている。三分法の後で商品有高帳（継続記録法）が出てくるのである。すなわち、三分法の説明に際し分記法によらないこと（売上原価、販売益の継続的確定ができるということ）に触れながらその直後に分記法の可能性を示唆するという矛盾に陥っているのである。

それゆえ、継続記録法を用いた場合の売上高・売上原価表示法による処理を全面的に採用した方が説明順序としても適切であろう。そのような処理法によって指導する場合、商品有高帳の説明だけではなく、継続記録法について十分に指導する必要がある。では、どのようにすれば継続記録法について生徒の理解度を高めることができるかについて、Ausubel の有意味学習の理論（Ausubel and Robinson 1969）を用いた Edmonds et al. が提唱する事例（Edmonds et al., 1997, pp. 217-220）を以下に紹介する。

教育の過程の目標は盲目的な記憶ではなく有意味な学習の促進にあるとして、有意味な内容（生徒の認知・発生概念・原価の流れ）・漸進的分化（progressive differentiation）・統合的調和（integrative reconciliation）・複雑性の統制（control of complexity）という有意味学習を増進させる次のような特質を識別する事が大切だと主張する。

①生徒の認知

棚卸計算法は、消費者として、また小売店の顧客としての生徒の直観に反する。売主は商品の価格と品目がストックされているかどうかを知っている。なぜ同じことがその品目のコストについてあてはまらないのか。また棚卸計算法とは管理上の観点からも不合理と思われる。商品の在庫情報をきちんと把握していないような印象を生み出し、再注文する時期を知る手段もなくどうやってうまく管理していけるのかといった疑問を呈することになる。

②発生概念

棚卸計算法は発生主義会計の基本的な概念と一致していない。発生主義モデルは、いつ現金の交換がなされるかに関係なく、ある事象や環境要因が発生したときにそれらを認識する［FASB, Statement of Financial Accounting Concepts No.6, paras. 139, 145-146（平松一夫・広瀬義州訳、1994, p.350, 354-355)］。継続記録法は、棚卸原価が取得時に資産に計上され、販売時に費用化されるのでこの概念と一致する。発生主義会計の目標は、棚卸計算法においても最終的には年度末の整理によって達成されるが、商品を取得しあるいは販売した時の仕訳はその結果を十分には反映していない。発生主義会計を理解することができない

生徒は、棚卸計算法を恣意的なものと考えがちである。恣意的な学習教材は認知構造の中で有意味に同化することができないので、生徒は記憶するしか仕方がない。

③原価の流れ

　FIFO（先入先出法）やLIFO（後入先出法）という頭字語はどの原価が売上原価を意味する費用勘定に割り当てられるかという識別に適用される。棚卸計算法のもとでは期末棚卸資産の原価の決定に焦点を当てて教えられるので計算手続と一致しない。たとえばFIFOという頭字語は生徒に売上原価を決定するために最初の原価に焦点があたるようにいっているが、棚卸計算法では生徒に期末棚卸資産の原価を決定するために最後の原価を用いさせる。ここでもまた、その内容が有意味でないので、生徒は理解するかわりに記憶するように勧められる。

④漸進的分化

　有意味学習は学習教材を生徒に提示する順序に関係しており、もっとも一般的で包括的な概念が最初に提示され、その後、知識の副次的な要素が続き、さらに詳細性や特殊性によって分化されるとき、有意味学習が促進される。この階層は人の神経システムに知識が示され、組織化され、保持される方法と一致する。したがって、個人が新しくよく知らない情報にどのように直面し適応するかということと一致している。棚卸計算法のもとで必要とされる詳細な記録手続について焦点をあてることは、漸進的分化の遂行を妨げることになる。生徒はその手順に夢中になり中心概念を見失うようになる。それとは対照的に、継続記録法ではこの概念を強化し、棚卸計算法にみられる紛らわしい記録手続きは排除される。

⑤統合的調和

　統合的調和の原則によれば、有意味な学習は新・旧の知識単位が1つになるように組み合わされたときに促進される。組み合わせの過程には、新・旧概念の間の相違点と類似点の認識を必要とする。損益計算書における棚卸資産の売上原価は、棚卸計算法によるアルゴリズムでは通常次のように説明される。

```
        期首棚卸高              ××
      ＋ 純仕入高               ××
        売上可能な商品原価        ××
      － 期末棚卸高              ××
        売上原価                ××
```

　同様なアルゴリズムを継続記録法で用いると、棚卸計算法の相違があいまいになり生徒の理解を妨げることになる。そのアルゴリズムでは、両者の相違をはっきりと示すことができないだけでなく、継続記録法について不正確な記述を行うことになる。棚卸計算法では、売上可能な商品原価から期末棚卸高を差し引くことにより、売上原価のなかに紛失、損害、盗難の原価が含まれるが、継続記録法では、売られた商品の原価だけが売上原価のなかに含まれる。

　次のように統合的調和を妨げていることは、棚卸計算法における売上原価アルゴリズムから明らかになる。

```
        期首棚卸高              ××
      ＋ 仕　入                ××
      － 仕入値引・返品          ××
      ＋ 仕入運賃              ××
        売上可能な商品原価        ××
      － 期末棚卸高              ××
        売上原価                ××
```

　この計算は期首と期末の棚卸高は仕入返品・値引・仕入運賃による影響を受けないという誤った印象を与えることになり、原価の構成要素は同一であるけれども異なったものとして表示される。継続記録法を用いると、生徒は原価の要素が期首棚卸高・当期の仕入・期末棚卸高に同じように影響を及ぼすことがわかる。

⑥複雑性の統制

　多くの研究者は情報の過多の危険性について警告している。ここで情報過多とは、生徒が情報を有意味に処理する能力をその複雑性が超える点として定義される。複雑性とは、学習環境において提示される異なっ

た要素の数の組み合わせやそれらの相互関係を指している。新しい概念を導入するときには、これらの組み合わせを最小限にして複雑性の統制を図る方がよい。要素の数と各要素間の相互関係は棚卸計算法のもとでは著しく大きくなるが、継続記録法のもとでは、複雑性は最小化する。また、棚卸計算法では簿記一巡の手続の終わりに複雑性が持ち込まれる。記録目的のために売上原価のアルゴリズムを行う際に、特別の整理と決算振替仕訳が必要とされるからである。継続記録法によるとそのような仕訳は必要でないので年度末の簿記の複雑性は減少する。

5 おわりに

　商品勘定の処理は、生徒にとってわかりにくい項目の１つであり、教員もいろいろ工夫はしているものの、研究会などでいつも指導困難な点として話題になっている。教育的な観点から各種の処理方法と繰越商品の整理仕訳について検討した。三分法による仕入勘定で売上原価を計算させる決算整理仕訳は、アメリカのように損益勘定を通して行う処理法も説明してはどうだろうか。確かに整理仕訳と振替仕訳の区別をあいまいにする嫌いはある。しかし、決算手続としては共通していることを考えれば、そのような区別を厳格にしなくても学習効果を考えれば問題にならないように思われる。それゆえ、損益勘定にて振替整理する方法も検討する時期に来ているのではないだろうか。また、期中より継続記録法を用いた場合の売上高・売上原価表示法による処理方法に全面的に移行すべきと思われる。Ausubel の有意味学習という観点から考えると、説明の順序に問題があるように思われる。Edomonds 等の大学レベルのテキストの調査によると、1993 年以降、継続記録法を強調するテキストが多くなってきたと述べている。日本の初級簿記の教科書でも繰越商品の説明順序と現行の整理仕訳について考え直すべき時期が来ているように思われる。

注

(1) Musselman and Hanna (1960, pp. 220-225)、Hanna (1960, pp. 31-33)、Guerrieri *et al.* (1985, pp. 57-59) も参照している。なお、第5法は工業簿記の精算表や本支店会計の合併精算表で用いられているが、初級簿記レベルでは説明されることがすくないので本章では取り上げていない。武田 (2001, p. 198) は、第4法と第5法について次のように説明している。

> アメリカの簿記書では、実用性を重視するので［C法第1法―第4法（筆者注）］の解説が見受けられるであるが、わが国の場合、この方法は定着しておらず、また、簿記検定関係の試験では、修正記入欄で貸借記入を行う方法が一般化しているため［C法第2法―第5法（筆者注）］によらなければならないであろう。

また、大藪 (1991, pp. 95-99) は、商品勘定の処理と精算表について、仕入勘定で売上原価を計算する場合と売上原価勘定で売上原価を計算する場合に分類し、それぞれの場合について、総額法・純額法、直接仕訳法・間接仕訳法の方法について説明している。

(2) なお、Andruss については［(1933a, p. 25, 32); (1937, pp. 93-105)］も参照した。

(3) なお、期首・期末の繰越商品を損益勘定に振り替える仕訳を、整理仕訳として処理する方法と振替仕訳として処理する方法に分けて、Larson, Miller (1995, pp. 200-20) のテキストは説明している。

(4) なお、安平 (2003) はこの趣旨を踏まえて書いている。

また、飯野 (1970, pp. 28-32)、武田 (2001, pp. 184-215)、中野 (1999, pp. 104-113) は、継続記録法と棚卸計算法による処理を対比しながら説明している。

第7章　再整理仕訳についての一考察

1　はじめに

　日本の初級の簿記教科書では、期間損益計算における損益整理の必要性が説明された後、例を用いて繰延・見越の決算整理仕訳と再整理仕訳が説明されるのが普通である。繰延・見越の決算整理仕訳を説明し理解させるのは大変であるのに、その上再整理仕訳についても理解させるのはとりわけ初級段階において困難を極めているのが現状である。それゆえ、再整理仕訳は決算整理仕訳の反対仕訳であるといって、なぜそれを行うのかという理由を説明していない教員もいるようである。果たしてそれでよいのだろうか。再整理仕訳は当然のように必要な手続きとして説明されているが本当にそうなのだろうか。また再整理仕訳を行うのはどのような場合であろうか。以下、本章では、Packenham (1967)、Garrison (1968)、Stone (1960)、Ness (1966) などの所説を紹介しながら再整理仕訳について簿記教育という観点から考えてみたいと思う。[1]

2　再整理仕訳

　再整理仕訳（再振替仕訳・再修正仕訳）とは、「借方仕訳が前の仕訳の貸方仕訳と勘定および金額が同じであり、また貸方仕訳が前の仕訳の借方仕訳と勘定および金額が同じである仕訳」[2]と定義されることもあるが、通常は期首に前期末の決算整理仕訳の貸借がまったく反対に行われる仕訳として定義

されている。

　多くの教科書に説明されている繰延・見越の整理仕訳と再整理仕訳についてまとめると図表7-1のようになるであろう。

　初級の簿記教科書では、No.5を除いて通常教科書で説明されている。しかし、消耗品ついてはNo.3、4の両方を扱っている教科書が大部分であるのに、前払費用についてはNo.2のみしか扱っていない教科書が多く見受けられる。そのことが再整理仕訳の説明を難しくしている原因の1つであろう。日本でも、アメリカの教科書のように期中に資産処理する方法（No.1）も説明すべきであろう。

　Andruss（1933b, p. 16; 1937, pp. 86-87）は次のような学習ルール（working rule）を主張している。

(1) 前払された財貨または用役は当該会計期間を超えて用いられたなら資産勘定に借記すること。
(2) 前払された財貨または用役は当該会計期間内に用いられるなら費用勘定に借記すること。

このように、最初から資産と費用との区別をはっきりさせるような指導が行われてもよいように思われる。このルールにしたがって処理されるならば繰延勘定について再整理仕訳を行う必要はない。しかし、もしこれにしたが

図表7-1　繰延・見越の整理仕訳と再整理仕訳

	種類	No.	期中処理方法	決算整理仕訳	再整理仕訳
繰延	前払費用	1	期中に資産として処理	（借）費用×× （貸）前払費用××	行わない
		2	期中に費用として処理	（借）前払費用×× （貸）費用××	行う
	消耗品(3)	3	期中に資産として処理	（借）消耗品費×× （貸）消耗品××	行わない
		4	期中に費用として処理	（借）消耗品×× （貸）消耗品費××	行う
	前受収益	5	期中に負債として処理	（借）前受収益×× （貸）収益××	行わない
		6	期中に収益として処理	（借）収益×× （貸）前受収益××	行う
見越	未払費用	7	期中に費用として処理	（借）費用×× （貸）未払費用××	行う
	未収収益	8	期中に収益として処理	（借）未収費用×× （貸）収益××	行う

わずまたは前払期間を見積もることができずに当初名目勘定を用いて処理した場合には、再整理仕訳を説明する必要が生じる。

Garrison（1968, p. 17）は、このような場合は次のように説明すればよいと述べている。

> 同じ簿記手続きを維持するために、再整理仕訳が必要となる。それは、整理の結果として永久勘定が、締め切られないままになっているからである。再整理仕訳は、永久勘定残高を帳簿から取り除き、それを当期の取引を処理する名目勘定に戻すために必要になる。

このように、アメリカの高等学校レベルでは、繰延勘定を期中に資産として処理する場合と期中に費用処理として処理する場合に分け、前者については再整理仕訳を行う必要がなく、後者については必要があるとし、また見越勘定については、「再整理仕訳を行うかどうかは選択または便宜性の問題に過ぎない」[Garrison（1968, p. 17）; Dickerson（1945, p. 340）]として、通常任意であると指導されているようである。

けれども、アメリカの高等学校用教科書のなかには、再整理仕訳について説明されないものもある。Guerrieri *et al.*（1985, p. 71）の教科書の指導書では、その理由を次のように説明している。

> 教員は、再整理仕訳を……教科書のなかで議論していないことを知らなければならない。再整理仕訳は、会計担当者（accountants）の仕事を増やすことになるので、たいていの企業（businesses）ではその仕訳はめったに行わない。

思うに、高等学校の簿記では会計担当者（accountants）ではなく、簿記係（bookkeeper）ないし会計事務員（accounting clerk）を養成することを目的として指導しているからであろう。

しかし、日本の高等学校用簿記教科書に限定されずすべての簿記教科書では、再整理仕訳は必ず説明し行うべき仕訳として説明されている。そこで再

整理仕訳を行う理由を、(1) 繰延勘定の場合には次期において費用化または収益化するから、(2) 見越勘定の場合には、再整理しておかないと支払いまたは受け取りが行われた場合、前期分に対する支払い分または受け取り分と当期分に対するそれとに分けて仕訳しなければならないからとして、説明している[(4)]。その意図するところをいい足せば、(1) 繰延勘定の場合、再整理は次期に費用化または収益化したときに行えばよいが、一々その時点を確認するのに手数がかかる。それで翌期首に再整理を行えばその手数分だけ時間節約となる。(2) 見越勘定の場合、前期分と当期分を区別して仕訳するのは、煩雑であり、前期分を調べるのを忘れてしまう。というのが翌期首に再整理しなければならない理由である。しかし、時間節約になり、また忘れてしまうのを避けるという理由を、果たして鵜呑みにしてよいのであろうか。Packenham (1967, p. 118) は、このような理由を次のように批判している。

(1) 繰延勘定について、期首に再整理を行う場合には、行わない場合に比べて、その再整理仕訳の数だけ仕訳の数が増えるので必ずしも時間節約になるとは限らない。
(2) 見越勘定について上の理由がいえるのは、再整理仕訳が、忘れないものであるという前提があってはじめていえるのである。

以上のように現行の理由は相対的なものである。また Johnson と Gentry (1974, p. 19) も述べているように、再整理仕訳は、「当該期間中に取引を記憶する者が、簿記について幾分かの知識があるなら避けることができる」。それゆえ、再整理仕訳を説明するとしても、アメリカのように任意 (optional) な手続きという側面をもっと強調してもよいように思われる[(5)]。つまり、会社にとっての便益（記憶の容易さと時間の節約）が費用を上回る際に限って行う仕訳として指導したほうがよいと思われる。

しかし、再整理仕訳の任意性について生徒に理解させることができたとしても、どのような決算整理仕訳について再整理仕訳を行うのかという疑問を新たに抱かせることになる。この点について、Stone (1960, p. 318) は、次のように述べている。

決算整理仕訳が翌期首に再整理されるので、それに対する注意は、当期末

帳簿が締め切られる頃には尻すぼみ（anticlimactic）になる。一定の整理仕訳が再整理されるかどうかを決定するための基本的で実施可能な原則を、生徒は教えられていないということが問題なのである。

では、どういう原則ないしルールを生徒に教えればよいのだろうか。Stone（1960, p. 318）は、「その手続き中に実体勘定が通常の借方または貸方というやり方で増加する場合、繰延項目または見越項目から生じる整理仕訳は再整理しなければならない」というルールを提唱している。いいかえると整理仕訳を行う場合、資産勘定を借記し、負債勘定を貸記する（引出金勘定を借記する）なら、再整理しなければならないというルールである。

アメリカでは、このルールは普及してきているが、これは経験に基づく方法（a rule of thumb）であり、例外を識別する手がかりが得られないとして、Ness（1966, p. 140）は再整理仕訳を行う場合をフローチャート化した。以下彼の所論について簡単に紹介することにする。

まず再整理仕訳は特定の取引または取引グループを記録するために計画された一連の仕訳の1つとして考えなければならないとする。そこで、仕訳を(1) 整理仕訳、(2) 決算仕訳、(3) 訂正仕訳、(4) 日常仕訳に分類する。どの場合に再整理仕訳を行うかについて、Stoneのルールでは図表7-2のAタイプについてあてはまるがBタイプについてはあてはまらない。それゆえ、いろいろな場合を想定して図表7-3のフローチャートを用いて説明する。

フローチャートを見ればわかるように［1. 日常仕訳］［2. 決算仕訳］［3・4. 金額や勘定の訂正仕訳］は、けっして再整理されないのである。しかし、［5. 脱漏（omission）の訂正仕訳］と［6. 整理仕訳］は、ある状況のもとでは再整理されるが、ほかの状況のもとでは再整理されないことを示している。

図表 7–2　再整理仕訳を行うかどうかのタイプ

	Aタイプ	Bタイプ
決算整理仕訳	（借）賃金×× （貸）未払賃金××	（借）賃金×× （貸）未払賃金××
再整理仕訳	（借）未払賃金×× （貸）賃金××	（必要でない）
日常仕訳	（借）賃金×× （貸）現金××	（借）未払賃金×× （貸）現金××

図表7–3　再整理仕訳のフローチャート

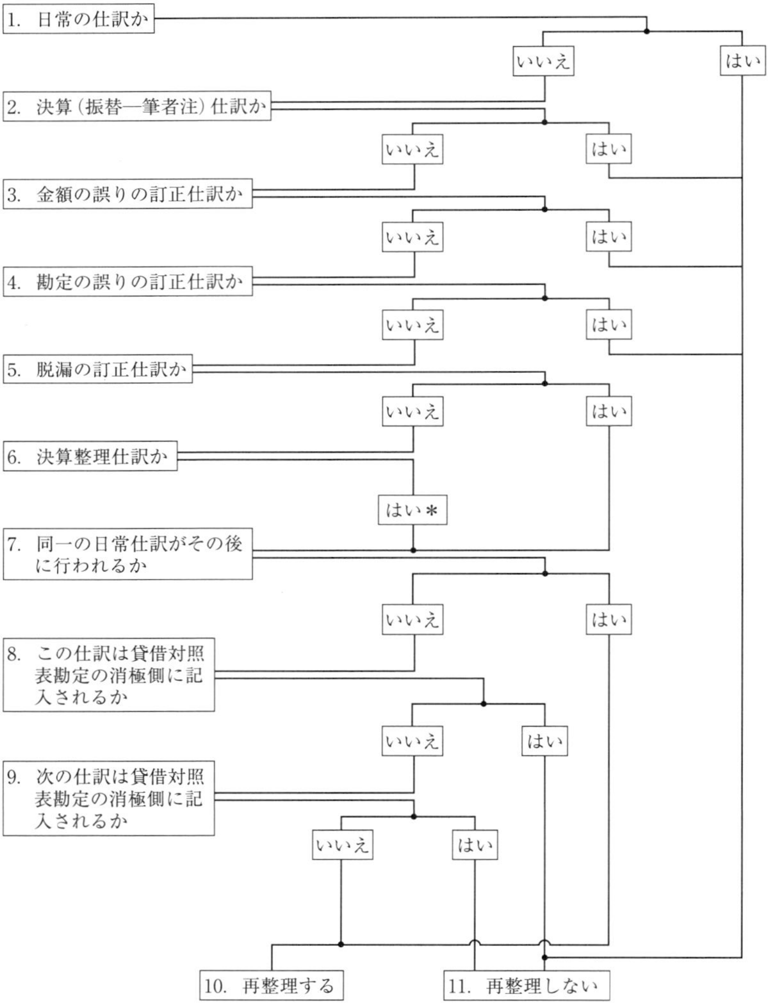
1. 日常の仕訳か
いいえ
はい
2. 決算（振替—筆者注）仕訳か
いいえ
はい
3. 金額の誤りの訂正仕訳か
いいえ
はい
4. 勘定の誤りの訂正仕訳か
いいえ
はい
5. 脱漏の訂正仕訳か
いいえ
はい
6. 決算整理仕訳か
はい＊
7. 同一の日常仕訳がその後に行われるか
いいえ
はい
8. この仕訳は貸借対照表勘定の消極側に記入されるか
いいえ
はい
9. 次の仕訳は貸借対照表勘定の消極側に記入されるか
いいえ
はい
10. 再整理する
11. 再整理しない

＊#1から#6は可能な仕訳をあますことなく述べたことになる。#5までの選択肢が「いいえ」になるなら#6の選択肢は「はい」になるであろう。

出所：Ness V.P.H.（1966, p. 140）

簿記の初学者にこれ程詳細なフローチャートを教えることは教育効果という観点でいえば必要でないであろう。Stone のルールで十分であると思われる。しかし再整理仕訳を一連のなかで考えることは、コンピュータ簿記のプログラムを作成する場合に有用になるかもしれない。

3　おわりに

再整理仕訳を生徒に理解させるためには、まず整理仕訳を十分に理解させる必要がある。しかし基本となる整理仕訳の指導にはかなりに時間がかかり、他にも教える簿記の内容はたくさんある。したがって初級レベルでは、再整理仕訳の説明を省くかあるいは指導するとしても「すすんだ学習」として別の章で取り扱ってはどうだろうか。また指導する場合には、どういう場合に再整理仕訳を行うかという説明は必要となるであろう。

注

(1) 本章では、直接整理法（直接繰越法）について議論から除いている。
　　なお、直接整理法の欠点について、山桝忠恕は次のように述べている（山桝 1994, p. 198）。

> この直接整理法に依存しつつ処理を行なう場合には、……混合勘定の持つ二面的な性格を最後まで払拭できずに終り、勘定口座の純粋性がついに期待し得ないことになる。もともとそのような混合勘定をもつ二面的な性格の整理ということこそが、決算整理の最大の眼目であることに思いを致すならば、この直接整理法には、その点に大きな欠点があるものと言わなければならない。しかも、この種の整理法のもとでは、単一の勘定口座における帳尻自体を平面的に二つに分割することにより、そのひとつは損益勘定に振りかえ、いまひとつは残高として次期に繰り越す、というわけであるから、整理仕訳が省略され、いわゆる帳簿締め切りの本手続きでもってそれを代行せしめることになる。しかし、決算整理の手続きと帳簿締め切りの手続きとは、もともと異質のものであり、後者をもって前者の役割をも代行せしめるということ自体、原理的に首肯しかねるものがある。

工業簿記の教科書では、賃金勘定の仕訳は通常の直接整理法によって説明されることが多い。なぜ間接整理法によらないのか指導上理解に苦しむところである。

また、再整理仕訳については、いつ再整理するかということも問題とされるが、本章では期首に行うとして議論している、沼田嘉穂は、次のように述べている（沼田 1983, p. 179）。

> ……簿記理論としては再振替は必ずしも期首に行うべきであるとの根拠はなく、期末の決算整理手続の一部として行っても差支えない。今日の簿記の一般原則が再振替を期首に行なうことは、いわば単なる習慣的手続であり、理論から来たものではない。

(2)　Cooper, Ijiri（1983, p. 441）［染谷訳（1973, pp. 425-426）訳書（ただし4版）では再整理仕訳を反対仕訳と訳している］.

(3)　消耗品の処理は、前払費用とは性質を異にするが、通例に従い繰延勘定のところで説明している。なお、再整理仕訳はこの表に掲げている以外にもある。秋葉［(1984, pp. 1-2)（1985, pp. 161-162)］の論文も参照されたい。

(4)　再整理仕訳の理由について、飯野は、繰延勘定と見越勘定とでは異なることを指摘している（1961, p. 207）。

なお、大藪俊哉は、再振替仕訳（再整理仕訳）は、期中の営業取引を統一的に処理するために行う仕訳であると主張している。その理由として (1) 繰延・見越勘定は期間計算を前提とした決算勘定であり営業取引に仕訳に用いてはならない、(2) 外部取引と内部取引の混同を避けた仕訳をする、の2点をあげている［大藪（1979, pp. 255-266）（1986, pp. 45-59)］。この見解では、期中処理について No. 1, 3, 5 を認めない。現行の教科書を用いてこの理由を説明することは難しい。理由の (1) について中村忠は、「……このような硬直性は打破されなければならないと考える。正しい計算がおこなわれるのであれば、どちらでもよいのではないか、いわゆる財務的簿記も認められるべきだと思う」と批判している（中村 1996, p. 188）。

(5)　日本でも任意な手続きとはっきり主張しているのは、飯野（1961, p. 207）である。

> 再整理記入は整理仕訳とはちがって、必ず行わなければならないという筋合いのものではない。これを行っておけば、期末の整理記入や収益や費用の収支時における記入が単純化されて、誤謬発生の余地も少なくなる。このようなことを目的として再整理記入が行われるのである。

第8章　決算振替仕訳

1　はじめに

　初級簿記教育に携わって以来、どうすれば生徒に理解しやすい授業ができるかについて学習心理学やビジネス教育の観点から研究している。その成果を実践して満足のいく授業ができたと思っても、生徒からわからないという声を耳にする。どの説明がよくなかっただろうかと悩むことがよくある。とりわけ初学者に理解させるのに困難な項目の1つに、決算とくに決算振替仕訳についての指導がある。通常初級レベルの教科書ではいわゆる英米式の決算についての説明がなされている。そこにおいて決算振替仕訳を指導する場合に、生徒が理解しにくい点やその改善点について、以下述べることにする。

2　損益勘定の呼称

　最近の教科書では、最初の章における損益計算書等式では費用という用語を用いて説明されるのに、損益勘定名として「損」が提示される。また「集合」を省略して単に損益勘定という科目で説明される。一部の教科書を除いて、このように異なった名称を用いたり、用語を省略して説明を行うことは、学習者を混乱させる原因になるであろう。費用・収益勘定を集約するという意味を容易に理解させるためには、費用収益集合（または集合費用収益）勘定としたり、最初より取引要素の1つとして費用ではなく損失あるいは損失費用として説明してはどうだろうか。

3 名目勘定(一時的勘定)・実体勘定(永久勘定)についての説明

　費用・収益勘定はその年度の残高をゼロにするためにリセットする(締め切る)勘定であるのに対し、資産・負債・資本(純資産)勘定は残高を次期に繰り越すために締め切る勘定であると通常説明される。しかし、日本では、アメリカの簿記書と異なり、そのことをより明確に示すために、費用・収益勘定は名目勘定(一時的勘定)であり、資産・負債・資本勘定は実体勘定(永久勘定)として分類・区別して説明されることは非常にすくない。単に前者の勘定は損益計算書勘定とし、後者の勘定は貸借対照表勘定として述べられるにすぎない。教える用語が増えるという批判はあるかもしれないが、この名目勘定と実体勘定についての説明を追加することは、勘定の意味を明確に理解させるために必要であると思われる。

4 損益勘定への振替仕訳と純損益の資本金への振替仕訳

　現行の教科書では、決算時において損益勘定へ転記する場合、費用・収益の科目が複数ある場合にも諸口を用いないと説明される。費用・収益項目の内容の一覧を示すことにより、損益計算書の作成を容易に行えるようするためである。しかし、損益勘定を純損益算出するための勘定と考え、また初学者に無用な混乱を避け、転記するスペースと時間の節約になるという意味でも、営業取引時と同じように諸口を用いて合計額のみを用いても問題は生じないであろう。[1] 貸借対照表を作成する場合にも繰越試算表だけでは純損益は不明であるので、損益計算書や損益勘定等を参照しなければならない。同様に損益計算書を作成する場合も損益勘定だけでなく費用・収益勘定を参照しても問題は生じないように思える。

　次に純損益の資本金勘定への振替仕訳についても初学者にとって理解しにくいようである。その原因は、仕訳例を用いて単に純損益が資本(純資産)の増減になるという説明しかされないからであろう。個人商店を前提に説

明する初級簿記では、収益・費用の勘定がそもそも資本の増減を示す勘定であるから、集計した結果である純損益を資本に戻して繰越記入を行うという説明を追加する必要があろう。

5 精算表との関連

精算表は、「残高試算表から損益計算書と貸借対照表とを作成する手続きを1つの表にまとめて示した計算表であり、決算における損益計算書と貸借対照表とを照合することにより決算の正確性を高めることができる」と説明されている。しかし、最近の教科書（とくに高等学校）では、損益計算書や貸借対照表の作成についての説明にウェイトが置かれ、精算表の説明が軽視される傾向にある。またせっかく精算表について生徒に理解させたとしても、その説明は通常決算振替仕訳の前の章で説明されるため、決算振替仕訳との関連性を見出せない。そのことは決算振替仕訳についての理解を困難にさせている要因の1つになっている。安平昭二も述べているように「精算表の作成を正規の簿記手続の1つとして、あるいは、それに準ずるものとして位置づけ」ることによって、アメリカの教科書のように精算表から決算振替仕訳を行う方法はとれないものだろうか[2]（安平 1992a, p. 37）。

6 おわりに

コンピュータ時代の今日、何時までも手書き時代の方法を不易なものとして残しておくことが果たしてよいのであろうか。とりわけ現行の簿記教育において、その内容を削除・追加し、説明方法を変更するとともに、より理解しやすい指導方法を検討していくことを最優先課題とすべきであろう。その1つとして決算振替仕訳の指導における改善点について述べてみた。なお、上述の3、4について、日本だけでなくアメリカの簿記教員も、論文や指導書を見るかぎり、費用・収益の勘定の意味や決算振替仕訳の指導に

は苦労しているようである。その指導例として、費用・収益の勘定は、一時的勘定（temporary account）で、期末には残高をゼロにして締め切ることを説明するために「ICE Melts」として覚えさせればよいとしている（I-Income, C-Cost, E=Expense）(Guerrieri et al., 2000a, p. 233)。また決算振替仕訳の順序として「R-E-IS-D」（R-Revenues, E-Expenses, IS-Income Summary, D-owner's Drawing account）のような覚え方も例示している（Price et al., 1994, p. 151)。日本語ではこのように頭字語記憶法による方法ではうまくいかないが、英語の好きな生徒に教えると、結構興味関心をもち損益振替仕訳の理解も早かったと記憶している。

注

(1) 安平昭二も損益勘定に「合計額で転記すれば、仕訳どおりの転記ということで混乱は生じない」と述べている（安平 1992a, pp. 52-53)。
(2) なお、初級段階で精算表における教育的意義の重要性がすくないと考え、決算手続終了後の節で説明する教科書もあった［たとえば新井（1998）『商業580 高校簿記新訂版』実教出版、p. 50参照]。また、精算表の指導について、精算表上で純損益を算定するとき、損益計算書欄および貸借対照表欄の貸借合計額の差額を各欄別々に計算する方法が通常説明されている。日本の高等学校の教科書にはないが、まず損益計算書欄で貸借合計額の差額として当期純損益を計算し（この意味で赤記する）、その額を貸借対照表欄の合計金額のすくない側に移記し（この単なる移記されたという意味で黒記する）、その後貸借対照表欄の貸借の合計をする方法もある。この方法を採用するなら、純損益を純資産（資本）に振り替える仕訳と整合する。

第9章　単式簿記と複式簿記
——単式簿記の観点から

1　はじめに

　たいていの簿記テキストでは、最初の章で「簿記とは何か」からはじまり、次に簿記の種類について説明される。この種類の1つとして単式簿記と複式簿記について簡単に説明されることが多い。しかし、単式簿記とは何かについて詳しく説明されないため、多くの教員は指導していないのではないだろうか。実をいうと私自身もその1人である。本章では単式簿記とは何かについて複式簿記と関連して、その起源・発達・その定義・異なる点・教育について述べることにする。

2　起源・発達

　複式簿記の起源については議論されるが、単式簿記については議論されないことからその起源については不明なのであろう。複式簿記との関係で単式簿記の発達については議論の分かれるところである。Yamey.（1947, p. 264）の研究によると、単式簿記と複式簿記の関係について、単式簿記の後に複式簿記が発達した見解と複式簿記の退化萎縮した、ないし物財勘定の漸次省略を通して発達した見解とに分かれる。
　前者については Hügli の論文を引用して、次のように述べている。[1]

　単式簿記は単なる断片ではなく、形式においてまたその目的のために完全

で申し分のない全体である。しかも、実際のところ単式簿記が完成した後に、複式簿記は単式簿記から自然に発達したものにほかならない。

後者の見解(2)については、Schmalenbach〔(1939), s.56-57；土岐訳（1950, pp. 19-20)〕の次の記述によっている。

ドイツにおいては、殊にハンザ同盟都市及南部ドイツの商業都市においては、イタリア簿記の様式を取り入れるまでは、かなり進んだ技術と完成した術語とを有する商業簿記組織が発達していたのであった。しかしながら十五世紀になってイタリアにおいて新しき複式簿記が発達して、南ドイツとの交易関係からドイツに知られる様になってからは、旧式の伝統と発展は破られた。イタリア簿記法が受入れられて当時の算術の教師達によって熱心に拡められ、フランス・オランダ・ドイツにおいては大商人の固有の形の簿記なりとさえ認められるに至った。複式簿記は、複式の原理を用いない単式簿記にも影響を及ぼして、その文辞が夫に移って、今日では恰も単式簿記が複式簿記の退化萎縮したものであるかの如く見られる様になった。

簿記のシステムを複式簿記だけであると考える（いいかえると複式簿記を前提とする）場合には後者の見解は正しいが、財産計算ないし構成要素計算だけをもって１つの簿記システムと考えると前者も正しいといえる。

3　定義

では一般にいわれている単式簿記とは何であるのか。どのように定義されているのであろうか。単式簿記の定義を調べてみると、単式簿記そのものを定義する場合と、複式簿記を定義し、それ以外をすべて単式簿記とする場合とに分かれるように思われる。(3)後者の場合には単式簿記そのものの意味を明らかにすることができない。単式簿記にも Schär (1921) が述べているように４つの発達段階があり、またさまざまなバリエーションもあり、典型的な

ものは1つもないという意見もある。しかしSelby (1945, p. 2) が述べているように、アメリカでは1890-1910年の間、多くの主要な教科書において1つの典型的なシステムが教えられていた。それゆえ典型的な単式簿記は定義できるであろう。簿記の用語辞典を検討して分類整理すると、(1) 形式面を強調する定義の方法と、(2) 実質面を強調する定義の方法とに大きく分かれるであろう [Selby (1945, p. 2); Parker (1992, p. 102, 260); Siegel, Shim (1994, p. 138, 372); Nobes (2002, p. 114, 268); American Institute of Accountants (1931, p. 57, 111); Porters (1913, p. 363, 687); Cooper, Ijiri (1983, p. 182, 462); 須藤編 (1921, p. 693, 794); 渡辺編 (1975, p. 301, 368); 佐藤・染谷編 (1982, pp. 206-207, 264)]。前者についてはさらに、(ア) 各取引の勘定記入について単に単式記入であるか複式記入であるかによって単式簿記・複式簿記を定義するものと、(イ) 人的勘定の記録のみを行う簿記を単式簿記と定義するものに分けられる。これらの定義を簡単に要約してみると図表9-1のように分類できるであろう。

図表9-1　単式簿記と複式簿記の定義

	(1) 形式面重視		(2) 実質面重視
	(ア)	(イ)	
単式簿記	単式（一面的把握）	人的勘定のみ記録	財産計算
複式簿記	複式（二面的把握）	人的勘定・物的勘定・名目勘定を記録	財産計算・資本計算

(1) (ア) の定義の単式・複式という意味を重視する定義の方法は文字通り単純で理解しやすい面をもっている。単式・複式は、記録の対象となる経済活動を認識するときの認識方法の違いによるものして、瀧田輝己は次のように、単式簿記について定義している（瀧田 2002, p. 4）。

単式簿記は、対象となる経済的な活動の様々な側面のうち、ある1つの側面に注目して、その側面だけを認識し、記録するという簿記である。

もっとも単式簿記にも複式記入を行う場合がある。複式記入は必ず複式簿

記に特有なものではないとして、かつて上野直輔は次のようにこのような定義を批判した（上野 928b, pp. 98-99）。

例えば、單式簿記に於いて債権者に対して債務を弁済し又は債務者から債務の弁済を受ける場合には、之等の取引の記入は債権者勘定の借方と現金勘定の貸方と、又は債務者勘定の貸方と現金勘定の借方に２重に為されるのである。此の故に記入の重複は区別の決定的又は最後の標準として有効であると認める事は出来ないといわなければならない。

しかし、債権者勘定の借方または債務者勘定の貸方への記入と現金勘定の貸方または借方への記入とは別個の取引としての記帳と解し、取引の複式記入（貸借複記）を意味しないという解釈も可能であろう。
（1）（イ）の定義については、20世紀初頭のアメリカの多くの簿記教科書で述べられていたものである。以下代表的なものを紹介する。
・Harold Dudley Greeley（1921, p. 377）

単式記入の基本的な特徴で他のシステムと異なっているのは、元帳に人的勘定のみを記録するという事実にある。

・Paul-Joseph Esqurrě（1916, p. 54）

単式簿記の目的は企業のすべての取引を記入することであるが、人名のみの勘定を元帳に記録することである。

・Roy B. Kester（1920, p. 521）

単式記入の観点は人的である。人と関係のない企業のすべての面は資本主の直接の監督下にあるとみなされる。人との未履行の取引は得意先または仕入先であろうと個人の勘定を設けることなしに記録を分類し管理することはできない。現金を確保しそのフローを管理下で記録する必要

性によって、分類された現金記録が単式記入のほぼ普遍的特徴となる。それゆえ単式記入は次のように特徴付けられる。(1) すべての取引を記録する、(2) 人と現金のみ借方と貸方の分析がなされる、(3) 1つの分類ないしグループ化した記録、すなわち、人と現金のみ元帳に記録する単式記入は、全体として企業に関係したすべての取引を分析しない。それは単一の観点をもつ、すなわち人と現金のみを考え、それに沿って記入がなされる。それゆえその名称がある。

単式簿記は人的勘定のみを記録するが、人的勘定を記録するものは単式簿記に限らない。複式簿記においても人的勘定を記録する。この意味から単式簿記は複式簿記の一部ないし不完全なものであるとこれら定義では解しているようである。

(2) の定義を主張するのは、上野道輔である (1928b, pp. 93-94)。

簿記の主たる計算又は目的と称するは、物的二勘定系統説に謂うところの簿記の二大勘定系統たる企業の資本に関する計算並びに財産に関する計算を言ふのであって、即ち (1) 企業の資本及び其の増減に関する計算と (2) 企業の財産及び其の構成部分に関する計算との二種の計算が是れである。而して此の二種の計算を併せ有するものが複式簿記であり、二種の中一種殊に第二種の計算のみを有するものが單式簿記である。

これは計算目的による見解であり、勘定理論に基づくものであるが、計算記入方法が明示されていないという点で理解しにくい面がある。

4 単式簿記と複式簿記の異なる点

単式簿記は複式簿記とどこが異なるのであろうか。上記の定義からおよそのことは推察できるであろう。異なる点についてはすでに多くの学者が整理しており、屋上屋を架すことになるかもしれないが、Anderson *et al.* (1965, pp. 382-404)、Klein（1919, pp. 411-426; 1927, pp. 67-83)、吉田（1925, pp. 663-683)[(4)]、木村（1924, pp 18-37, 172-174)、片野（1966, pp. 514-524)、大藪（1997, pp. 2-11)、井上（1969, pp. 549-562)等の書物を参考にしながらまとめると図表9-2のようになるであろう。なお、進化した単式簿記についての設例（図表9-3）は章末に示している。

図表9-2 複式簿記と単式簿記の比較

項目	複式簿記	単式簿記
取引	あらゆる種類の企業取引が記録され、各取引の2面的影響が示される	もっとも単純な形式では、現金または人的勘定に影響を及ぼす取引のみ記録される たとえば売掛代金の現金による回収の記入は複式簿記と同じになるが現金による売上の記入は現金のみ記入される
勘定	人的勘定、物的勘定、名目勘定が用いられる 企業の規模、管理の要求の程度によってさまざまな勘定が設けられる	現金勘定（現金出納帳が代用されることもある）、売掛金・買掛金勘定、資本主勘定、または引出金勘定が用いられる。時々商品勘定が記録され、固定資産と減価償却累計額勘定が用いられる。費用勘定も用いられることがある
帳簿	非常に多くの帳簿が必要な会計データを集めるために用いられる 転記の正否を確かめるため試算表が作成される	元帳、現金出納帳、仕訳帳または日記帳、棚卸資産と固定資産を記録する補助的な帳簿が設けられる。記録する形式は複式簿記と同じであるが、転記手続は異なる。借方と貸方が等しい金額で記録されないので試算表は作成されない。なお、転記の正否を確かめるため「転記証明表」（proof of posting）が作成されることがある
財務諸表	貸借対照表は帳簿（勘定）から作成される 損益計算書は帳簿（勘定）から作成される	貸借対照表の一部は勘定残高（現金出納帳残高）から、一部は資産と負債の評価（棚卸）によって作成される 損益計算書はかなりの分析的な作業をした後に作成される。現金出納帳は通常一定期間の費用についての完全な情報を得るために注意深く分析されなければならない
適用	どんな種類の企業にも適用される	食料品店など小企業に適切である

出所：筆者作成

なお、単式簿記による場合、貸借対照表［複式簿記と区別して財政一覧表（statement of affairs）または資産・負債表（statement of assets and liabilities）と呼ばれることもある］は作成できても、損益計算書は作成できないという著書もあったが、この点について Selby (1945, p. 5) は、次のように述べている。[5]

　単式記入によって帳簿記録がなされるときは、損益計算書を作成することはできないと述べる著者がいる。これは真実でない。というのはそのデータは仕訳帳を分析することによって得られるからである。ただ、計算書の作成が比較的困難ではあるが。

　また、George Lisle 編（1903）の EncyclopÆdia of Accounting によると単式記入による場合には、複式記入に比べて不正が容易に働きやすいとして次のような例を示している。

　たとえばある一人の人物が現金出納帳と人的勘定に記録しており、複式記入によって帳簿に記録していないと仮定しよう。12ポンド支払うことになっている取引先が支払いをしたとき、その現金出納係は10ポンドを受取として記帳して2ポンドを着服し、一方元帳には12ポンドが支払われた印をつける。このような不正はすべての取引をチェックしない限り発見することはできないであろう。

　単式簿記では複式簿記のように関連する勘定科目との照合は簡単にできない。この点が単式簿記における1つの短所ではないだろうか。複式簿記では、このような不正あるいは脱漏・誤謬を防止ないし減少させることができる。しかしながら、逆にこのような不正・脱漏・誤謬が起こらないことを前提にすれば、単式簿記には何ら不都合なことはなく記録・計算・整理が行えるであろう。

5 単式簿記による教育

　日本においてもイギリス・アメリカの教科書の翻訳書（たとえば『帳合の法』等）の影響もあって、また明治期には単式簿記についての書物も出版されていることから察するに、単式簿記についての指導はなされていた。現代の日本の簿記教育では、単式簿記についての用語の説明を扱う教科書はあるものの、そのシステムについて、あるいは不完全な簿記として具体的な説明がほとんどなされていない。歴史的に見ても単式簿記の指導については、賛否があったようである。賛成者の1人である Meservey（1882, p. 9）[6]は簿記を学ぶ方法の順序として次のように述べている。

　10. どの方法を最初に学ぶべきか。
　　　単式記入：なぜならこの方法が単純で、より一般的に利用されており通常目的にとってより実用的であるから

　また、Pearson（1935, p. 7）も専門家（法律家・医師・歯科医師・エンジニアなど）や小規模な小売商（食料品店や衣料品店など）やクラブ・教会などは専門の簿記係を雇っているところもあるが、複式簿記によって帳簿をつけることをしていない、として次のように単式簿記の指導の必要性を主張している。

　簿記の教員は記録する価値があるものなら複式記入によって記録することを当然のことと考えている。彼らは単式簿記を体面にかかわるものと考えている。さらに複式簿記以外では正確に記録できないと思っている。このような一般的な考えに反して単式簿記でも正確に記録することができるのである。

　反対論者の1人として Colt（1839, p. 185）は次のように述べる。

複式記入による簿記を学ぶことによって、あなたは単式記入を理解する。単式記入に関して技術の名前も科学の名前も何一つ生まれないであろう。というのは、それは1つの悪いメモ書以上で以下でもない。一連の単式記入の元帳はただその話の半分しか語らない。1つの証明もない。いつも平均しない。その結果正しくない。それは一種のうまくやっていく方法である。未経験者によってのみ用いられ、科学を理解しない人によってのみ是認する。そして最後には複式簿記よりも一連の単式をつけるのに時間がかかるということを見出すであろう。

沼田嘉穂も複式簿記導入の手段としてならよいが、という条件付きではあるが次のように反対している（沼田 1966, p. 324-325）。

今日の簿記学は複式簿記が対象であり、単式簿記は複式簿記以外の常識的簿記を指し、このため単式簿記は学問の上から簿記学のうちに入らない。……簿記の5概念並にその他の原則も総て複式簿記を対象としたものである。このため簿記学としては単に複式簿記のみを教育すればよい。……併し、今日では複式簿記が一般企業に広く普及したので、簿記書でその説明を行うほどの必要は認められない。このため単式簿記の説明を行うとすれば、複式簿記導入の手段としてのみ、これを認めうる。

日本においてもかつて高等商業学校等の試験では、不完全な簿記として単式簿記の問題もその範囲に入れられており、簿記の教科書においても説明されていた。しかし、最近発行のテキストや問題集では説明されることはほとんどない。イギリスのAレベル資格試験の問題集やテキスト等を参照するに、日本と異なり単式（不完全）簿記についても説明されている。歴史的な沿革は別にして、複式簿記、とりわけ複式記入の意味を考えさせるという点では、単式簿記を導入の一部としてあるいは複式簿記導入後に説明することも重要であると考える。

6 おわりに

　もともと簿記は忘れないように記録しておくことから始まったのであろう。記録媒体として色々なものが考えられている。ところが企業規模が拡大し取引数が多くなると記録することが困難になり、簿記固有の勘定を用いるようになった。しかし、想像の域を出ないが、勘定記入のときにすべての取引を記入する者と必要な勘定だけとくに人的勘定を記入した方が合理的と考える者が現れても何ら不思議なことではないであろう。講学上、前者を複式簿記と称し、後者を単純ないし単式簿記と称したものと考えられる。学校等では体系を尊ぶ必要上、前者の方法を主に教えたに違いないであろう。それに反して小企業における実務では後者の方法によってもビジネス活動になんら支障は生じなかったのであろう。このように考えると、後者のように重要な勘定だけを記録する単式簿記は、確かに完全な複式簿記の観点から見ると不完全であり、不完全な複式簿記というのが正しいであろう。けれども商店主ないしは簿記係にとっては、必要なものだけを記録・計算・整理するという意味において単式簿記も１つの完全な簿記といえるであろう。

　いま X 社の売掛代金 1,000 円を現金で受け取った場合を考えてみよう。複式簿記では（借）現金 1,000（貸）売掛金（X 社）1,000 と仕訳帳に仕訳し、元帳である現金勘定と売掛金（X 社）勘定に 1,000 円を転記することは説明を要しないであろう。人的勘定のみの勘定に記録するという典型的なあるいは純粋な単式簿記においては、このような仕訳は記入されず（貸）売掛金（X 社）1,000 のみが仕訳帳に記入され、元帳である売掛金（X 社）勘定に転記される。現金出納帳係に現金受け取りとして 1,000 円を受取欄に記入するが、もしその出納帳係が 300 円を不正に着服する目的で出納帳に 700 円と記入したならどうなるであろうか。通常現金勘定は設けられないので仕訳帳の貸方記入と元帳の売掛金（X 社）勘定の貸方にそれぞれ 1,000 円記入されるだけである。かかる不正がある場合、複式簿記におけるように関連する勘定科目との照合は簡単にできない。この点が単式簿記における最大の短所ではないだろうか。複式簿記では、かかる不正・脱漏・誤謬を防止ないし減少さ

せることができる。逆にこのような不正・脱漏・誤謬が起こらないことを前提にすれば単式簿記には何ら不都合なことはなく記録・計算・整理が行えるであろう。ところが継続して経営を行う場合には、記録は、単なる記憶のためや紛争時の証拠資料のためだけでなく明日の経営のための基礎資料でなければならないと考えるのは当然のことであろう。つまり、単に純損益を計算するだけでなくその原因計算をも記録しておく必要がある。単に原因別の計算を行うのであれば、単式簿記においても事務上の時間と労力を考慮しなければ、期末において勘定分析や各種帳簿から作成することは可能である。しかし、単に貸借対照表と損益計算書が作成できるというだけであってそれらの間の相互のチェックは不可能であろう。一方複式簿記では、複式記入によって、記録面だけでなくそこから誘導される計算面においても二面的に行われ、その計算結果も二面的に把握され、貸借反対に純損益が一致することを確認できる。このことが複式簿記の最大の長所になるであろう。[7] このように単式簿記の観点から複式簿記について考えると、なぜその記録・計算・整理を行っているのかということの再考を促すことになるであろう。

図表 9-3　単式簿記による設例（会計期間1カ月）

4/1　S社は現金¥4,000 商品 　　　¥2,000、備品¥500 にて開業	17　C社へ商品¥3,900 掛売
	18　D社へ商品¥500 掛売
	19　C社の売掛代金¥700 現金で受取
5　家賃¥50 現金払	20　A社へ掛代金¥600 現金払
〃　消耗品費¥20 現金払	21　営業費¥1,000 現金払
6　商品¥1,000 現金で仕入	23　通信費¥200 現金払
8　商品¥500 現金売	24　D社の売掛代金¥400 現金で受取
10　A社から商品¥800 掛仕入	25　給料¥500 現金払
16　B社から商品¥1,200 掛仕入	30　S社資本主が私用のため¥50 現金引出

単式記入による現金出納帳

		現金受取					現金支払		
月	日	摘　要	元丁	金額	月	日	摘　要	元丁	金額
4	1	開業	5	4,000	4	5	支払家賃		50
	8	商品売上		500		〃	消耗品費		20
	19	C社売掛代金	1	700		6	商品仕入		1,000
	24	D社売掛代金	2	400		20	A社掛代金支払	3	600
						21	営業費支払		1,000
						23	通信費支払		200
						25	給料		500
						30	S社資本主の引出	6	50
						〃	残高		2,180
				5,600					5,600
5	1	残高		2,180					

単式記入による仕訳帳

1

月	日	摘　要	元丁	借　方	貸　方
4	1	開業（商品）- S社	5		2,000
	〃	開業（備品）- S社	5		500
	10	A社より掛仕入	3		800
	16	B社から掛仕入	4		1,200
	17	C社へ掛売上	1	3,900	
	18	D社へ掛売上	2	500	
				4,400	4,500

(注)かつては下記(4月1日と10日のみ示す)のような金額欄が1つの様式もあった。

単式記入による仕訳帳

1

月	日	摘要	元丁	金額
4	1	開業(商品)-S社 貸方	5	2,000
	〃	開業(備品)-S社 貸方	5	500
	10	A社より掛仕入 貸方	3	800

(以 下 略)

元 帳

```
         C社            1              A社           3
4/17 仕 3,900 | 4/19 現 700    4/20 現 600 | 4/10 仕 800

         D社            2              B社           4
4/18 仕 500   | 4/24 現 400              | 4/16 仕 1,200

       S社-資本          5             S社-資本主       6
              | 4/1 現 4,000   4/30 現 50 |
              | 〃  仕 2,000
              | 〃  仕  500
```

(注)「現」は単式記入による現金出納帳、「仕」は単式記入による仕訳帳を意味する。

元帳勘定要約表

丁	摘要	借方	貸方
1	C社	3,900	700
2	D社	500	400
3	A社	600	800
4	B社		1,200
5	S社-資本		6,500
6	S社-資本主	50	
		5,050	9,600

転記証明表

月/日	摘要	借方	貸方
4/30	仕訳帳合計(1)	4,400	4,500
	現金出納帳		
	受取		5,100
	支払	650	
	原始記入簿の合計	5,050	9,600

当期純利益の計算（単式記入法による）

(単位：円)

資産（4/30）			
	現金		2,180
	C社		3,200
	D社		100
	商品		2,200
	備品		500
			8,180
負債			
	A社	200	
	B社	1,200	1,400
	期末資本		6,780
	期首資本（4/1）	6,500	
差引	引出金	50	6,450
	当期純利益（4月）		330

(注) 期末棚卸高を¥2,200と仮定し、減価償却費・見越・繰延項目を無視して計算している。

貸借対照表

S社　〇年4月30日

(単位：円)

資産の部
- I 流動資産
  - 1　現　金　　　　2,180
  - 2　売掛金　　　　3,300
  - 3　商　品　　　　2,200
  - 流動資産合計　　7,680
- II 固定資産
  - 1　備　品　　　　　500
  - 固定資産合計　　　500
  - 資産合計　　　　8,180

負債の部
- I 流動負債
  - 1　買掛金　　　　1,400
  - 流動負債合計　　1,400
  - 負債合計　　　　1,400

純資産の部
- I 株主資本
  - 1　資本金　　　　6,450
  - 2　剰余金　　　　　330
  - 純資産合計　　　6,780
  - 負債純資産合計　8,180

損益計算書

S社　〇年4月1日から〇年4月30日まで

(単位：円)

- I 売上高　　　　　　　　　　4,900
- II 売上原価
  - 1　期首商品棚卸高　2,000
  - 2　当期商品仕入高　3,000
  - 　　合計　　　　　5,000
  - 3　期末商品棚卸高　2,200　2,800
  - 売上総利益　　　　　　　2,100
- III 販売費及び一般管理費
  - 1　給　料　　　　　500
  - 2　支払家賃　　　　 50
  - 3　消耗品費　　　　 20
  - 4　営業費　　　　1,000
  - 5　通信費　　　　　200　1,770
  - 当期純利益　　　　　　　　330

出所：筆者作成

注

(1) なお、Hügli の単式簿記および非複式簿記については、倉田（1988, 1992）、戸田（1992）の論文を参照されたい。

(2) なお、木村重義も次のように述べている（木村 1967, p. 6）。

> ……それ（単式簿記─筆者注）は複式簿記と本質上まったくちがうものではない。単式簿記が複式簿記の省略型として規定するだけで充分で、複式簿記そのものが成立し、規定されうる状態に到達する前には「複式簿記以前の簿記」はあっても単式簿記は存在せず、単式簿記は複式簿記よりも後のものであると見るのである。

渡邊泉も同様に次のように述べている（渡邊 2005, p. 29）。

> 歴史は、単純なものから複雑なものを生み出すことは少なく、総じて複雑なものをより単純化させる方向で進化していく。単式簿記から複式簿記に発展したのではなく、複式簿記が単式簿記を生じさせたのである。

(3) たとえば単式簿記を複式簿記以外のすべてと説明するテキストも多い。
吉田（1914, p. 381）、安平（2002, p. 4）、木村（1924, p. 18）、森川（1987, p. 7）、森田・宮本編（2002, p. 320）、興津・大矢知編（2002, p. 220）等である。
下記に有名な２つの会計学辞典を代表例として示しておく。
『会計学大辞典第４版』（安平昭二稿・森田・岡本・中村編 1996, p. 709, 921）

> ……簿記は、その記録・計算がどのような原則に行われるかを基準として、複式簿記と単式簿記に分けられる。貸借二面的記入のルールをもつ簿記を複式簿記というのに対して、このような二面的記入のルールをもたない簿記のことを総称して単式簿記という。……記帳（帳簿への記入）を必要とするすべての行為および事象について例外なく貸借（またはそれに類する）二面的記入を行い、しかもその二面的記入のルールが確固とした原理に基づいて形成されている簿記を複式簿記という。すべての記帳を二面的に行う（複式記入）がゆえに複式簿記とよばれるわけである。しかしこの二面的記入ということは、複式簿記のいわば形式的な特徴にすぎない。むしろこのような形式を通して、記帳対象である財産の正味増減量（＝損益）が二面的に計算できるように仕組まれたところに複式簿記の実質的特長が認められる。

『第５版会計学辞典』（森藤一男稿・神戸大学会計学室編 1997, p. 862）。なお、複式簿記の説明は上掲書と同じであるので省略する。

140　個別的問題

　　　単式簿記はある主体の経済活動が貨幣単位によって継続的に記録する非組織的な記帳技術に対する総称であって、一般に複式簿記との対比において、この用語が用いられることが多い。

　また、単式簿記の帳簿組織については、吉田威（1982）を参照されたい。
　なお、Stephens（1929, p. 10）は、複式簿記の完全なシステムに至るまでの単式簿記の進展を図表9-4のように示している。出典を明記していないが、Schär（1921, s. 65）の図表と同じである。
(4)　なお、吉田良三は、『改訂増補 近世簿記精義』（1925, p. 676）において Greeley の単記式記帳法を引用している。なお、同書では Greelay となっているがミスプリであろう。
(5)　なお、日本でも大藪（1997, pp. 5-11）は、単式簿記の設例において損益計算書の作成ができることを示している。
(6)　なお、Meservey と Colt の議論の要約については、Chatfield, Vangermeersch（1996, pp. 533-534）も参照している。
(7)　山桝忠恕も次のように述べている（山桝 1974, p. 7, 9）。

　　　……単式簿記法に共通する難点は、記録なり計算なりに誤謬や脱漏のある場合に、簿記自体の機構内で自動的にそれらを検出することが不可能であるという点にあり……複式簿記法の最大の強味というのは、それが……自検機能さえも備えた自己統制的な体系をもつ簿記法であるという点にある。

　なお、安藤英義は、単式簿記に対する複式簿記の実質的な特徴として、「企業の財産を個別的に管理するよりもむしろ全体を管理するための簿記である」と述べている（安藤 2001, p. 6）。

第 9 章 単式簿記と複式簿記　141

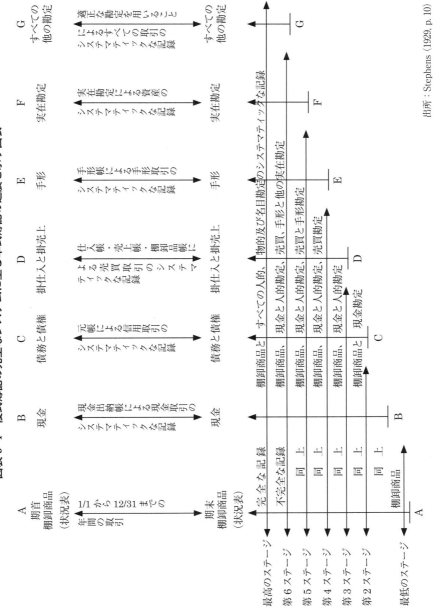

図表 9-4　複式簿記の完全なシステムに至る単式簿記の進展を示す図表

出所：Stephens (1929, p. 10)

第10章　コンピュータ簿記の導入について

1　はじめに

　1989（平成元）年高等学校の学習指導要領の改訂に伴い、「簿記」の教科書のなかにコンピュータ簿記に関する内容が新たに加えられた。すでに26年が経過している。どれだけ日々の授業に取り入れられているかは疑問である。限られたPC教室の環境のなかでは無理なのかもしれない。本章では、コンピュータ簿記の導入時期にどのような議論がなされていたかを振り返る。今後一層教育現場にICT環境が整備された場合にも、基本的な考え方は変わらないと思われるので以下述べることにする。

2　簿記の授業にコンピュータを導入する方法

　D'onofrio（1983, pp. 19-20）は、簿記にコンピュータを組み入れるべき理由を4つあげている。

(1) コンピュータ化された簿記システムを用いて生徒に実体験を与えるため。
(2) コンピュータの簿記手続きと手書きの簿記手続きを比較させるため。
(3) 簿記一巡の手続きを理解するのに必要な概念を補強するため。
(4) コンピュータテクノロジーの概念的な理解を増すため。

　また、簿記の授業にコンピュータを導入する場合の授業の展開方法とし

て、次の2つをあげている。

(第1法) 手書きによる簿記手法を用いて、簿記一巡の手続きのすべての段階を終了した後に、コンピュータを導入する方法。
(第2法) 簿記一巡の手続きの各段階の導入に関連づけて、その都度コンピュータを導入する方法。

第1法によると、生徒が簿記一巡の手続き（取引の仕訳→元帳への転記→試算表の作成→精算表の作成→財務諸表の作成→元帳の締切→繰越試算表の作成）すべての段階を手書きによる簿記手法を用いて終了した後、コンピュータが導入される。コンピュータのソフトウェアは、生徒にコンピュータ化された簿記システムの主な構成要素に関する経験を与えるために使われる。生徒がコンピュータ化された簿記システムを習得し、コンピュータによる手法と手書きによる方法との違いを見極めることができるようになったとき、企業の簿記一巡の手続きをシミュレートさせるような練習が与えられる。

第2法によると、まず、手書きの簿記手続きを使って簿記概念が紹介され、生徒は専門的な簿記知識を習得するために手書きで練習する。次に、教員は各段階において手書きによる方法とコンピュータによる方法の違いを指摘しながら、コンピュータ簿記ソフトウェアを使って練習がどのようにできるかを説明する。そして生徒は手書きによる練習に用いたデータをコンピュータに打ち込む。第1法と同様に、生徒が簿記一巡の手続きをすべて習得したとき、コンピュータ化した簿記プログラムを使って企業の簿記システムを組み立てさせるような練習が与えられる。

日本の現行の教科書ではすべて第1法を採用している。アメリカの簿記教科書では、かつては第1法により説明していたが、現在は第2法を採用している。手書き簿記を説明しない自動化簿記（automated accounting）も刊行されている。手書き簿記とコンピュータ簿記との違いを説明するには第2法が適していると思われる。もっとも日本で簿記の授業にコンピュータを導入しようとしても、コンピュータ教室は情報関連科目の授業でふさがっており物理的に不可能なことが多い。また現在のところ教材用の適当なソフトもす

くなく、ハード面に比べソフト面の購入費用の捻出が非常に困難な状況である。しかし今後小・中学校のコンピュータのさらなる普及に伴い、高等学校では簡単な技能は指導しなくてもよくなるであろう。そのため今よりもまして高等学校や大学では専門科目とコンピュータ教育との統合が叫ばれるようになるであろう。簿記一巡の手続きの各段階を学習しながら、常に、コンピュータ簿記ではどうなるかという意識を生徒にもたせるような第2法による指導法の確立と教科書の出現が今後望まれる。

アメリカでは、1980年代から高等学校教育にコンピュータが本格的に導入されはじめ、簿記教育とコンピュータ教育との統合は非常に進んでいるようである。しかしコンピュータの方にシフトしすぎたためか、手書き簿記の重要性も主張されている。Hoyt〔(1996, p. 31);(1997, pp. 101-110)〕は次のように述べている。

　簿記の教員は常に簿記手続きにおける「How」を説明するだけでなく「Why」を強調してきた。多くのコンピュータプログラムが導入されるにつれ、生徒は不幸にもその手続きが行われるための「How」や「Why」を知る必要がなくなってきた。たとえばコンピュータを使っていったん仕訳記入をしてしまえば、プログラムに指示を与えることによって転記の機能が完成されてしまう。生徒は、転記プロセスを理解せずに、総勘定元帳・補助元帳や試算表の意義・目的を理解することはできないであろう。この転記プロセスを理解するためには、生徒は転記を含む手書きの活動を最初に経験しなければならない。概念や手続きの習得は、その手続きを含むスプレッドシートやアプリケーションを用いるより前に行うべきである。生徒は簿記一巡の手続きのなかで、このデータがどのように、また、なぜ機能しているのかを理解せずして、財務データを分析し解釈したりすることはできない。……スプレッドシートや簿記ソフトウエアをすべての簿記クラスに用いることに誰もが同意するが、手書きで文書を作成することを軽視したり放棄したりしてはならない。

3 コンピュータ簿記の指導上の留意点・効果について

(1) 簿記基礎教育の重視

Reid（1984, p. 10）は簿記教育について次のように述べている。

……コンピュータは、原始書類等から仕訳を入力するとき、どの勘定を借方に記入すべきかとか、どの勘定を貸方に記入すべきかを決定することはできない。機械はオペレーターに取引が適切な勘定で処理されたかどうかは教えてくれない。それゆえ教員は、取引を適切な借方と貸方の要素に分析するための規則を習得する必要があることを生徒に強調しなければならない。……教員は、「生徒にコンピュータを使う方法を指導しなければならない」という風潮に流されて、機械の操作はできるが簿記理論の原則や概念が分からないという生徒を養成してはならない。簿記理論を習得していない生徒がコンピュータで問題を処理するようになる場合、教員は次のことを心に留めておかなければならない。有能な簿記担当者というものは、数時間で機械を操作できるようになる。しかし逆に、コンピュータを十分操作できるからといって、有能な簿記担当者であるとは限らない。そのような生徒が有能な簿記担当者になるには2年から4年はかかるだろう。

また、Reap（1985, p. 10）も次のように述べている。

コンピュータのスピードと信頼性は簿記に適しているが、使用者はプログラム手続きの正しさが評価できなければならない。生徒はコンピュータの有無にかかわらず簿記の原理や概念を習得しなければならない。コンピュータは、簿記を学ぶ場合に多くの骨折りな仕事を減らすことができる道具ではあるが、ある程度の鉛筆書きはいつも必要である。

つまり、簿記の教員は、コンピュータを操作できるだけの人間を育てるの

ではなく、簿記原理を理解すると同時にコンピュータから得たデータを分析できる人間を育てなければならないのである。もっとも現在ではコンピュータを抜きにしては考えられない社会になっているので、手書きで簿記を指導する場合にも常に普段の授業のなかで、コンピュータを使ったら何をせずにすむかとか、コンピュータで作業するとはどういうことかを述べておくことが重要と考える。

(2) 簿記教育にコンピュータを導入した場合の効果

D'onofrio (1983, p. 21) は、簿記教育にコンピュータを導入した場合の効果について次のように述べている。

コンピュータの専門用語に慣れ、コンピュータとその周辺装置を操作できるようになると、機器構成 (configuration) の操作に関する概念的な理解が増す。コンピュータの能力と限界、そして機械の操作における人間の重要性が生徒たちにとって明らかとなる。さらに、キーボーディング技能 (keyboarding skill) をもたない生徒が、データをインプットするのに多くの時間がかかることを経験すると、キーボーディング技能の重要性を思い知るようになる。

コンピュータを導入することにより、その能力と限界をはっきりさせ、人間の重要性を「簿記」という科目のなかでも指導することができるようになる。完全な音声入力が開発されていない今日では、キーボーディング能力の大切さも知らせることになる。

4 今後の課題

日本では、検定試験のための指導があるので、シミュレーション（プラクティスセットまたは手書き簿記でいう記帳練習問題）にコンピュータを導入することを重視する教員はすくないといわれている。かつて Moses *et al.*

(1991, pp. 44-48) は、実証研究によって次のように結論づけている。

(1) 簿記達成度と簿記に対する理解については、手書きのシミュレーションを終えた生徒と自動化された簿記シミュレーションを終えた生徒との間の重要な相違は見いだされない。
(2) 自動化された簿記シミュレーションは、手書きの簿記シミュレーションより終了時間が非常にすくなくてすむ。

この結論からわかるように日本でもシミュレーションにコンピュータを導入し、コンピュータを使うことよって余った時間を検定試験などの準備や倫理や批判的思考の進展の討論にあてることが可能になるであろう。最近議論されているデジタル教科書が出現し、モバイル教育が普及すると、簿記教育にコンピュータを導入するようなテーマは過去のものとなるかもしれない。

5 おわりに

日本でもいろいろな人がコンピュータ簿記について述べているが、プログラムの内容に関するものが多く、簿記教育という観点からの議論は少ないように思われる。コンピュータを導入しても手書きによる簿記原理の説明は必要である。書いて理解させる方法（write to learn）は、簿記用語や数字を正確に覚えさせるためにも必要である。しかし、手書きの簿記を説明する場合、常にコンピュータを意識して授業をすることが大切なのである。最後に、Fordham, and White（1987, p. 17）の一文を引用して本章を終えることにする。

コンピュータを簿記一巡の手続きの知識伝達手段として用いることは、教員と生徒の双方にとって明らかにプラスである。これは、クラスで設定した目標に到達するのに何とおもしろい方法であろうか。背を丸めて机上で事務を執っている簿記事務員の古いイメージは、過去のものである。適切

な道路地図とコンピュータという「乗り物」があれば、成功に向かって進むことができる。我々は幸いなことに情報時代に生きているのである。

注

(1) 教育環境や用具が急速に変化すると、それに対応していく教員の養成や、研修制度が非常に重要になるであろう。Fordham and White（1987, p. 16）は簿記教育にコンピュータを導入した当時の現状を次のように述べている。

> 教室におけるコンピュータの使用が強調されるので、多くの教員はどんなことがあってもコンピュータを使わなければならないと感じている。なかには、早く退職したり、なんとなく体の調子がすぐれないとか、「来年やるよ」といって、教室にコンピュータを取り入れることを避けてきた者もいる。

> 日本では退職したり病気のふりをしたりする者はいないだろうが、検定にコンピュータ簿記が出題されないことを理由にその指導をしない者はいるだろう。しかし、社会の変化を見ても、コンピュータ簿記についての説明は避けられない現状である。

(2) 三澤一は、大学におけるパソコン簿記教育について次のように述べている（三澤 1989, p. 163）。

> パソコン簿記は、一見したところ簿記会計の知識を有しない者にも作業ができるようである。しかし実際には全く逆であり、簿記会計の豊富な知識がなければ、正しい作業は決して行えるものではない。このことは、例えばディスプレイの作業メニューに表示される「仕訳帳作成」とか「試算表」などの用語が簿記作業の中でどのような意味を持つものであるかを理解していなければ、どの作業から始めるかすら分からないことになる、という単純なことからも明らかであろう。私見によれば、パソコン簿記担当者は、簿記会計の専門家であるとともに財務分析にも堪能であることが望ましい。この意味でパソコン簿記教育では、可能な限り、財務分析教育も同時に行う必要がある。

(3) この点について、中村忠は、「（コンピュータ簿記における―筆者注）決算は、機械的というわけにはいかない。決算整理に事実を調査し、これに基づいてデータの修正または追加（マニュアル会計でいう決算整理仕訳）をする必要があり、これは

人間がコンピュータにインプットしなければならない(現在は減価償却など一部の項目についてはプログラム化できるようになった)」と説明している(中村 1993, p. 309)。

第11章　中学生のための教養簿記

1　はじめに

　学校教育や社会教育において教養簿記を実践していく場合、教育基本法の枠内で述べていかなければならない。その教育基本法が2006年に改正され、教育の目標の1つとして「個人の価値を尊重して、その能力を伸ばし、創造性を培い、自主及び自律の精神を養うとともに職業及び生活との関連を重視し、勤労を重んじる態度を養うこと」が新たに盛り込まれた。その前年は「経済教育元年」といわれ、経済に関する知識の普及を目指す「経済教育サミット」（内閣府、日本経済教育センター主催）が開かれた。その後全国各地で、金融広報中央委員会主催による「金融教育フェスティバル」「金融教育セミナー」が開かれている。また、山田真哉『さおだけ屋はなぜ潰れないのか？』以来多くの会計本がベストセラーになるなど社会の経済や会計に対する考え方がかわりつつある。中学校・高等学校では、ともすれば生活の根幹たる金銭教育、広くは経済教育についてはタブー視されがちだった時代とは様変わりである。今日のような状況は、教養簿記教育の必要性を考える場合の1つの根拠を与える。簿記教育は経済教育より、主に身近なミクロ的な事柄を対象とするので、目まぐるしく変化する経済環境のなかで、適切な経済的意思決定を行うための基礎・基本となる知識や資質・能力を養うことができる利点をもっている。専門家になるための簿記教育ではなく、生きる力としての教養簿記の実践について、中学生への導入という見地から教養簿記の目標、必要性、内容について以下述べることにする。

2 中学生のための教養簿記

(1) 中学生における教育目標

　小学校は、「心身の発達に応じて、義務教育として行われる普通教育のうち基礎的なものを施すことを目的とする（学校教育法第29条）」。中学校は、「小学校における教育の基礎の上に、心身の発達に応じて、義務教育として行われる普通教育を施すことを目的とする（学校教育法第45条）」。高等学校は、「中学校における教育の基礎の上に、心身の発達及び進路に応じて、高度な普通教育及び専門教育を施すことを目的とする（同第50条）」を教育目標とする。このことを簡単に図で示せば図表11-1のようになるであろう。

　ここで注意すべきことは、専門教育は高等学校・大学等で行い、中学校においては、普通教育を施すことを目的としている点である。普通教育は、通常、専門教育と対置され、「一般的には、すべての人間にとって日常の生活を営む上で共通的に必要とされる一般的・基礎的な知識技能を施し、人間として調和のとれた育成を目指すための教育（鈴木 2002, p. 105）」と解釈されている。しかし、小学校と中学校と二元的に考えられる義務教育として行われる普通教育は、中学校で完結するが、その目的を実現するための目標から明らかなように「社会における職業を前提とした生活の基礎教育（鈴木 2002, p. 320）」という意味も含まれており、高等学校における普通教育および専門教育の基礎でもある。教育基本法第5条第2項「各個人の有する能力を伸ばしつつ社会において自立的に生きる基礎を培い、また、国家及び社会の形成者として必要とされる基本的な資質を養うことを目的として行われる

図表11-1　高等学校・中学校・小学校の目的

高等学校	高度な普通教育	専門教育
中　学　校	義務教育として行われる普通教育	
小　学　校	義務教育として行われる普通教育のうち基礎的なもの	

出所：筆者作成

ものとする」に規定する目的を実現するため、学校教育法第21条において10項目の目標を掲げている。簿記教育については次の3つの目標（1号、6号、10号）が関係すると思われる。

1　学校内外における社会的活動を促進し、自主、自律及び協同の精神、規範意識、公正な判断力並びに公共の精神に基づき主体的に社会の形成に参画し、その発展に寄与する態度を養うこと。

6　生活に必要な数量的な関係を正しく理解し、処理する基礎的な能力を養うこと。

10　職業についての基礎的な知識と技能、勤労を重んずる態度及び個性に応じて将来の進路を選択する能力を養うこと。

中学校において簿記教育を導入する場合の目標は、職業人養成を目的としないで、いいかえると専門に特化せず将来の個人や社会生活のなかでの役立ちという普通教育の観点や、将来のキャリアとして職業を考える際の基礎的な準備のためという職業教育（専門教育）の観点から考えることが重要である。中学生段階の生徒は、自我に目覚め、小学生の時期より他者とのかかわりや身の回りの買い物の経験に伴う小遣いの管理も増えるとともに、家計や社会生活について理解し、国民経済との関係についても基本的な理解ができる段階にある。また、勤労や職業についての意義を考えたり、将来の生活設計についても程度の差はあるものの具体的に思い抱くことができると考えられる。このような心身の発達段階を考慮しながら、次の教養としての簿記教育目標を提案する。なお、この目標は、1947（昭和22）年の『中学校学習指導要領職業科商業編（試案）』、における簿記の教育目標を参考にしている。

① 個人の家計、会社・自治体・各種団体の会計、国の財政等において、簿記が必要であることを理解する。

② 簿記の仕組みを理解し、その技能を体得して、記帳・計算・整理の処理にあたって、それを合理的・能率的に処理する能力を養う。

③ あらゆるビジネスの経営や家計にあたって、過去の成績を批判・検討してそれを改善し、将来の方針をたてる能力を養う。

④ ものごとを処理するにあたって、責任感・誠実性・自己管理できる資質や態度等を養う。

154　個別的問題

(2) 中学生における簿記教育の必要性

なぜ、中学校において簿記教育を行う必要があるのであろうか。次の3つの観点から述べることができるであろう。

① **個人の社会的に必要とする技能・資質の形成という観点から**

小学校において基本的な計数能力をすでに保持していることを前提にすれば、簿記教育を行うことにより、実生活に関連する数的処理技能だけでなく、レベルの差はあるが、下記図表11-2に掲げるさまざまな基本技能や思考技能とともに道徳的な特性や態度も養い身につけさせることができるからである。いいかえると陶冶と訓育の統合、つまり社会生活に必要な「生きる力」の源泉となる基礎・基本となる技能や、いわゆる「しつけ」をも指導できるという教育上の利点があるからである。

② **中学校における職業教育・キャリア教育の観点から**

簿記教育を職業教育の1つと考えた場合、まず中学校で職業教育を施すべきかを検討しなければならない。中学校は、高等学校へ進学させるための基礎・基本たる教育すなわち普通教育を施すための学校と考えて、職業のための教育を施さなくてよいのであろうか。旧制の中学校は、生徒の多くが大学や高専等への進学を希望したため職業教育を施すことは考えられなかった。実務に就くことを希望するものは、実業学校へ入るべきものと考えられていたからである。その旧制の中学校の考え方が名称を同じくして発足した戦後の中学校に持ち込まれたため、当初からこのように普通教育中心であり高校進学のための準備学校化したカリキュラム編成となっている。このような状況は、経済の発展、所得水準の向上、高等学校の増設等による高等学校への

図表11-2　技能・特性・態度

基本技能	読むこと	書くこと	計数的処理
	聞くこと	話すこと	PC操作
思考技能	批判的思考	意思決定	問題解決
	推論		
特性・態度	責任・根気	自己管理	誠実・正直

出所：筆者作成

第 11 章　中学生のための教養簿記　155

進学率の上昇により、ほぼ（約98％）高校全入時代に入りますます拍車がかかったのである。本来、手本としたアメリカのジュニアハイスクールのように、中学校は有用な市民教育を施すとともに、職業についての学習もできる学校でなければならなかったはずである。この点について海後宗臣は次のように述べている（海後 1951, pp. 355-356, 359-360）。

　中学校の教育はなんらの専門をもった教育を施していないという意味で普通教育ではある。ある一つの分野を専攻するような教育を施すには十五歳までの子供にとっては困難があるので、それは行うことができない。こうした点から中学校教育の性格が決定できる。しかし中学校はおよそ人間として必要なことをなんでも学習させるというわけではないのである。将来の生活に基礎的な意味をもつ教育はあっても、職業実務に密着した学習をさせ、その人間としての教養をもたせようとしているのである。……略……中学校の卒業者はその全部が職業につくのではなく、その中には高等学校へ進学するものもある。この場合には生徒が啓発的経験によって明かにされた職業に関する適性も十分に考えられて、進学指導がなされるべきである。このためにも上級進学希望の生徒は職業科の学習を必要とするのである。しかし、上級学校に進学し大学へ進む希望の生徒には職業科の教育は不必要であるという考え方もある。この思想は誤っている。将来いかなる学校において学び、いかなる高い職につくものにとっても、中学校においてこのような生活技術に身をもってあたって学習していることなくしては、生活の実態をはそくすることができなくなるのである。これは中学校における職業学習が普通教育としてもっている意義である。

　それゆえ、現行の普通教育中心の中学校の教育内容を再考する必要があると思われる。社会生活や職業についての基礎的な知識や技術を啓発するための教育の重要性をアピールすることが必要とされるであろう。職業教育についての認識不足を解消させ、また進学すること自体を評価する社会的風潮を軽減させるためにも、職業教育を行う必要があると考える。職業教育のうちでとりわけ簿記教育は、家庭生活はいうまでもなく1人1人の将来のどの職

業にも役立つという意味において有用性をもっている。そのために経済社会のなかで生きていくことやそのための活動の基礎・基本となるべく職業教育の1つである簿記教育を早期に行うことが必要と考える。また、現在の若者の状況や経済・社会環境等を踏まえれば、早期に、社会的・職業的自立するのに必要な基礎・基本的な知識・資質・能力を育成することを促す教育が必要になる。その1つとして精神的自立とともに経済的自立を促す簿記教育の重要性を認めるべきであろう。経済環境が複雑化・多様化するなかにあっても、簿記教育は、学校から社会・職業への移行にするために、社会人・職業人としてまず経済的に自立できる人材を育てるという社会的な要請にこたえられるというキャリア教育の観点からもその必要性が認められるであろう。

③ **経済教育の観点から**

2005年度内閣府経済社会総合研究所委託調査「経済教育に関する研究調査報告書」(2006, pp. 20-22) によれば、日本経済が直面している課題として次の5つを掲げている。「第一に、日本社会における市場経済の役割を改めて確認しておく必要があるという点である。第二に、日本の経済成長を保ち、それを生活の豊かさにつなげることが、いまも将来も大きな日本の課題である。第三の課題は、政府の役割を見直し、無駄を省いた効率的な公共サービスによって、国民の生活水準を高めるという点である。第四の課題は、少子高齢化によって発生する長期的課題を解決せねばならないという点である。第五に、国際経済社会との関係である」。

そして、経済教育の必要性について次のように述べている（内閣府経済社会総合研究所 2006, p. 8）。

> 国民がともにこれらの課題を理解し、ともに解決策を考える姿勢があってはじめて具体的な解決策を見つけ出し、改革を実行に移すことができる。日本の経済社会に存在する様々な無駄をなくし、政府など他者への依存をなくし、自己責任で行動できる「自立した個人」を確立するために、経済教育が有用だと思われる。

いいかえると、さまざまな課題において、自己責任で合理的な意思決定を

行う力を「生きる力」として捉え、そのために経済学の基礎知識を教えようというのが経済教育の核心である。

ではこのような意味での経済教育を中学校で行うべきであろうか。

金融庁総務企画局政策課が 2004 年 8 月に公表した「初等中等教育段階における金融経済教育に関するアンケート」[全国の中学校 256 校へのアンケート調査（同政策課 2004, p. 6）]によれば、金融経済教育は「重要でありかつ必要である」という回答（複数）が最多（74.6％）、ついで「児童・生徒に理解させることは難しい」が 33.2％となっている。「実践事例集や教材が不足している」が 30.1％、「他に教える事項が多いなかで、優先順位は低い」が 22.7％と、「内容が専門的なので教えられる先生がすくない」14.1％などとなっている。「金融・証券知識の普及に関する NPO 連絡協議会」と「証券知識普及プロジェクト」が 2005 年に 5 月に公表した「学校における経済・金融教育の実態調査」[全国の中学校教員 525 人に対する調査（同連絡協議会・同普及プロジェクト 2005, p. 5）]によれば、「確かな学力」の育成の一分野としての「経済・金融」教育の必要性について「必要である」との回答が 46.3％、「ある程度必要である」は 43.4％となっている。

これらの調査報告書からわかるように、現場の教員から中学校においても金融経済教育の重要性が認識されている。

次に経済教育と多くの領域で関連する教養簿記教育については、どのように考えるべきであろうか。経済教育はどちらかといえばマクロ的な議論が多く、身近な生活やそのデータの記録の仕方や利用方法については議論されることはすくない。また消費、貯蓄、投資、債務、利益、税金等の個々のテーマについて議論されることが多い。簿記的にいえば貸借対照表や損益計算書の個々の項目について議論され、両面から議論されることがすくないように思われる。それゆえ、簿記教育を行うことにより、ある事象に対する二面的な把握とその計算方法やその計算を行うためのデータの記録方法をも身につけさせることができる。つまり、教養としての簿記教育は経済教育の基礎として位置づけることができるであろう。たとえば、財団法人 日本経済教育センター（2005）による経済シミュレーションゲーム「牛丼屋経営シミュレーション〇×家、牛丼屋を開店する」では、経済変動により、また経営方法に

より、利益は異なることを理解させることができるであろう。しかし他の事象への転移や指導の容易さということを考えた場合、意思決定の前の記録の仕方や計算方法をまず指導すべきではないだろうか。つまり簿記教育を先行すべきと考える。それゆえ経済教育の必要性とともに簿記教育の必要性も認めるべきであろう。なお、「経済教育」に関連する教育は、「金融教育」「投資教育」「消費者教育」等、各省庁や学会等の機関によって異なった呼称がなされている。それらの定義を図表11-3に掲げ、簿記教育とのイメージ図（図表11-4）を示しておくことにする。それらについての簿記教育との関連についても上に述べた経済教育と同様に考えることができるであろう。

図表11-3　「経済教育」「金融教育」「投資教育」「消費者教育」

経済教育	経済的な見方や考え方を、幅広く市民の教養として伝授することによって、自立した個人が行う合理的な意思決定の技術を身につけることを支援するとともに、それをもとに、経済や経済制度についての正確な理解を促し、政策を議論する枠組みを提供するもの（内閣府経済社会総合研究所編 2005, p. 2）
金融教育	お金や金融の様々なはたらきを理解し、それを通じて自分の暮らしや社会について深く考え、自分の生き方や価値観を磨きながら、より豊かな生活やよりよい社会づくりに向けて、主体的に行動できる態度を養う（金融広報委員会 2007, p. 10）
投資教育	自立した個人として金融商品・サービスを評価して、選択する能力を身につけるための教育であり、その内容として「確定拠出年金制度等の具体的な内容」「金融商品の仕組みと特徴」「資産の運用の基礎知識」の3つが挙げられている（小池拓自 2009, p. 81）
消費者教育	消費者教育とは、消費者が商品・サービスの購入などを通して消費生活の目標・目的を達成するために必要な知識や態度を習得し、消費者の権利と役割を自覚しながら、個人として、また社会の構成員として自己実現していく能力を開発する教育である（日本消費者教育学会編 2007, p. 7）

出所：筆者作成

図表 11-4　「経済教育」「金融教育」「投資教育」「消費者教育」と「簿記教育」との関連

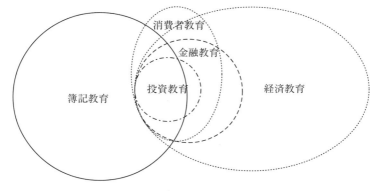

出所：筆者作成

(3) 中学生における教養簿記の内容

　周知のように現行の中学校の教育課程は、必修教科［国語、社会、数学、理科、音楽、美術、保健体育、技術・家庭および外国語の9教科（以下「国語等」という）］、選択教科（国語等の各教科および学校教育法施行規則第54条の2に規定する中学校学習指導要領で定めるその他とくに必要な教科）、道徳、特別活動、総合的な学習の時間によって編成されている。簿記教育は、地域および学校の実態並びに生徒の特性その他事情を十分考慮して、必修教科と同じ教科あるいは「その他とくに必要な教科」や「総合的な学習の時間」として設けることも可能と思われる。

　では具体的にどのような内容を指導すべきであろうか。当時としては非常によくできていると思われる、『中学校職業科用「中学簿記」』［1952（昭和27）年］を参考にしながら、指導内容・キーワード・留意点を図表11-5に掲げる。思うに、小学校にて基礎的な計算や用語について十分に学習していない生徒がいることに留意する必要がある。

　次に中学生向きの「小遣い帳の作成」の問題例と留意点を下記に提示しておく。

図表 11-5　中学簿記の指導内容・キーワード・留意点

指導内容	キーワード	留意点
記録計算の方法	収入・支出・残高・小遣い帳・家計簿（標準式・残高式）	生徒の生活経験を生かし身近な例を掲げながら説明する
簿記等式と利益の計算方法 勘定科目と勘定記入の法則	財産・資産・負債・純資産・持分・等式・借方・貸方・勘定記入（現金・当座預金・商品・売掛金・貸付金・建物・備品・買掛金・借入金・資本金・商品販売益・受取手数料・営業費等）	簿記の基本的な仕組みについて理解させる
取引の記録の方法 精算表	勘定（標準式・残高式）・仕訳帳・転記・元帳・試算表（合計・残高）・勘定の締め切り・精算表・損益計算書・貸借対照表・	取引の記録・計算・整理に関する知識と技術を習得させる
決算手続き・財務諸表の作成	減価償却・棚卸表・財産目録・損益計算書・貸借対照表 予算・決算・税金	あまり深入りしないようにする
実用数学	計算（加減乗除・分数・小数点・日数・利息・四捨五入／切り上げ／切り捨て等）	生徒の小学校の学習履修程度に応じて指導する 上の各内容のなかで指導することもできる
帳簿・伝票	補助簿（売掛金元帳・買掛金元帳）・入金伝票・出金伝票・振替伝票	生徒の学習履修程度に応じて指導する。帳簿の種類や帳簿全体の仕組みについては簡単にふれる
簿記の種類・歴史	単式簿記・複式簿記・借方・貸方・帳合の法等	生徒の学習履修程度に応じて復習・指導する

出所：筆者作成

[問題例]　下記の文は福沢英雄君の平成〇年1月の金銭にかかわる出来事を書いたものである。平成〇年1月1日からの小遣い帳を作成しなさい。

　1月1日、今日は正月なので毎月の小遣い2,000円の外に、お年玉としてお父さんより3,000円もらった。朝お雑煮を食べた後、一緒に住んでいるお祖母さんから10,000円のお年玉をもらった。また、年始の挨拶に来た叔父さんと叔母さんからそれぞれ3,000円のお年玉をもらった。今日は大変よい1日だった。2日、先月買ったゲームソフト代金（12,000円）の一部5,000円をお母さんから借りていたことを忘れていたので返した。4日、お母さんの車の掃除を手伝い500円もらった。5日、友達とゲームセンターに行って1,200円使った。10日、数学の問題集代800円をお母さんから預かったけれどお釣りの50円はまだ返していない。16日、塾に行く途中で自転車がパンクし修理代1,000円を自転車店に払った。20日、昨年末お父さんと一緒に

買った宝くじが当たり3,000円をもらった。21日、学校の帰りお腹がすいたのでパンとジュース代300円を使った。22日、今日は15歳の誕生日だったのでお祖母さんより5,000円の図書券をもらった。23日、妹と一緒にコンビニに行きお菓子300円を買った。26日、叔父さんと演奏会に行き電車賃300円使った。31日、お金を持っていくのを忘れたのでノート代130円を友達の田中幸男君から借りた。明日は休日なので来月の1日に返す約束である。31日、お母さんに小学校から貯金している郵便局に残金？（各自計算）円預けてもらった。

(出所：筆者作成)

[指導の留意点]
1　家計簿や小遣い帳を示さないで、後に見るときにわかりやすい記録方法を生徒に考えさせることが重要である。知るぽると金融広報中央委員会の小学生向けの「こづかい帳のつくりかた」では、最初から記録方法・様式を提示しているが、中学校ではその方法・様式自体を考えさせることが重要である。残高は各自計算させる。生徒の各自の考えや体験に基づきいろいろな記録方法や様式が提示されるであろう。それらを分類することにより各方法のメリットやデメリットについてグループにより討議させる。
2　討議した後、現在用いられている家計簿や現金出納帳を示し、日付順・摘要（欄）・収入（欄）・支出（欄）・合計・残高（欄）・について説明する。パソコンにより計算ソフトを利用すれば便利であることも理解させる。
3　繰越の記入方法を指導するとき、初歩の学習では支出欄に残高（次月繰越）・収入欄に残高（前月繰越）を記入する方法がよく用いられている。時間があれば締切後に繰越の記入をする方法によれば月間の収入高や支出高が帳簿に示され便利であることも理解させる。

第12章 その他の問題

1 はじめに

　本章では、コンピテンシーに基づく簿記教育、科目名としてふさわしいのは「簿記」か「会計」か、簿記のイメージ問題、有効な指導方法・アイデアというテーマについて述べる。日本では問題提起がなされることがすくないが、簿記をさらに普及させ、学習する人口を増やすためにも、また、簿記教育に携わる教員のためにも重要な問題であると思われるからである。

2 コンピテンシーに基づく簿記教育
　　（competency-based education）

　コンピテンシーに基づく教育とは、認定されたコンピテンシーを個人が達成できるようにする教育である。前もって定められた行動中心の学習成果に基づく教育のことをいい、それぞれの学習成果がコンピテンシーの形で表されている［Gilbertson（1992, pp. 7-11）; Schrag, Poland（1987, pp. 22-33）］。

　アメリカではビジネス教育に取り入れられており、高等学校レベル等の簿記教育でも行われている。伝統的な教育方法により検定資格を重視した指導を行っている教員にとっても、この方法を知ることは参考になると思われる。伝統的な教育方法との比較を示すと次の図表12-1のようになる。

図表 12-1 コンピテンシーに基づく教育と伝統的な教育との比較

		コンピテンシーに基づく教育	伝統的な教育
1	学習内容	コンピテンシーに基づく内容	テキストどおりの内容
2	目標	それぞれのコンピテンシーの習得に合った具体的な目標	一般的な目標
3	必要(前提)条件となる知識	新たな目標に取り組む前に明確化される	明確化されない
4	次の目標への移行	現目標を達成後	配分時間どおり
5	学習ペース	個人ペース	グループペース
6	指導の焦点	個人のニーズに合わせる	中間層グループのニーズに合わせる
7	フィードバック	すぐに可能	遅い
8	教員の役割	促進者(facilitator)	講演者または指導者
9	評価者	生徒と教員	教員

出所:Shrag *et al.* (1987), Ross *et al.* (1995) より筆者作成

　簿記の指導計画を立てる際、学習成果をはっきりさせることがもっとも重要なステップの1つである。学習成果は測定可能な生徒の行動を具体的に述べるものでなければならない。その行動がコンピテンシーの形で述べられておれば、学習と指導が容易になる。簿記におけるコンピテンシーは、実際に生徒に行わせて測定できるタスクのことを意味している(図表12-2)。

　コンピテンシーに基づく教育の第1段階は、プログラム目的を決定することであり、生徒中心のコンピテンシーを一般的に述べることである。簿記上のプログラム目的は次の通りである。

① 簿記をキャリアと関連させて知る。
② 簿記用語を知る。
③ 簿記概念、原理、実践を理解する。
④ 簿記手続きを応用する。

　なお、学習の3段階——「知識」「理解」「応用」——は簿記教育にもあてはまる。それらの関係は次のように表される(図表12-3参照)。

第 12 章　その他の問題　165

図表 12–2　コンピテンシーに基づく教育モデル

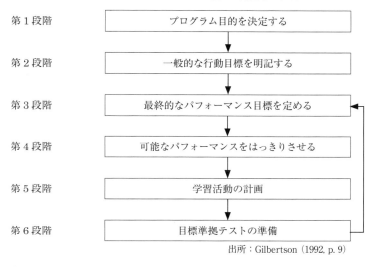

出所：Gilbertson（1992, p. 9）

図表 12–3　学習レベルと測定

			学習成果の例	測定
学習のレベル	高↑↓低	応用	仕訳帳に取引を記録することができる	問題タイプの試験
		理解	簿記原理や実践の正否を区別することができる	客観的な試験（例えば選択肢問題）
		知識	簿記用語の正しい定義を識別できる	客観的な試験（例えば組み合わせ問題）

出所：Shrag et al.（1987）, Ross et al.（1995）より筆者作成

　コンピテンシーに基づく教育の第 2 段階は、一般的な行動目標を明記することである。つまり、第 1 段階で設定したそれぞれのプログラム目的に合った行動を具体的に述べることである。
　コンピテンシーに基づく教育の第 3 段階は、最終的なパフォーマンス目標を定めることである。最終的なパフォーマンス目標とは、生徒が学習経験をうまく達成した際に生徒が実際に示す行動を述べたものである。最終的なパフォーマンス目標は次の 3 つの基本的要素から成り立っている。

①　そのパフォーマンスが行われることになる条件。
②　生徒に期待される行動（なすべきこと）。
③　その行動がいかにうまくなされるかを決定するのに用いられる規準（標準）。

　ここでいう最終的なパフォーマンス目標とは、第2段階の行動目標に述べられた学習成果を満たすのに必要な条件・行動・規準を明記したものであり、まとまった学習内容をうまくやり遂げるのに必要なパフォーマンスの最低レベルをこまかく示したものである。
　コンピテンシーに基づく教育の第4段階は、第3段階で定めた目標達成のためのパフォーマンスをはっきりさせることであり、これは、生徒が最終的なパフォーマンス目標に明示された行動をうまくできるようにするために行わなければならないステップである。
　コンピテンシーに基づく教育の第5段階は、学習活動の計画である。学習活動は、生徒が前もって定められた最終的パフォーマンス目標を実際に行えるように、教員が計画し、導く活動である。学習活動は、簿記の日常の教授体系を統合したものである。日常の指導計画は、(1) 課題のチェック、(2) 既習事項の強化、(3) 新しい概念や手続きの導入、(4) 新しい手続きの実演、(5) 新しい手続きのドリル、(6) 課題　を含んでいる。
　コンピテンシーに基づく教育の第6段階は、目標に準拠したテストの準備である。目標準拠テストは、最終的なパフォーマンス目標に定められた行動規準をどれだけ達成したかを測定する。
　なお、コンピテンシーに基づく教育モデルの「キャリアとしての簿記」アウトラインの例 (Ross *et al.*, 1995, p. A-46) は次のように示されるであろう。

1. キャリアとしての簿記
    A. 一般的な行動目標（第1章）
        1. キャリアに関連した簿記用語を知る。
        2. 簿記における初歩的地位、教育条件、キャリアラダーを理解する。
        3. 専門家として成功するには、コミュニケーション能力や倫理的決

定能力に依存することを理解する。
B. 最終的なパフォーマンス目標（第1章）

簿記フレームワーク・コミュニケーション・倫理を含む目標準拠テストに、生徒は、[　　]％の正確さで回答するであろう。
C. 目標達成を可能にするタスク（第1章）

第1章を学習後、生徒は次のことができる。
a. 簿記用語をキャリアに関連づけて定義する。
b. 簿記がキャリアの基礎としてどのように役立つかを知る。
c. さまざまな簿記関連職業の内容を認識する。
d. 簿記情報を報告する場合、コミュニケーション能力がどのように重要かを述べる。
e. 個人が倫理的ビジネス決定をどのように行うかについて述べる。
D. 学習活動（第1章）
1. 第1章
a. スタディガイド
b. 簿記用語
c. 個人の学習のための質問
d. 批判的思考の事例
e. コミュニケーションの利用

3　科目名としてふさわしいのは「簿記」か「会計」か

　「簿記」か「会計」かの各名称の意味する内容については、今日においても学会等で議論されることがしばしばある。すでに多くの論者がそれについてコメントしている[1]。

　「簿記」と「会計」とについては、それぞれに「学」の文字を追加しなくても、周知のように「簿記」は Book-Keeping あるいは Bookkeeping の訳語であり、「会計」は Accounting の訳語である。本来用語上の意味は異なる。後者の用語には、前者と異なり、Account for の用語法があるように報告の意味が

あると思われる。当初、簿記の目的は、単に自己の備忘的あるいは管理的な記録のためであった。しかし株式会社等に代表されるように各種の経済制度が確立されるにつれ、記録したものを、多くのステークホルダーに説明ないし報告する責任が生じるようになってきた。それに対応して簿記の目的も単に記録、計算、整理から報告へと公表を意識した決算（報告）のための記録へと拡大してきている。このように考えると、「簿記」か「会計」かの名称は単に視点ないし重点の置き方に違いがあるだけのように思われる。

　高等学校では、学習指導要領で科目名が、「簿記会計」(1951)→「商業簿記」「会計」(1956)→「簿記会計Ⅰ・Ⅱ・Ⅲ」(1970)→「簿記会計Ⅰ・Ⅱ」(1978)→「簿記」「会計」(1989)→「簿記」「財務会計Ⅰ・Ⅱ」(2009)と理由なく変更されている。高校教員時代、科目名が、コースや類型について考えるときしばしば問題となり、他教科の教員や生徒、保護者からも質問されることがあった。しかし、日本では、学習指導要領で科目名の内容が一応決められているため、科目名の変更理由についての議論はあまりされていないようである。それに対し、かつてアメリカでは 1960 年ごろから、「簿記」か「会計」の科目名称についての議論が活発になされたようである。科目名を考える場合の参考になるかもしれない。その議論について、Boynton（1970, pp. 316-317）は次のように整理している。

　「会計」の名称を好む理由は下記のとおりである。

（1）「簿記」と「会計」との間にはっきりした区分をすることは不可能であるが、大学の最初の学期に会計科目で取り扱うのと同じ原理と実践の多くを、高等学校第 1 学年で取り扱っているからである。
（2）現在、会計事務員という用語が普及してきている。第 1 学年あるいは第 2 学年の高等学校課程を終えた比較的よくできる生徒は、これらの職に就く資格を取得するからである。
（3）会計という用語は簿記という用語よりも威信を伴い、それゆえ、ある教員や生徒にはそちらの方が気に入られているからである。

　1970 年代当時においても、まだ「簿記」または「簿記・会計」がより多

く用いられていた理由は下記のとおりである。

(1) この科目が最初に高等学校に入ってきて以来、それは「簿記」と呼ばれていた。その結果その科目を「簿記」と呼ぶことについて誰も混乱はない。ガイダンス・カウンセラー、校長、保護者、雇用者はみな、慣例によってその意味を理解している。
(2) 簿記は広い意味での職業（occupation）の1つであり、「会計」は専門的知識・技術を要する職業（profession）である。高等学校は簿記係を養成することができるが、会計担当者を輩出することはできない。簿記はビジネスデータを計算し、分類し、記録する作業であり、会計は高いレベルで監査・分析・解釈にかかわるものである。
(3) 職業名辞典では、「事務」という分類のところに会計事務員と同様に簿記係が載っており、「管理および専門家」のところに会計担当者がある。

なお、記帳（recordkeeping）と簿記（bookkeeping）との間の名称についての論争はないようである。前者は下位の生徒のための、レベルを下げ内容を薄めた簿記（bookkeeping）である。
　今日のアメリカの高等学校では「簿記」というより「会計」という名称に変更されている。なぜ、変更されたのであろうか。Frame *et al.*（1987, p. 16）は、この理由を次のように説明している。

1960年後半には、「簿記」という用語は国中でますます威信がなくなってきた。その結果、高等学校の簿記クラスは、多くの学校でどちらかといえばできない生徒のための「ごみ捨て場（dumping grounds）」となっていた。教員たちは自分たちの士気を鼓舞するものを求めはじめ、できる生徒を教えたいと思った。そこでの科目名を「会計」に変更し、もっと高い能力を持った高校生に、会計の複雑な分析や解釈についてより多くのことを学ぶ機会を与えるために、その内容が高められた。

　日本の場合は、アメリカで問題となった科目名称について、参考にしたと

思われるが、議論することなく、「簿記会計」「商業簿記」「簿記」などというように変更をしてきたようである。科目名称を変更した場合には、その理由を明確にすべきであろう。また学習指導要領が改訂されるたびに理由なく科目の分化・統合や新設・廃止も行われてきている。しかし、科目名称が「簿記会計」から「簿記」などに変更されても、その教科書に記述されている内容や説明方法についてほとんど変化がない。現在発行されている高等学校教科書は、1955 (昭和 30) 年から 1965 (昭和 40) 年頃のものと比較してみると、説明方法等が画一化され特色をもった教科書がなくなっている。どちらかというと方法 (How) 中心で理由 (Why) 面についての記述内容が減少してきているように思われる。このようなことは大学生用の教科書でも同じようなことがいえる。

　科目名称については、それぞれの国や社会の慣習もあり、変更するのは、アメリカのように容易ではないと思われる。名称はそのままにしても、教科書における指導内容や項目を現実社会に対応するように改善していくことが、次に述べるイメージ問題とともに先決問題となるであろう。一例として、未だに多くの教科書は損益計算書の当期純利益や次期繰越の記入において、理由を説明することなく赤記していることからも明らかであろう。[2]

4　簿記のイメージ問題

　簿記を教える方法や生徒を教育する方法を変えて行こうとするとき、その変化のための明確な目標が必要である。Ames (1991, p. 37) は、簿記のイメージを変えるためにその教育的アプローチを修正するには、すくなくとも次の 3 つの目標を達成しなければならないと述べている。

(1) 簿記のイメージをよくすること（退屈なイメージからやりがいがありおもしろいイメージへ）
(2) 簿記関連職業に就きたい生徒の質を高める（聡明でよい生徒が簿記にあまり入ってこないという懸念がひろがっている）

第 12 章　その他の問題　171

(3) 専門家に就こうとしている大学院生の質を高める

　(2) と (3) については、日本で議論されることがすくない。しかし、上級の資格試験が易しくなったり、大学や大学院への進学率がアメリカのように増加すれば、議論されるようになるであろう。大学の取り組みについてではあるが、すでに藤田幸男 (1998) の書物で取り上げられているので本節では取り上げない。初級の簿記教育では、上の (1) が重要であると考えるので以下簡単に取り上げる。

　簿記のイメージをよくするためにはどうすればよいのであろうか。いうのは優しいが実際に行うのは難しい。すでに第 3 章で述べたアナロジーの例のような話はばかげて聞こえるかも知れないが、簿記の導入時にはしばしばそのようなことが多く生じる。Ames (1991, p. 37) は高等学校レベルの簿記教育について次のように述べている。

　簿記はビジネスの言語と呼ばれているので、高等学校レベルでは「個人的」ビジネス言語としての簿記に焦点をあてることが有用であろう。個人的に影響を及ぼす問題や事象に生徒達は対峙することが要求される。生徒達は小規模のオーナーの役割のふりをすることが要求される。そうすれば収益性やキャシュフローに関連した問題に直面することができる（例えば、車を買えるぐらい利益があがっているのか、あるいは支払いするのに十分な現金があるだろうか）。このような問題は簿記の「Why」を扱ったものであり、おもしろく楽しい方法で教えることができる。いったん「Why」を理解すれば「How」を学ぶ重要性がわかってくるのである。

　私自身も実際に上のような方法を取り入れ指導してみたが、その効果は生徒の学習態度や能力にも左右されるように思える。もっとうまく説明する方法はないものかといつも悩むところである。日本ではイメージ問題については議論されることがすくない。各教育機関における簿記の履修者を減らさないためにも、専門高校はもちろんのこと、総合学科や普通科における簿記科目の設置を増やすためにもイメージ問題に真剣に取り組むことが課題となる

であろう。少子化等の影響を考慮することなく簿記学習者の人口を増加すれども減少することがないように、簿記に関係する教員や企業・職業団体等は協力して、このイメージ問題に真剣に取り組む必要があるように思われる。

5 有効な指導方法・アイデア

　教員が抱いている簿記教育上の問題点・悩みのアンケートの調査を行ったことがある。結果として一番多かったのは、「効果的な教育方法がわからない」であった。[3] 実際のところ、いろいろな方法で指導しているのであるが、なかなかうまく説明できない。うまく説明できたと思っても、テストをしてみると、その結果は非常に悪いということがよくある。その原因の一端は、ほとんど学習をしない生徒にもあるといいたくなるが、ビジネス教員はある意味ではセールスパーソンでなければならない。どのような方法で行えば有効な授業になるのであろうか。以下一般的なものと個々の指導内容に分けて、役に立つと思われるものの一部を紹介する。[4]

　Harder と Dickey (2002, pp. 32-33, 53) は、Covey (1990; 川西訳 1996) の「7つの習慣」のモデルを用いて次の7つの習慣を正しく取り入れることによって、有効な授業ができるとしている。

① 構成する（organize）―教員が効果的に教えるための要因のなかには構成技術がある。きちんと計画され、はっきりと構成され、1つのポイントから別のポイントへと導かれる適切な授業は生徒によくわかる。
② 漸増的に教える（teach incrementally）―学習や学習者の満足度の研究によって次のことがわかっている。知識習得と保持のための最もよい技術は、漸増学習（incremental learning）――学習内容を習得しやすくするために、細かく単元に分ける――の利用と学習成果について常に即時にフィードバックを行うことである。前時に習った教材についての2分間テストは、教員・生徒にフィードバックで

きる。このような小テストは、出席をとる手段にもなり、またテキストを注意深く読ませて授業活動に参加させる手段となる。[5]

③ 抑揚をつける（modulate）—教員は声を上げたり下げたり調子を変えるべきである。一本調子は悲惨な授業になる。はっきりとした、十分な大きさの変化に富んだ、力強く自信のある声というのは生徒を惹きつけておくのに役立つ。

④ 例をあげる（illustrate）—すばらしい授業というのは、視覚と言葉による方法を取り入れることである。生徒が内容を覚えるのを助けるために、視覚と言葉がその手がかりを与える。借方・貸方の概念やさまざまな勘定に及ぼす影響を例示するのに、ポケットの例[6]が役に立つ。たとえば、お客が1ドルのガムを買ったとき、お客は右ポケットから1ドルを取り出し、その代価を支払う。したがってお客の金は減少する（資産の減少は勘定の右側の貸方に記録される）。店員は、お客にガムを渡し、お客はそのガムを左のポケットに入れる。お客は、ガムというモノを増やすことになる（資産の増加は勘定の左側の借方に記録される）。また、別な方法として、言葉を用いた例、つまり、物語や逸話がある。教員が自分自身の経験についてポイントを明確にして生徒に話すことは、非常に有効な方法となる。「会社の棚卸資産が10,000ドル過大表示された例を、私は知っている」というなら、生徒に、そのプレゼンテーションに信憑性を与え、簿記の概念をより信じやすいものにする。

⑤ 熱中する（enthuse）—教員がその科目に熱意があると、生徒も興味をもつ。熱意は、教員のクラスに入るときの様子、授業中の顔の表情、姿勢、歩き方、ジェスチャーで示される。「なんてすばらしい概念なんだ！」といった扇動するような言葉を用いて、ポジティブな雰囲気を作り出す。生徒に、熱意を起こさせるもう1つの方法は、公認会計士を招いてクラスでその分野についての話をしてもらうことである。多くの生徒は、簿記に関する職業はみんな退屈なものだと誤って思い込み、「データにうるさい会計係（bean counter）」というステレオタイプの見方をしている。しかし、ナ

ショナルフットボールリーグからディズニーランドまですべての組織には簿記の機能があることを指摘することによって、こういった見方をなくすことができる。生徒にとっては、教室がおそらく簿記に出会うはじめての場であるから、ここでの経験はポジティブなものであるべきである。教員は、熱心でこのわくわくするやりがいのある分野に生徒の眼を開かせるべきである。

⑥ 要約して繰り返す（summarize and repeat）—多くの生徒は、教員のいうことの50％しか聞いていない。多くのテレビの広告主が製品名を各コマーシャルごとに5回繰り返すのは、こういった理由からである。この方略を授業でも利用し、よく出てくる用語は何回も強調し、その用語を最初に導入してから時間がたった後でも何度となく強調すべきである。授業のはじめと終わりの5分間は、生徒が最も注意しているときであるから、おそらく最も重要になるだろう。

⑦ 笑い（laugh）—ユーモアのセンスは生徒を惹きつけ、簿記を理解する手助けにもなる。簿記を楽しいものにする教員は、生徒にポジティブな印象を残し、すばらしい影響を与える。

　上に述べたそれぞれについては、すでに知られていることでもあろうが、それらを新しい習慣として授業に首尾一貫して応用すれば、有効な指導法になるであろう。
　次に、個々の内容についての指導方法を述べる。入門時には指導上困難と思われる内容が多く存在するが、そのなかから3点取り上げる。

（ア）　頭字語記憶法による指導例—例として「借方」「貸方」用語の指導があげられる。かつては簿記の教科書に「借方」「貸方」という用語の由来についての説明があったが、現在では記述されることはすくない。このことは少し理屈好きの生徒にとっていつも疑念を抱かせることになる。たとえ補充プリント等を用いて、その由来の説明ができたとしても、簿記学習上頻繁に出てくる左側＝借方、右側＝貸方ということを生徒は記憶しにくいようである。いっそうのこと左側、右側でよいのでは

ないかという教員もいるかもしれないが、慣習上、借方・貸方という呼称は捨てられない。そこでその記憶法であるが、筆者は「ひかり」つまり「左側は借方である」の頭字語でもって覚えさせている[7]。最初にこの説明を行うことにより借方と貸方を逆に覚える生徒は非常にすくなくなる。アメリカの簿記の指導においてもこういった専門用語の覚え方を教える方法がみられる。たとえば、資産（Assets）、負債（Liabilities）、資本（Proprietorship）は貸借対照表勘定であり、ALP と覚える。収益（Income）、原価（Costs）、費用（Expences）は損益計算書勘定であり、ICE と覚える。資産（Assets）、原価（Costs）、費用（Expences）勘定の増加は借方に記入されるので、ACE と覚える。負債（Liabilities）、収益（Income）、資本（Proprietorship）の増加は貸方に記入されるので、LIP と覚える。

（イ）　読み物による指導例─教科書・問題集によっては資本の用語の脚注等に持分という言葉が用いられることがある。そのとき資産と持分との関係を説明するのに、上原孝吉の次の読み物による指導がうまくいくと思われる（上原 1959, p. 233）。

　小学校の一年生と幼稚園へ行っている 2 人の兄弟が、ある 3 月おばさんから小遣いをもらいました。兄は 50 円玉を 1 個、弟は 10 円玉を 5 個もらいました。兄弟はこれを母に見せて、そのうち早速 10 円玉を一つずつもらって好きなものを買いに出かけました。母は残りの 80 円を棚のはしに置いておきました。3 時間ほどたって 2 人はまた小遣いをもらいに母のところへ行きました。弟の方がふと見ると、これは大変！さっきもらった 10 円玉が 3 個しか残っていません、弟は兄ちゃんにやったと思って、大いに母を責めました。母は 1 人が 50 円ずつ使えばよいのだから、お金はどれを使ってもよいのだといって、持分の均等を主張するのですが弟は資産の所有を主張してゆずりません。この情勢を見た兄は、局面不利と見てか、「ぼくが預けたさっきの 50 円玉を返してちょうだい」といって、これを持ってサッサと行ってしまったのです。

（ウ） 歴史の観点からの説明法—よくいわれていることであるが、歴史的な変遷や事実を織り交ぜることにより生徒の理解が強化されることが多い。Gee［Sampsell（1996），p. 17，(a)(b)(c) は筆者が便宜上追加］は、勘定残高の増加・減少を示す方法を次のように展開する。授業をはじめる前に（a）のように黒板に書いておく。（b）次に生徒に借方・貸方を用いずに勘定残高が240ドル減少したことを黒板に示させる。そこで生徒が消耗品勘定の残高の減少を示すのに負の数を用いていること指摘する。「13世紀では、このような負の数は、悪魔が使うものと考えられていました。ローマ・カトリック教会はすべての負の数は悪魔が使うものだと宣言する勅令を公布したといわれています。そこで、もしあなたがその当時の商人だったとしたら、あなたはどうやって勘定残高の減少を示しますか」と尋ね、(c) のように「実は正の数で、勘定残高の減少を示すために、貸方欄にその数字をおく方法が用いられてきました」と述べる。続けて資産、負債、持分、収益、費用の増加・減少を示すのに借方・貸方がどのように用いられているかを示す。最後に、借方・貸方は、勘定残高の増加・減少を示すのに絶対に必要というものでもない。ただ歴史上発展してきたものであると結論づける。

(a) −消耗品		(b) 消耗品		(c) 消耗品	
残高	400	残高	400	残高	400
			−240		240
			160	残高	160

6　おわりに

その他の問題として4つの観点について紹介した。簿記の教育目標と多様な生徒に対応する具体的な授業方法や指導事例について、個々の教員はそのアイデアを公開すべきであろう。その公開の場として事例集のような書物や学会・出版社等のHPが考えられるであろう。

注

(1) 簿記と会計の用語の違い等については次のものを参照されたい。
児林（1917, pp. 24-32）、細井（1917, pp. 141-156）、沼田（1935, pp. 64-74）、中野（1993, pp. 624-639）、広瀬（1994, pp. 117-126）、Goldberg（1973, pp. 1-21）等。

(2) なお、アメリカの簿記教科書では、1940年頃まで、赤記が元帳勘定を貸借一致させるためと締め切りのためにも用いられていたが、現在は用いられていない（Carlson 1967, p. 4）。

(3) 簿記教育研究部会（部会長柴健次）（2002）『簿記教育における実験的アプローチの有効性』（日本簿記学会簿記研究部報告最終報告）を参照されたい。

(4) 他に指導方法について述べた論文に次のものがある。参照されたい。
Freeman（1951, pp. 504-505, 517）、Brady, Blackledge（1962, pp. 23-24, 34）、Reynold（1989, pp. 28-29）。

(5) 2分間テスト等簡単な理解度を確認するにはクリッカー（personal response system 等いろいろな名称が用いられている）が有効である。

(6) このポケットと同様の説明法として、日本でもキャッチボール［相手から受け取るときは左手を出して受け取り、相手に投げるときは右手で投げる（渡す）］として説明する方法が述べられることがある。

(7) 後でわかったことであるが、筆者と同じ記憶法を山野井房一郎がすでに次のように発表していた（山野井 1965, p. 40）。この、山野井の記憶法は長谷川哲嘉（1990, p. 40）も引用している。

> 借方は左側、貸方は右側と記憶していても、最初は、その逆に思いちがいをすることが多い。そこで、ひ（左）かり（借方）、ゆ（左右、さゆうのゆ）、かし（貸方）で、ひかりゆかしと記憶するのがよい。

なお、借方＝左側、貸方＝右側についてはアメリカの高校生も間違えるらしい。それゆえ、貸方（credit）＝右側（right）の両方に r が入っているという覚え方の説明方法がよく用いられている。

補論 1　日本式収支計算簿記について

1　はじめに

　頃は、1914（大正3）年、所は東京上野公園、そこにおいて東京大正博覧会が開催され、第一会場教育学芸館に1つの展示物があった。それはこれから述べる「収支計算簿記」（「主観簿記法」という名で出品）である。
　明治後期から大正期にかけて、簿記教授について受渡説・擬人法説・取引要素説・等式説等さまざまな方法が導入され議論されてきた。そのなかで私立大原簿記学校校長であった大原信久が多年主唱し、いろいろな人々から推奨された収支説ともいわれる簿記法に収支計算簿記と呼ばれたものがあった。[1] 大原は、「簿記者国家経済之大本也」として簿記知識の重要性について次のように述べている（大原 1921b, p. 2）。

　　今日吾人が生活改善乃至生活向上を計るには、先づ第一に生活を維持すべき經濟的基礎の安定を得なければならない。換言すれば會計の基礎を確立せねばならないのである。此目的を達成するには第一着手に會計の状態を明瞭にする事である。会計を明瞭に爲すには簿記法に據つてはじめて計算記録されるのである。若し春秋の筆法を以てすれば簿記は生活の安定を保全すると云ひ得べきである。然り簿記智識は社會一般人士の知つて置くべき最大要件である。

　かかる信念のもとに、教壇に立ち、執筆活動とともに時の政府に自己の意見を具申して、収支計算簿記の普及に努力をかたむけたのである。その簿記

法は産業組合の簿記や某宮家の家計簿記などには採用され[2]、それを教授した大原簿記学校は、大正期には在学生約 400 人、卒業生は 19,000 人を超え[3]、日本の簿記界の一大勢力となっていたようである。大原の主張に賛同した下野直太郎は、著書『單複貸借收支　簿記會計法』の序文（下野 1931）において、次のように述べている[4]。

　（収支簿記―筆者）こそ日本式として全世界に誇るに足るべきものなることを痛感し、茲に大に社会に向つて之を宣傳し普及せしめん事を志し曩に文部大臣に向て全國學校の簿記教授要目改正の必要を建議せり。

　最近では、外国の簿記についての記述に比べ、明治後期から昭和の初期まで普及していたと思われる大原考案の日本式の収支計算簿記を取り上げるテキストや簿記用語辞典は非常にすくなくなっている。しかし、この収支計算簿記について考察することは、これからの日本の簿記教育のさらなる普及を考える場合において１つの示唆を与えるものと考える。それゆえ、本章では、この日本式の収支簿記の起源とその内容について貸借簿記との比較に焦点をあてながら以下述べる。

2　収支簿記

　収支簿記とは、すべての取引を現金の収入支出［金銭の収入・支払（支出）］に還元して記帳、計算、整理する方法である。現金取引はいうまでもないが、現金収支に関係なき取引（振替取引）にも現金取引に還元して適用する。従来の貸借方式の仕訳帳（仕訳日記帳）に代えて金銀（銭）出納日記帳を用い、これより総勘定元帳へ転記を行う簿記法である。計算勘定の貸借関係を営業方を中心として「(1) 各帳簿に主観客観混用の弊を見る事なく (2) 帳簿組織は互に統一を保つを以て記帳上の混迷を招く事なく (3) 二重式駢記を避けて一方式記帳に止むるを以て事務の進捗實務社會の繁忙に添ふ事を得べく (4) 貸借對照表は主觀簿記元帳の收入及仕拂の殘高と相一致するを以て貸方

補論1　日本式収支計算簿記について　　181

資産及損失に借方負債及利益に現はれ經済市場の貸借と簿記帳簿の貸借とは兩者の觀念に何等の矛盾衝突を見ず (5) 借方貸方なる意義説明上の困難に引換へ日常家計の勘定に使用する收入支拂の文字を以て直接現金出入の觀念に連結せる説明方式に出るを以て如何なる初學者と雖も直ちに了解の便を有す」簿記法である（大原 1913a, pp. 4-5）。

　收支簿記の研究者の1人である田中藤一郎は収支の観点からこの簿記法について次のように要約している（田中 1934, pp. 104-105）。

　要之、收支簿記は凡て貸借簿記の貸借に代ふるに、收支を以てするものにして、金錢出納日記帳は勿論、元帳、損益計算書、貸借對照表に至るも全部、收支を以て徹底せんとするものである。斯くて金錢出納日記帳は總活的金錢收支一覧表であり、元帳は各勘定科目毎に分類表示せる類別金錢收支一覧表であり、勘定科目の性質は貸借簿記に於ける夫の如く勘定の増減を示すにあらず、金錢の出口及び入口を示すに外ならず。更に損益計算書、貸借對照表に於ても夫々、損益勘定收支科目、並びに財産勘定、資本金勘定、純損益勘定收支科目の金錢收支一覧表にして、帳簿記入のはじめより終り迄、貸借本位に代ふるに收支本位を以て徹底せしむるものである。

　大原は、なぜこのような貸借簿記と異なる用語や方法を考案したのであろうか。その経緯について『最近　商業簿記』の緒言において次のように述べている（大原 1921a）。

　簿記に單記式と複記式とあり、單式必ずしも長所なきにあらざるも其勘定科目の設定に就て短所なきを免れず、複式必ずしも長所なきにあらざるも其仕譯上の手數と帳簿觀察の點一貫せざる所に短所あるを免れず、而して單式の長所たる所は仕譯方の一方式簡明にあり、複式の長所たる所は仕譯上に於ける價値交換の平均法と勘定科目の分類にあり
　……然りと雖も元其形式たるや泰西より傳來其儘の形式を踏習したるものにして唯一の原理たる貸借複記は其文字の使用上我國風の常識觀念と遠ざかるの憾ありて修學上如何に便宜の説明を採ると雖も要するに難解たるの

誇りを免かるゝ能はず、余茲に斯學普及に努むる事數十年子弟を教養する事數萬、業を卒ふる者二萬餘聊か自得の方式を案出する事に努め簿記の長所たる複式を採り短所たる貸借の文字を去りて代ふるに收入、支拂の文字を以てし、貸借の客觀的なるに反し、事業の本體より主觀的觀察を降し、現金收支の方式に從て記入法を定む、然して收支の文字を使用するに從ひ形式に於て改革せる點又尠からず、此新方式を以て實地に將教壇に傳ふる事多年漸次普及せられ今日に至ては其修得の容易なると實地の便なるとは正に吾人の理想に近からむとす、茲に於て吾人の教科用とする所の著書に對しても大改補を施し主として收支式に據り學理と實地を極めて融和し能ふ限り簡易を主として修學者に供せんとす、之れ吾人は徒らに學理の深遠を説くにあらず、寧ろ一人にても多く簿記學、修得者の增加に依て社會の爲めに裨益する所あらば以て本懷とする所にして本書の生るゝは正に其學者の爲めに光明を與へたるものと信ずるなり。

思うに、大原による最初の簿記の出版物である『実地応用簿記学教科書』（1891）を見ると、収支による説明はなく、当時なされていた Folsom による交換説を用いて説明している。収支簿記は、大原の多年に渡る教育経験から生み出されたものと思われる。複式簿記の短所としてまず、貸借二重に記帳するのが煩雑である点である。これを回避するために、いままで帳簿組織の形式や変更がなされてきた。にもかかわらず、わが国において複式簿記の計算の表現形式である貸借の二重記帳についての新しいアイデアによる説明はなされてこなかった。そこで大原は、生徒に理解しやすいように、また複式簿記の根幹である価値交換平均の原理を変更せずにその貸借二重記帳の表現形式を変えたのである。次に、後に述べるが、わが国の風俗観念と一致しない貸借の2文字をわが国の普通の観念と一致するように変更した点も重要な点と思われる。

3 起源

日本式収支計算簿記の起源について先行研究を簡単にまとめると次の3説に分類されるであろう。

第1説　アラン・シャンド（Allan Shand）に命じて編集させた「銀行簿記精法」ないしドイツ式総合簿記法によるとする説（黒沢清説）。
第2説　大原信久によって考案されたとする説（下野直太郎説）。
第3説　福澤諭吉「帳合の法巻之一」の訳者注によって示された「借の處に出と記し貸の處に入と記し」とのアイディアを発展させてきた福澤門下生の功によるとする説（西川孝治郎説）。

黒沢清は、収支簿記なる名称は大原の命名するところであるけれども、その考案の基礎がシャンド式にあると主張し、さらにそのシャンド式簿記法の原型をドイツ式総合簿記法に求める。シャンド式簿記法において伝票制を取り入れた場合、「仕訳帳としての現金出納帳（現金仕訳帳）に代えて入金伝票（収納伝票）・出金伝票（支払伝票）を用い、一般仕訳帳に代えて振替伝票を用い、これらの伝票をオーストリア式総合転記法の原則に従って日記帳に総合仕訳をし、総勘定元帳に総合転記を行う」ことになりドイツ式総合簿記法と符号していることを根拠とする（黒沢 1934, pp. 200-201）。この説に対して久野秀男は、英国式簿記法でなく「シャンド式簿記法の原型をドイツ式総合簿記法に求める所説は、わが国銀行仕訳帳制の歴史的段階を完全に無視したものであり、端的にいって観念の産物といわざるをえない（久野 1968, pp. 30-31）」として反論され、シャンドの原案にはGilbertのA Practical Treatise on Bankingが引用され、そこに述べられている日記帳の記述が多くの点で一致していることを根拠に第3説である西川孝治郎説を支持している。(5)

西川孝治郎によれば、『帳合の法』初編が出たのは『銀行簿記精法（以下、精法）』より4か月早い1873（明治6）年6月であり、精法の翻訳加筆者で

ある梅浦精一と小林雄七郎は慶應義塾の出身であるので、貸借を『帳合の法巻之一』の訳者注にある出入と解する説について知っていたと考えられるから、また精法以降に出版された大坪文次郎『簿記活法』等の書物も貸借を出入と解して説明していることを根拠にしている［西川（1956）、福澤諭吉訳（1873, 1874）］。「収支計算簿記」を単に借貸の用語を収入支払に置き換えたことだけをもって起源と考えるならば西川説は正しいといえよう。『簿記活法』では、精法と同様に総勘定元帳への転記は、金銀出入日記帳入（出）金の部各種之入（出）金勘定より、総勘定元帳資産負債に係る各種の勘定口座の貸（借）方へ転記し、また金銀出入日記帳入（出）金の合計額を総勘定元帳金銀勘定口座の借（貸）方へ転記している。しかし、元帳において金銀勘定を除いて貸借反対転記を行っている点から考えると貸借簿記の域を出ていないと思う。簿記帳簿への記入は首尾一貫していなければならないという立場から考えると、第2説の下野説が正しいように思える。

4　貸借簿記（シャンド簿記・貸借簿記）との比較

　では、収支計算簿記と貸借簿記（シャンド簿記・貸借簿記）はどの点が異なっているのであろうか。簿記手続き面から収支簿記と貸借簿記（シャンド簿記・貸借簿記）の比較をすれば図表補1-1、1-2のようになるであろう。

補論1　日本式収支計算簿記について　185

図表補1-1　収支簿記・シャンド簿記・貸借簿記の比較

	収支簿記	シャンド簿記	貸借簿記
記　　録	二面	二面	二面
思　想　観　念	唯心論的で主観的	唯物史観的で客観的（一部主観的）	唯物史観的で客観的
方　　法	収支の原因と結果を左右同じ側に記録	貸借両側に対立・平均させ記録（日記帳を除く）	貸借両側に対立・平均させ記録
仕　　訳	現金仕訳法・一方式記入仕訳	現金仕訳法・一方式記入仕訳	貸借仕訳法・二方式記入仕訳
仕訳記入帳簿	金銭出納日記帳	日記帳	仕訳帳
勘　定　科　目	単に金銭の入口または出口を示す	勘定科目自体を主格とす	勘定科目自体を主格とす
現金勘定への転記手続	収支反対	貸借同じ	貸借同じ
金　　額	現金取引高+振替取引高	現金取引高+振替取引高	現金取引高のみ
現金勘定以外の勘定への転記手続	収支同じ	貸借反対	貸借同じ
金　　額	実際取引高	実際取引高	実際取引高
貸借対照表	（収入）負債・資本・（支払）資産	（借方）資本／（貸方）負債・資本(注)	（借方）資産／（貸方）負債・資本
損益計算書	（収入）収益／（支払）費用（利益）　　　　　　（損失）	（借方）費用／（貸方）収益(注)（利益）　　　　　　　（損失）	（借方）費用／（貸方）収益（利益）　　　　　　　（損失）

（注）シャンド簿記における貸借対照表および損益計算書の形式は，貸借簿記と同じと解釈している。図表補1-2も同様。　　出所：筆者作成

図表補 1-2 収支簿記・シャンド簿記・貸借簿記の数値例に基づく比較

[設例] ①現金100（金額の単位は省略、以下同じ）を出資して開業。　④商品50を掛にて購入する。
②現金50を借り入れる。　⑤商品40を掛にて販売する。
③備品30を現金にて購入する。　⑥事務所家賃2を現金にて支払う。

仕訳（日記）帳

収支簿記　金銭出納日記帳* 第1法）

収入		支払	
摘要	金額	摘要	金額
①資本金	100	③備品	30
②借入金	50	④商品	50
④買掛金	50	⑤売掛金	40
⑤商品	40	⑥支払家賃	2
		⑦支払利息	3
		⑧給料	5
	240		130
(前日残高)	0	本日残高	110
	240		240

*仕訳日記帳

収支簿記　金銭出納日記帳 第2法）

収入				支払			
摘要	振替	現金	合計	摘要	振替	現金	金額
①資本金		100	100	③備品		30	30
②借入金		50	50	④商品	50		50
④買掛金	50		50	⑤売掛金	40		40
⑤商品	40		40	⑥支払家賃		2	2
				⑦支払利息		3	3
				⑧給料		5	5
	90	150	240		90	40	130
(前日残高)			0	本日残高			110
			240				240

総勘定元帳

(A) 元帳に現金勘定を設定しない方法**

支払家賃		借入金	
日記帳 2			日記帳 50

支払利息		備品	
日記帳 3		日記帳 30	

給料		商品	
日記帳 5		日記帳 40	日記帳 50

資本金		売掛金	
	日記帳 100	日記帳 40	

買掛金	
	日記帳 50

**残高式で表示すべきであるが便宜上勘定式で示している。

(B) 元帳に現金勘定を設定する方法

支払家賃		借入金	
日記帳 2			日記帳 50

支払利息		備品	
日記帳 3		日記帳 30	

給料		商品	
日記帳 5		日記帳 40	日記帳 50

資本金		売掛金	
	日記帳 100	日記帳 40	

買掛金		現金(注)	
	日記帳 50	日記帳 130	日記帳 240

(注) 金銭勘定、金銀勘定、金庫勘定とも呼ばれる。

試算表

合計残高試算表***

収入		摘要	支払	
合計	残高		合計	残高
		支払家賃	2	2
		支払利息	3	3
		給料	5	5
100	100	資本金		
50	50	買掛金		
50	50	借入金		
		備品	30	30
40		商品	10	50
		売掛金	40	40
			90	130
		現金残高(注)	110	110
240	200		200	240

***合計残高検算表（大原）
(注) 日記帳から移記

合計残高試算表

収入		摘要	支払	
合計	残高		残高	合計
		支払家賃	2	2
		支払利息	3	3
		給料	5	5
100	100	資本金		
50	50	買掛金		
50	50	借入金		
		備品	30	30
40		商品	10	50
		売掛金	40	40
130		現金	110	240
370	200		200	370

貸借対照表・損益計算書

貸借対照表（資産負債表）

摘要	金額	摘要	金額
買掛金	50	現金	110
借入金	50	売掛金	40
資本金	100	商品	30
純利益	4	備品	24
	204		204

損益計算書（損益計算表）

摘要	金額	摘要	金額
商品売上益	20	支払家賃	2
		支払利息	3
		給料	5
		減価償却費	6
		純利益	4
	20		20

貸借対照表（資産負債表）

摘要	金額	摘要	金額
買掛金	50	現金	110
借入金	50	売掛金	40
資本金	100	商品	30
純利益	4	備品	24
	204		204

損益計算書（損益計算表）

摘要	金額	摘要	金額
商品売上益	20	支払家賃	2
		支払利息	3
		給料	5
		減価償却費	6
		純利益	4
	20		20

補論1 日本式収支計算簿記について　187

⑦借入金の利息3を現金にて支払う。　　　　決算　⑨商品期末棚卸高30を計上。
⑧給料5を現金にて支払う。　　　　　　　　　　　⑩備品について減価償却6を行う。

シャンド簿記

仕訳（日記）帳

日記帳

収入				支払			
摘要	振替	現金	合計	摘要	振替	現金	金額
①資本金		100	100	③備品		30	30
②借入金		50	50	④商品	50		50
④買掛金	50		50	⑤売掛金	40		40
⑤商品	40		40	⑥支払家賃		2	2
				⑦支払利息		3	3
				⑧給料		5	5
	90	150	240		90	40	130
（前日残高）			0	本日残高			110
			240				240

総勘定元帳

```
   支払家賃           借入金
日記帳 2        |    日記帳 50
   支払利息           備品
日記帳 3        |    日記帳 30
   給料              商品
日記帳 5        |    日記帳 50 | 日記帳 40
   資本金             売掛金
    日記帳 100  |    日記帳 40 |
   買掛金             現金
    日記帳 50   |    日記帳 240 | 日記帳 130
```

試算表

合計残高試算表

借方		勘定科目	貸方	
合計	残高		残高	合計
2	2	支払家賃		
3	3	支払利息		
5	5	給料		
		資本金	100	100
		買掛金	50	50
		借入金	50	50
30	30	備品		
50	10	商品		40
40	40	売掛金		
240	110	現金		130
370	200		200	370

貸借対照表・損益計算書

貸借対照表

借方	金額	貸方	金額
現金	110	買掛金	50
売掛金	50	借入金	40
商品	100	資本金	30
備品	4	純利益	24
	204		204

損益計算書

摘要	金額	摘要	金額
支払家賃	2	商品売上益	20
支払利息	3		
給料	5		
減価償却費	6		
純利益	4		
	20		20

貸借簿記

仕訳帳

	貸方		借方	
①	現　金	100	資本金	100
②	現　金	50	借入金	50
③	備　品	30	現　金	30
④	商　品	50	買掛金	50
⑤	売掛金	40	商　品	40
⑥	支払家賃	2	現　金	2
⑦	支払利息	3	現　金	3
⑧	給　料	5	現　金	5
（計）		(280)		(280)

総勘定元帳

```
   支払家賃           借入金
2              |              50
   支払利息           備品
3              |    30        |
   給料              商品
5              |    50        | 40
   資本金             売掛金
               | 100     40   |
   買掛金             現金
               | 50     240   | 130
```
＊科目の配列は便宜上収支簿記に合わせている

試算表

合計残高試算表

借方		勘定科目	貸方	
合計	残高		残高	合計
2	2	支払家賃		
3	3	支払利息		
5	5	給料		
		資本金	100	100
		買掛金	50	50
		借入金	50	50
30	30	備品		
50	10	商品		40
40	40	売掛金		
150	110	現金		40
280	200		200	280

＊科目の配列は便宜上収支簿記に合わせている

貸借対照表・損益計算書

貸借対照表

借方	金額	貸方	金額
現金	110	買掛金	50
売掛金	50	借入金	40
商品	100	資本金	30
備品	4	純利益	24
	204		204

損益計算書

摘要	金額	摘要	金額
支払家賃	2	商品売上益	20
支払利息	3		
給料	5		
減価償却費	6		
純利益	4		
	20		20

出所：筆者作成

(1) 基本原理

　収支簿記と貸借簿記も価値の交換を二面で記録するという点では同じである。貸借術語を用いて説明すると、主観的立場と客観的立場についてしばしば学習者を混乱に陥れ簿記学習についての興味を薄れさせることになりかねない。近年では擬人法によって説明するものはほとんどなく、また貸借の用語は単なる左右の符号に過ぎないとして説明され、さしたる混乱は起きないと思われるかもしれない。しかし、貸借の用語は依然として用いられているので、簿記教員であれば入門時においては混乱を起こす生徒はすくなからずいるのに気がつくであろう。そこで客観的立場から日本人の思想にあう主観的立場への用語の改良を主張したのが収支計算簿記である。この点について大原は次のように述べている［大原（1913a, pp. 61-62）（1913b, p. 40）（1913c, p. 250）］。[6]

　　徒に難渋にして、形式一貫せざる組織よりも一貫して而も難渋を覚えざる、誰人にも解り易き組織こそ、却て作成上の理想に近きものと思わざるなきか、此の点より云うも、主観、観入交りの従来の簿記式と、予が主張する一点張りの記帳とが、諸君以て何れを可とするか、無論諸君は、入り易く難渋ならざる、日記帳の足や、補助簿の腰が、元帳の主観と一致して其釣合の交りなき一貫の記帳式に出るものを以て可なりと認むるならん、（中略）予は何れの場合にも、同一の歩調を執り、他帳簿と矛盾を来さざる主観的記入元帳を勝れりとせざるを得ず何となれば其貸借は何れの場合も営業方其ものゝ貸借を意味するにより、普通の貸借観念とも歩調を同じく他帳簿とも道行を同じくするを以て非難を惹起する禍いの余り餘地なきものと思へばなり

　田中繁造も日本式収支計算簿記を論じる場合、国民の精神活動の状態を考慮に入れることが重要であるとして次のように述べている（田中 1933a, pp. 126）。

補論1　日本式収支計算簿記について　189

日本人の思想觀念の主觀的であることは、太古よりの傳來である、即ち佛教でも儒教でも、其教義は皆主觀的なる思想觀念より出來て居る。それ故此等の教義の感化を受けて居る人々の思想觀念が、主觀的であることに何等の不思議はない。主觀的である國民が物を客觀的に考へたり、又は之を客觀的に觀察したりすることは、殆んど不可能である。客觀的機構になる貸借簿記が、我國民に不向であることは、右の事實によるものである。かような理由で此貸借簿記は我國民が之を曾得するには非常に骨が折れる。骨が折れるが爲めに、之が習得には餘程の努力をせなければ、よく其原理を曾得することが出來ない、即ち多くの人々の簿記の智識の不徹底なることは、皆以上の理由によるものである。

（2）総勘定元帳への転記

収支計算簿記では、総勘定元帳に現金勘定（金銭勘定、金銀勘定、金庫勘定ともいわれる）を設けないで、金銭出納日記帳そのものが現金勘定を表し、元帳における（現金勘定を除く）他の勘定は現金収支の内訳ないし結果とみなして説明されることが多い（図表補1-2第1法参照）。しかし、簿記はすべての増減変化を記録するものであるので、現金の移動についても歴史的に知る必要があり、また単に総勘定元帳において複式がなされていないことになるので、現金勘定を総勘定元帳に設けて説明されることも多い（図表補1-2第2法参照）。この場合には、現金を除く勘定は、金銭出納日記帳より総勘定元帳へ収入と支払がそれぞれ同じ側に転記されるのに対して、現金勘定には対しては収支反対に転記される。この反対の転記に関して、その転記結果から「元帳ニ於ケル金銀勘定ノ支拂ハ前ニ記入セラレ収入ハ後ニ記入セラレ収入ノ金額ヨリ支拂ノ金額ハ常ニ大ナルコトトナリ從テ収入セザル金額ヲ支拂フコトニナル収入セザル金額ヲ支拂フトハ天下ニ矛盾ノ甚シキ之ニ過グルモノアランヤ」として収支簿記を矛盾付会の点少なからずとして計理學研究会は批判する（古舘 1923, p. 84）。収支計算簿記においては、本来金銀の有高（残高）は出納帳の支払欄に記入されると同様に金銀勘定にも支払として差引残高欄に同額の金額が記載される。つまり差引残高は同じである

ので、貸借簿記的に金銀勘定を解釈したために生じた批判と思われる。

　総勘定元帳に現金勘定を設けないのはあくまで現金勘定への反対転記の説明を避けるための簡便法であって、現金勘定を設けても問題ないと主張し、その場合に生じる反対転記については次のような理由づけを行うことによって解消されると説明している（下野 1921b, p. 405）。

　何となれば實際の収支は出納役の仕事にして計算役の知る處にあらざればなり。然れども此主旨を徹底せんには一勘定にて収入すると同時に、基金を金庫（出納役）に預けたり、と記入し、従て又支出の場合は先以て金庫より受入れ、爾後之を拂出したりと記入するを要す。然るときは金庫勘定は他の諸勘定と同様其貸借反對に轉記せられて、金庫勘定借方収入總高貸方支出總高となり。

　大原も同様に次のように説明している［大原（1920, p. 8）、藤山正（1921, pp. 14-22）］。

　記帳の締上金高を元帳金銀勘定（金庫）口座へ収支反對に記入する理由は、營業者若しくは出納者が取引に因りて収入したる金額は、之を金庫へ納め入るゝものなれば種々の取引上収入したる金額は金銀勘定（金庫）へ納め即ち支拂し、又營業者若しくは出納者が種々の取引に拂渡す金額は金銀勘定（金庫）より受取即ち収入し而して後拂出を行ふものなるが故に日記帳の収入合計金高を元帳金銀勘定（金庫）の支拂に記入し、日記帳の支拂合計金高を金銀勘定（金庫）の収入に記するを要する所以なり。

　このような説明は擬人法的であるので、記帳する場合、本来、現金増減と現金以外の勘定の増減とは、いいかえると収支の増減とその原因の増減とは対立関係にあることを理由とすれば容易に説明できると思われる。[7]

(3) 貸借対照表・損益計算書の作成

　当時、実務上においてもさまざまな様式（形式）の貸借対照表が作成され

ており、その様式について大陸式または米国式とか英国式とかについて議論がなされていた［議論については高寺（1967）参照］。あくまで貸借対照表と損益計算書の作成は当店（営業方・会社・銀行等）主格としてなされる。シャンド式簿記においては、日記帳では銀行より見たる貸借を記帳するが、総勘定元帳においては現金（金銀）勘定を除き当該勘定を主格として記入される故、日記帳からの総勘定元帳への転記は収支反対になり、そしてこの元帳から貸借対照表と損益計算書を作成するとさらにその反対記入を行わなければならない。しかし、日本式収支簿記による場合、シャンド式簿記と金銭出納日記帳（日記帳）へ記入する点では同じであるが、総勘定元帳では収支同じ側に転記される。貸借対照表と損益計算書を作成する場合、さらにその反対記入を行う必要がない。いいかえると当店主格に戻す必要はないのである。この観点から考えると、日本式収支簿記はシャンド式簿記よる手続の煩雑さを避けた簡便手続きを用いているといえる（西垣 1930, pp. 116-117）。もっとも大陸式または英国式と比較して、日本式収支簿記による場合貸借対照表が左右反対になるが、金銭出納日記帳へ記入様式を縦書きの順序のように収支反対に（左―支出・右―収入として）記入しておくという案はなぜか述べられていない。

（4） 現金仕訳―取引の擬制

　日本式収支簿記の最大の短所は、非現金取引を現金取引に擬制して記入することであるといわれる。しかし、貸借仕訳においても伝票制度を採用している場合、全額掛取引として取引の擬制を行う方法についても説明される。擬制する点では同じであるので取引の擬制を行うことは短所でないと考えられる。それゆえ取引の擬制の問題よりも貸借仕訳との違い（図表補1-3 参照）については、理論的に複式簿記の貸借平均原理による検証をどのように考えるかにかかっているように思われる。貸借仕訳では取引ごとの検証が可能であるが、現金仕訳ではそれは不可能である。けれども日ごとの合計額による検証は可能である。つまり、本日収入合計額＋前日残高の合計額＝本日支払合計額＋本日残高で検証は可能なのである。

図表補 1-3 現金仕訳（日本式収支簿記を前提）と貸借仕訳

比較項目	現金仕訳（日本式収支簿記を前提）	貸借仕訳
仕訳の判断	現金の収支	現金の収支は単なる1つの基準
元帳における現金口座	現金収支の実際高＋振替高	現金収支の実際高
日々の取引合計高	収支は一致しない	貸借一致
試算表による転記の検証	原則として不可能 但し、現金勘定の収入と支払の合計額を試算表の合計額と一致するかによって可能	原則として転記の検証可能

出所：筆者作成

5 おわりに

　貸借簿記では上でも述べているが貸借の文字を単なる符号であると説明する。しかし貸借という用語は、テキストでは借方・貸方あるいは借方残高・貸方残高として、また貸借対照表として記述され使用される。英米では、借・貸の思考方法（客観的見方）が日常の観念と同じであるので、理解の妨げにならないが、日本ではその見方が異なるのである。そのため、大原は収入・支出という誰もが理解しやすい用語に置き換えた記帳方法を案出したものと思われる。また明治中後期より、銀行だけでなく商店においても普及していたシャンド簿記をベースにし、欧米から輸入した貸借簿記を、理解しやすく煩雑でない簿記に改良したのである。しかし、収支という理解しやすい用語を用いるとともに、二面把握（交換・平均）原理は踏襲し、煩雑さをなくすために簡便法を取り入れ改良を加えたという点、いいかえると簿記を術として思考した点が日本式（大原式）収支計算簿記の大きな特徴といえるであろう（図表補1-4参照）。だからこの簿記法は明治後期から昭和初期まで

図表補 1-4 収支計算簿記の特徴

・原理―二面把握・交換・平均
・用語の改良―収入・支払
・総勘定元帳への転記―簡便化・煩雑さを防ぐ

出所：筆者作成

たとえ一部ではあるにせよ普及したのであろう。

　しかしこの術としての大原考案の収支計算簿記は、その賛同者である下野などによって理論化され、学として精緻化された収支計算簿記になり逆に普及しなくなったように思われる。さらにまた具体的に普及を妨げた原因として、(1) 昭和になり、各種会計規則が貸借対照表や損益計算書の表示形式について貸借式のものを採用したこと、(2) 小学校等各種レベルの学校の教授要目に掲げられなかったこと、(3) 商業学校の入学試験科目の1つであった「簿記」に収支計算簿記が出題されなかったことなども考えられるであろう。

　実務上手書き簿記がなくなりつつある時代において、最初に述べた大原の信念を反映させるためにもなるであろうが、これからの簿記のさらなる普及を考える場合、上に述べた日本式収支計算簿記の考え方は、複式簿記原理を変えず改良できるという意味で1つの示唆を与えてくれるように思われる。

注

(1)　大原簿記学校の前身は私立東京簿記精修學舘［1887（明治20）年創立。館長は大原信久］である。1907（明治40）年12月に校名を大原簿記学校に改めた。また、大原［1847（弘化4）年9月12日生、1925（大正14）年1月17日没］の人物像については、轟（1922, pp. 157-161）、栃内（1902, pp. 5-8）、木内（1931, pp. 5-8）、大原簿記学校（1922）、西川（1957）を参照。

(2)　昭和初期の家畜保険組合簿記は大原式収支簿記を採用している（財団法人帝国馬匹協会 1930?）。宮家と簿記の関係については、次のような新聞記事がある。

　　宮家と簿記―漸次家計簿記を採用する名流多し―「経済思想が一般に廣まるに連れて家計簿記を採用する人が多くなった、仄に承はる所によると北白川宮家に於ても之を用ひさせられ又戸田伯爵家では遠くより家令を簿記学校に入学せしめて會計の改善を計り▲上流の家庭で教師を聘して奥様自身に簿記を修めているのが少くない、名士の中では内務大臣秘書官関和知氏が令息の名で簿記学校に入学したという話もある、大原簿記学校長大原信久翁は宮家の簿記採用に就て語る「昨年七月北白川宮家から簿記に關する教科書を納めよとの仰せを受け續いて水戸部家扶が來られて種々質問された、従来同宮家では何物も掛買で購入傳票を渡し現金支拂の後はじめて帳簿に記入するといふことであったからそれは買入當時に是非共記入することが必要である商人が掛売をして帳簿に記入するのに買手が掛買

をして之を記入しないという事は不道理である、之いふもと幕府時代の武士気質から金銭上には余り構わぬという遺風から来ているのであると云ふと成程と感心され▲今後は簿記に叶ふように未払金整理簿を作って一々掛買を記入し一方物品簿を作って買入の衣服什器等の品名を記して置くことに改めようとのことであった、又宮家では現金支拂の方法を取っていられるが之は危険であるから小切手になさった方がよいと注意すると今迄は小切手はおつくうだと考えたが成程さうだと言はれて五圓以上は小切手で支拂はれることに改良された現金と小切手とでは宮家に取って利子だけも大した財産を増加することになるのである。

[報知新聞 1915 (大正 4) 年 1 月 17 日、大原 (1916, pp. 3-6)]

また当時、軍人も大原簿記を学んでいたようである。

從來經理部の檢閲に盲判を押してゐた某將軍 (堀内文次郎中将と思われる——筆者) も大原式を學んではじめて曾得したといふ。　　　　　　　　(轟 1922, p. 158)

(3) 大原簿記学校の 1887 (明治 20) 年 6 月創立時より 1920 (大正 8) 年 3 月までの卒業生の数は 19,651 人であった。その内訳は、商業簿記科 9,436 人、銀行簿記科 1,878 人、官用簿記科 1,878 人、工業簿記科 1,468 人、農業簿記科 540 人、家政簿記科 774 人、収支簿記科 9 人、全科 443 人、カード式商業簿記科 103 人、カード式銀行簿記科 24 人、カード式工業簿記科 13 人、カード式農業簿記科 2 人、カード式家政簿記科 3 人、理論科 9 人、英文科 12 人であった (『簿記世界』第 21 巻 5 號, p. 34)。

(4) 下野には、次のような逸話もある。

商科大學の教授下野直太郎氏が其養嗣子たる法學士に商業簿記の大略を教へたが法學士君一向曾得せず却って難解なる理論を詰る有様にたうとう大原翁の許に遺はして獨得の収支簿記を學ばしめた處僅々二週間にして、殆んど全部を修得し欣然として歸ったといふ。　　　　　　　[轟 (1922, p. 158)、下野 (1921a, pp. 43-44)]

なお、岡田誠一も収支簿記をして「何しろ一大発明たるを失わぬ」と述べている (日本会計学会編 1935, p. 11)。

しかし、黒沢清のように「近代の企業計算上最も重要なる要素たる費用及び原價の概念が正當に内含されて居らぬから……私は収支簿記法を以て、アラン・シャンド式簿記法の退化形態であると斷言して憚らない」として評価しない学者もいる (黒沢 1934, p. 207)。

(5) Gilbert は銀行の日記帳を次のように説明している (1856, pp. 240-241)。

大銀行では、日記帳 (day-Book) は 2 つの帳簿に分割される。借方側を記帳する帳簿と貸方側を記帳する帳簿からなっている。前者は、支払日記帳と呼ばれ後者

補論1　日本式収支計算簿記について　195

は収納日記帳と呼ばれる。この分割は2人の者が同時に日記帳の仕事に就くことができる利点がある。ある銀行は、日記帳に3つの現金欄を設ける。3つ目は振替記入のために用いられる。それは実際銀行に現金の授受がない場合に記入される。他の銀行では、すべての振替は収納支払帳（received-waste-Book）を経由する。別の銀行では現金帳（cash-book）と呼ばれ、受取現金帳と支払現金帳の2つに分割される。

(6)　なお、大原は主観と客観について、次のような実際にあった事例により説明している［大原 (1913c, pp. 61-62) (1913d, p. 40) (1913e, p. 250)］。

或銀行に數萬を預金せる某あり、其預金額を證認する唯一の證憑たるべき當座預金通帳を見るに、表紙には銀行名、宛名某殿と記せるに、内部には貸方壹萬貳千圓差引殘高壹萬貳千圓と記して、支配人及元帳係捺印あり。某は之を見大に激怒して曰く、予は苟くも預金者なり、債權者なり。従って此通帳は銀行より予に宛たるものに非ずや、然るに此は言ゝ請求拂の債務を負擔し居る事を標幟せる保證帳に非ずや、平たく言へば借主が貸主へ宛て普通行はる、借用證書差入れと殆ど同性質のものならざるや、然るに其證憑證券とも認むべき唯一の通帳に予が恰も貴行より借金したるが如く、壹萬貳千圓を貸方に記入するは何事ぞ、予は貴行より金錢を貸與へられたる覺えなし、此記入の理由如何と。「銀行側の論辯に曰く、そは銀行帳簿に於ける簿記式（即ち複式簿記）記入法の寫しなり、銀行元帳に於ける預金者勘定口座の下に、其預金者が恰も銀行へ貸付したるが如く記入するを以て、即ち貴下が貸與へたる如く記入す、従って其元帳形式を其儘通帳に移し、以て之を貸方に記入せる迄にして、敢て當行より貴殿に貸與したりと云ふにあらず」と。是に於てか某は言下に反駁して曰く、予等は敢て複式簿記法の記入方、即ち客觀記入法なるものに精通せざる可らざる義務を有せず、従って此場合此記入法を認むべき理由を有せず、予等の認めて然るべき點は何れが借りにして何れが貸なるやを明瞭にせば足れり。元帳此通帳は余より持参して貴行に貸したる事の證明を求むる為め提出したるものとせば、此記帳法は正當ならんも、貴行の名に於て、予に宛て差入れたる證券同様の帳簿に對し、貴行が借りたる如く記入せずして却て予に貸したる如く記入する事は、日本固有の習慣観念に背戻せる矛盾観念と云はざる可らず、普通観念の常識に訴へて考一考せよ、借用證書とは異るも、借主が貸主に宛差入れたる證書に、己れ貸たる如く記入する様式は、日本の何れに其習慣ありや、貴行にして此方式を更めざる以上は予等は預金を撤回すべしと、其結果銀行は、遂に如斯紛はしき記帳形式を廢して、借方の代りに預り高の文字、貸方の代りに支拂差引残高の文字に通帳を改めたりと云ふ。

(7)　太田哲三も同様に次のように説明している（太田 1932, p. 60）。

然しながら現金と他の勘定とは對立關係にあり、現金の關減の事實と、その原因の勘定とは相對した側に記入することが収支表の合計を平均ならしめる効果がある。……収入支出の言葉を以て勘定の側を統一し、現金勘定に關して無理な説明を與へるよりも、……現金と他の勘定との根本的な對立關係を明らかにすることに依り、収支の言葉が反對側に置かれる理由を解釋した方が明瞭であり、更に實用的であると思ふ。

なお、太神和好は現金勘定を総勘定元帳に設けなくとしても、何ら複式簿記の実質を害することにはならないとして次のように説明している（太神 1932, pp. 172-173）。

シャンド簿記に明かなる如く、總勘定元帳に現金勘定を設くる場合に於いても其内容は日記帳自體と同一となるものであって、態々之を設けるは單に形式を整へるに過ぎず、實は日記帳を以て、現金勘定に代用し得るのである。されば収支計算簿記に於いて普通現金勘定を設けざるは仕譯日記帳をして之が代用たらしめるものと解するを得べく、實際上収支計算簿記の試算は日記帳の差引殘高を加へて之を行ふものであって、何等複式簿記の實質を害することはないのである。

補論2 ビジネス教育について
—— For と About

1 はじめに

　かつて第14期中央教育審議会の1人であった西尾幹二は、その著書(1992)『教育と自由』のなかで次のように述べている（西尾 1992, p. 46）。

　……「総合的学科」のように、結果的に普通科の勢力幅を広くすることに必ずなる文部省案は、小数派の職業高校をさらに小数派に追い立てる政策にも帰結しかねない。この政策で救われる子供が増えれば増えるほど、救われないで終わった子供には「総合的学科」の存在はかえって十字架になるのではないか。私は、時代がここまで来たら、もうこの問題で新たに打つ手はないのではないかとさえ考えている。従って、職業高校の全廃、ということも選択肢の一つとして真剣に検討されなくてはならないだろうと思う。普通高校の卒業生の方が、企業に入ってからの職業訓練においてさえ上達が早いとの情報もある。ということは、職業高校は職業教育の場では必ずしもなく、関係者には冷酷な言葉に聞こえるかもしれないが、能力選抜という社会的スクリーニングの手段と化しているのである。

　この見解後22年経過しているが、職業高校の現状を鋭く指摘したものとして現在においても評価されるであろう。このような状況を打破するためにも、初級の職業教育とりわけ初級のビジネス（商業）教育に携わる者は、その教育価値をどう高め、アピールするかが、日々の授業以外に重要な課題の1つとして考えるべきであろう。この課題を考えるにあたっては、そもそも

ビジネス教育とは何か、すなわちその目標を明らかにする必要がある。本章では、ビジネス教育の先進国の1つであるアメリカの考え方（Tonne 等の所説）を取りあげながら、高等学校レベルのビジネス教育の目標について述べることにする。

2　ビジネス教育の定義

ビジネス教育の定義については、その第1人者であり、ビジネス教育のバイブルとして有名な Nanassy et al.（1997）の『ビジネス教育の原理と傾向』において掲げている20世紀初頭の下記のビジネス教育のリーダーの定義を引用しながら述べることにしよう。

Herrick（1904）『商業教育の意味と実践』

商業教育（commercial education）[1]は、将来ビジネスマンになるための職（call-ings）に就く準備を直接的および間接的にさせる指導の一形態である。

Lyon（1922）『ビジネスのための教育』（ただし、1902年の英国教育特別報告書より引用）

ビジネスマンが受ける教育、またビジネスマンを今よりよいビジネスマンにするための教育は、それが学校の内で行われようが外で行われようがすべて、その人にとってはビジネス教育である。

Lomax（1928）『商業教育上の諸問題』

商業教育（commercial education）は、基本的には富の取得・保存・消費に関わる経済教育プログラムである。

この定義において Lomax は、明らかに経済教育の全問題を念頭において

いる。「基本的には」という言葉をここで用いることによって、特殊教育の限られた問題を考えているのではないということを意味している。彼は、商業教育が単なる事務的訓練以上のものであることを明らかにしようとした。

Nichols（1933）『高等学校の商業教育』

商業教育（commercial education）は一種の訓練であり、さまざまなレベルで教育の一般目標を達成する役割を果たす一方、その主要な目標は、ビジネスキャリアに入るための準備であり、またキャリアに入った後、そのなかでより有能な活動を行い、現在の職業上の地位をさらに上げるようにすることである。
生産活動への準備やそれへの能率的な参加と、結果として生じる財務的な報酬の賢い利用は、相反するものではない。財の消費者としての個人のために、また、人々が購入するものを生産する企業のために、そして、生産・分配・消費の適切な機能に基づきその繁栄が予見される社会全体のために、このような成果をもたらすことが商業教育の責務である。

Nichols は「ビジネスマンは、多くの有用な学習を学校外で得ている」という Lyon の見解を否定していない。しかしこのような学習は散漫で、はっきりしないものであるので、それを明確にビジネス教育と名づけることは賢明ではない。
　20世紀初頭のビジネス教育の定義が意味するところを見てきたが、すべての目標にあてはまる唯一の正しい定義というものはない。それゆえ、何を目標に定義するかによって、いくつかの定義が容認可能となるのである。Nichols は、「定義を用いるとき、それが与えられる目標によって読み取るべきである」と主張している（Nichols 1933, p. 51）。

3 ビジネス教育の2つの目標

　人々に、ビジネスおよび経済社会において機能する準備をさせるにあたり、ビジネス教育はどのような貢献をしているのであろうか。Tonne（1970, p. 6）は、「一般教育が環境に個人を適応させるものと考えるなら、ビジネス教育はビジネス環境に個人を適応させるものとして考えなければならない」とし、ビジネス教育を次のように定義している。

> ビジネス教育は、どのような学習レベルにおいてもすべての教育目標を達成するのを援助する一方、生徒がビジネスキャリアに入れるように準備させ、また、いったんかかるキャリアに入った生徒がより有能な活動ができるようにし、より高い雇用レベルへの昇進を助けることを主要な目的とする一種の訓練である。

　ビジネス教育は、次の2つの目標をもっている。
　第1の目標は、(1) 特定の種類の仕事の訓練を提供すること、(2) ビジネス環境において、これらの技能を用いる能力を開発すること、からなっている。(2)はしばしば職業的知性（occupational intelligence）と呼ばれている。ビジネスの職業に適用される社会的知性すなわち社会的適応能力である。これは、日常生活に必要な能力と質および量において異なる。たとえば人は、ビジネスであろうがなかろうが日常生活の活動において人々とうまくやっていくことが必要である。しかしビジネスの職業に従事する人は、ビジネスに従事しない人よりも、企業環境に有能に適応し機能する能力が要求される。人間関係能力が特定の技能よりも重要である職業では、技能は人間関係能力に付随する能力になるかもしれない。
　第2の目標は、社会のすべてのメンバーに関係するビジネスのあらゆる面での訓練である。この目標は非技術的（nontechnical）であり、(1) 企業の財・サービスに対して賢い消費者を育成し、(2) 国民経済を明確に理解させることである。このことを、Tonne、Nanassyは、図表補2-1のように示してい

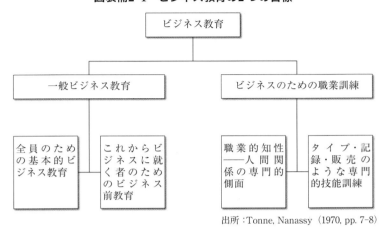

図表補2-1　ビジネス教育の2つの目標

出所：Tonne, Nanassy（1970, pp. 7-8）

る（Tonne, Nanassy 1970, pp. 7-8）。

　ビジネス教育の目標として、上で述べたような2つのことが最初からいわれていたわけではない。歴史的に見て、20世紀はじめの四半期までビジネス教育の目標は特定の職業訓練を行うことであった。第一次世界大戦後のビジネスの急速な発展は、公立・私立学校におけるビジネス教育の急速な発展をもたらした。1920年代初期の社会においては、タイピストや速記者に対する需要が常に増していたので、タイプや速記の科目に人気があった。ところが第1章で述べたように1930年代の不況期になると、公立高等学校の卒業生で仕事が見つかる者はごく少数となった。また、次第に社会が複雑になるにつれて、個人のビジネス問題をより適切に処理する必要性が強調され、ビジネス教育の多くをすべての生徒に提供すべきだという意見が出てきた。そのような状況のなかで、ビジネス教育のリーダー達はビジネス教科が普通教育に寄与できることに気がついた。つまりビジネス教育の一部が、すべての生徒に必要な普通教育のコアーの一部になるべきであると考えたのである。当時の教育目標には、学校は個人に、個人の経済責務や市民責務について賢く処理する準備をさせなければならないという考え方が主として含まれていた。1944年の教育政策委員会は、青年に10の教育要求を提示している。そのうちビジネス教育に直接関係するのはつぎの2つである（Hosler *et al*., 2000, p. 15)。

（1）青年は、すぐ使える技術を伸ばし、経済生活に賢く生産的に参加するための理解力や態度を養う必要がある。
（2）青年は、消費者が受け取る価値と消費者行動の経済的結果の両方を理解して、知的に財・サービスを購入し利用する方法を知らなければならない。

その後、1973年の中等教育改善委員会（Kettering委員会ともいわれている）の声明や1983年の「危機に立つ国家」の政策声明は、基本的知識として経済的理解に言及した。このことにより、ビジネス教育関係者によって長い間なされてきた、ビジネス教育は普通教育および専門教育の両目標を満たすという主張の正当性が立証されたのである。

図表補2-1ではそれぞれの目標に対するカリキュラムの内容が理解しにくい。そこで経済教育合同協議会［Joint Council on Economic Education: JCEE（1971, p. 2）］がカリキュラム全体のなかでのビジネス教育の目標について示したのが次の図表補2-2である。図表補2-1の「一般ビジネス教育」「ビジネスのための職業訓練」という区別が「ビジネスについての教育」「ビジネスのための教育」という文言に置き換えられている。「ビジネスについての教育」では、個人的意思決定と全体の経済分析が含まれる。一方、「ビジネスのための教育」では、事務職・マーケティング・商品管理（流通）の分野において有利な職業に就くための準備をする指導が含まれる。個人的に用いる技能は、この2つのカテゴリーのなかで養成される。その指導目標は、教養ある市民と有能な労働者を育成することである。しかし、JCEE（1971, p. 2）によると「究極のカリキュラムの目標は、ビジネスシステムを改善することである。この目標は、人がそのシステムを理解し知的にそれに参加してはじめて成し遂げられる」と述べている。

図表補2-1および図表補2-2をさらに修正し現代化したのが、DaughtreyとRistau（1991, pp. 14-15）の図表補2-3である。ビジネス教育が普通教育と専門教育の両方に関係していることを図示し、次のように説明している。

補論2　ビジネス教育について　203

図表補2-2　ビジネス教育のための概念的なフレームワーク

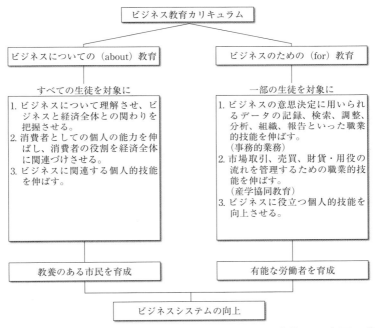

出所：JCEE (1971, p. 2)

1. ビジネス教育は、将来、個人のビジネス問題を適切に扱えるようにするための技能・能力・理解力を伸ばす機会をすべての個人に与える。すなわち、ビジネスの幅広い分野において手に入る職業機会を理解する能力を伸ばす。またアメリカの企業システムやその国際的相互関係に参加し、それを理解し認識することによって市民としての責務を負うことである。
2. ビジネス教育は、将来仕事を続けていきたいと願っている生徒が、高校卒業後就職して活動し進歩していけるような技能・能力・理解力、あるいは、さらにに上の職業プログラムに入っていけるような技能・能力・理解力を伸ばす機会を彼等に与える。またそれは、複雑でダイナミックな経済の労働力に適合し、そこに仕事上の満足を見いだすのに必要な職

業的知性を彼等に与える。

　ビジネス教育の「について」と「のための」の内容については、社会や労働市場の変化に適応するように修正ないし変更されている。伝統的なカリキュラムパターンは、速記、会計事務、販売、データ／ワードプロセシングに焦点を合わせていた。現在のカリキュラムは図表補2-3のように統合化され、内容の改善および現代化が図られている。しかし、ビジネス教育の2つの目標は変わらないことに留意する必要がある。

　では、日本ではどうであろうか。学習指導要領は、ビジネス教育の目標について「商業の各分野に関する基礎的・基本的な知識と技術を習得させ、ビジネスの意義や役割について理解させるとともに、ビジネスの諸活動を主体的、合理的に、かつ倫理観をもって行い、経済社会の発展を図る創造的な能力と実践的な態度を育てる（第2章第3節商業第1款）」と述べている。この商業の各分野に関する基礎的、基本的な知識と技術を習得させることはなにも商業科の生徒だけに限ったことではなく、普通科も含めたすべての生徒にとって必要なことである。商業ないし経済のない市民生活を送ることはありえず、大部分の者が将来何らかの職業に従事することを考えれば、このことは明らかである。職業教育の1つである家庭教育が全員履修になったように、ビジネス教育も普通教育としてすべての生徒が履修できるようにしなければならない。専門性の深化よりもむしろ普通教育との統合を目指すべきではないだろうか。しかし、現在、商業科目を取り入れている普通科でも、普通教育としてのビジネス教育が十分に行われているとはいえない。また、商業科においても、普通教育としての面よりもむしろ、ビジネスに関する内容の専門性を高め、それによって得た技能を将来の職業生活に役立てようとする面、すなわち専門教育（商業のための教育）が強調されている。1995（平成7）年3月職業教育の活性化方策に関する調査研究会「スペシャリストへの道（最終報告）」の提言以来、商業高校も他の工業・農業高校等と同じく専門高校と呼ばれるようになった。この提言があってから後、以前にもましてこの傾向が強くなっているように思われる。果たして専門性に特化するような現状でよいのであろうか。基礎・基本的学力が年々低下しているような状況では専門性重視の傾向に反対せざるを得ない。

補論 2　ビジネス教育について　205

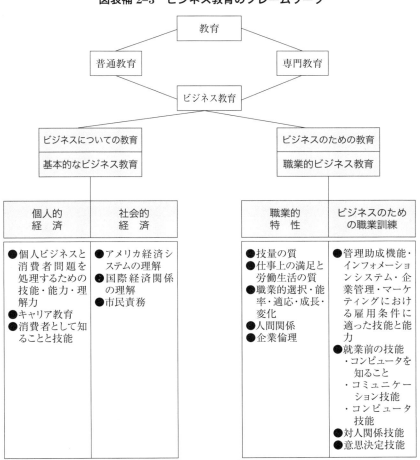

図表補 2-3　ビジネス教育のフレームワーク

出所：Daughtrey, Ristau (1991, pp. 14-15)

4　おわりに

　本章では、アメリカのビジネス教育の 2 大目標について述べた。Tonne のいうように、「ビジネスのための教育」という目標は、「ビジネスについての教育」という目標なしには達成されないのである。我々ビジネス教育に携

わる者は、「専門性を高めるための職業教育」とのバランスに配慮しつつ、「市民として必要な普通教育」としての側面を重視する方向へ進んでいくべきであろう。商業・経済立国としての教育を考える場合、将来的には商業高校ないし商業科という器をなくしてビジネス教育という中味を残す方策、つまり、「～のための」目標はできるだけ高等教育機関等に委ね、「～についての」目標を達成するという方策を取ることが、ビジネス教育を孤立化させず、それが社会的スクリーニングの手段とならなようにする1つの道ではないだろうか。

注

(1) 本章では、「ビジネス教育（business education）」は「商業教育（commercial education）」よりも消費者の観点も含む広い意味で用いている（Tonne 1961, p. 11参照）。

(2) なお、商業教育の経済教育の面を強調したのは Shields（1930, p. 27, 37）である。彼は次のように述べている。

> ……真の商業教育は経済教育である。――理論が多く事実がすくないアカデミックな性質の経済教育ではなく、ビジネス生活とその関連についての基本的な実際を知らせる経済教育である。基本的なビジネス学は、経済学であり、経済問題の完全な基礎学力と認識がなければ、中等学校のビジネスコースに含まれる教材の多くは全く付加的で、本質的には実態のないものとなる。……技術（technique）と社会的商業科目（socio-business subjects）を2つの原理として対等に位置づけることはできない。なぜなら、一方は基礎的であり他方は補完的なものであるからである。我々は二頭だて定義（two-headed definition）を容認することはできない。ある要素が最も強調されなければならないことを我々は認めるべきであり、私が考えるに、それは経済要因である。

参考文献

AAC&U (2007) *College Learning for the New Global Century: A Report from the National Leadership Council for Liberal Education & America's Promise*, Association American Colleges and Universities.

Accounting Education Change Commission (1992), *The First Course In Accounting, Position Statement, No. Two*, Accounting Education Change Commission.

Agnew, P. L. (1934) "Discussion of The Socialized Bookkeeping Course," *Business Education World*, Vol. 15, March, pp. 386-387.

AICPA (2000) *Student & Academic Research Study Final Quantitative Report (TalorReport)*, Talor Research & Consulting Group, Inc.

Aikin, W. M. (1942) *The Story of the Eight-Year Study*, Harper & Brothers.

Alsop, R. (2008) *The trophy kids grow up how the millennial generation is shaking up the workplace*, Jossey-Bass.

American Accounting Association (AAA) and the American Institute of Certified Public Accountants (AICPA) (Behn B.K., Chair) (2012) The Pathways Commission Charting a National Strategy for the Next Generation of Accountants, Accounting Association and the American Institute of Certified Public Accountants.

American Accounting Association, Committee on the Future Structure, Content, and Scope of Accounting Education (The Bedford Committee) (1986) "Future Accounting Education: Preparing for Expanding Profession," *Issues in Accounting Education, Spring*, pp. 168-195. [八田進二・橋本尚訳 (1992)「アメリカ会計学会ベドフォード委員会報告書——将来の会計教育：拡張を続ける会計プロフェションに備えて」『駿河台経済論集』第2巻第1号、pp. 109-110].

American Institute of Accountants, (1931) *Preliminary Report of A Special Committee of Terminology, Accounting Terminology*, Century Co.

Ames, G. A. (1991) Changing the Image of Accounting, *The Business Education Forum*, Vol. 47, Dec., pp. 36-37.

Anderson, W. T., C. A. Moyer, A. R. Wyatt (1965) *Accounting: Basic Financial, Cost, and Control Concepts*, John Wiley & Sons, Inc.

Andruss, H. A. (1933a) "A Modern Method of Closing the Ledger," *The Journal of Business Education*, Vol. 8, Feb., p. 25, 32.

——— (1933b) "Adjusting Entries," *The Journal of Business Education*, Vol. 8, Jan., pp. 16-19.

────── (1934) "The Socialized Bookkeeping Course," *The Business Education World*, Vol. 14, Feb., pp. 274-277.

────── (1937) *Ways to Teach Bookkeeping and Accounting*, South-Western Publishing Co.

────── (1938a) "Simplifying Bookkeeping Closing Procedures," *The Business Education World*, Vol. 19., May, pp. 719-722.

────── (1938b) "Reply, Simplifying Bookkeeping Closing Procedures," *The Business Education World*, Vol., 18., Oct., pp. 117-118.

Ash, H. F. (1932) "Balancing the Aims of Bookkeeping," *The Journal of Business Education*, Vol. 7, May, pp. 11-12.

Atkinson, E. W. (1934) "Is There Any Conflict Between the Social Values and the Vocational Values of Bookkeeping?" *The Balance Sheet*, Vol. 16, May, pp. 388-391.

Austin, R. L. (1947) "Philosophy of Teaching Bookkeeping," *UBEA Forum*. Vol. 2, Dec., pp. 39-40.

Ausubel, D. P. and F. G. Robinson (1969) *School Learning An Introduction To Educational Psychology*, Holt Rinehart and Winston Inc., ［吉田章宏・松田彌生訳（1984）『教室学習の心理学』黎明書房］.

Bahr, G., R. P. Wegforth (1976) "*A Historical Development of an Economic Emphasis in Business Education*" (*Business Education on Yesterday, Today, and Tomorrow*, National Business Education Association, Yearbook No. 14).

Baker College Effective Teaching and Learning Department (2004) *Teaching Across Generations Revised:* (http://www.mcc.edu/pdf/pdo/teaching_across_gen.pdf).

Baker, C. R. (1999) "Theoretical Approaches To Research On Accounting Ethics," *Research on Accounting Ethics*, Volume 5, pp. 115-134. この論文は Ketz, J.E ed (2006) にも収録されている。

Baker, J. W. (1935) *A History of Bookkeeping Instruction in the United States, With a History of 20th Century Bookkeeping*, South-Western Publishing Co.

Barnett, R. (1994) *The Limits of Competence Knowledge*, Higher Education and Society, Open University Press.

Bittner, J. (2002) "Revamping High School Accounting Course," *The Business Education Forum*, Vol. 56, Feb., pp. 32-33, 60.

Bittner, J. and D. Deines (2009) "The Initiative to Create an AP Accounting Course and Exam," *The Business Education Forum*, Vol. 63, Feb., pp. 13-16.

Bonk, C. J. and G. S. Smith (1998) "Alternative Instructional Strategies for Creative and Critical Thinking in the Accounting Curriculum," *The

Journal of Accounting Education, Spring, Vol. 16, No. 2, pp. 261-293.
Boyd, D. T., S. C. Boyd, .W. L. Boyd (2000) "Changes in Accounting Education: Improving Principles content for Better Understanding," *The Journal of Educational for Business*, Vol. 76, September/October, pp. 36-42.
Boynton, L. D. (1955) *Methods of Teaching Bookkeeping*, South-Western Publishing Co.,
――――― (1969) "Bookkeeping Versus Accounting As A High School Course Title," *The Balance Sheet*, April, pp. 340-342.
――――― (1970) *Methods of Teaching Bookkeeping-Accounting*, Second Edition, South-Western Publishing Co.
Brady, M. M., E. H. BlackLedge (1962) "Ten Ways to Motivate Bookkeeping Students," *The Business Educational World*, Vol. 42, Feb., pp. 23-24, 34.
Breidenbaugh, V. E. (1950) "An Evaluation of High School Bookkeeping," *The Journal of Business Education*, Vol. 25, Jan., pp. 17-19.
Briggs, J. L. and H. A. Andruss (1938) "Letter, Simplifying Bookkeeping Closing Procedures," *The Business Education World*, Vol. 18, Oct., pp. 117-119.
Brophy, J. (2004) *Motivating Students to Learn Second Edition*, Lawrence Erlbaum Associates Inc.
Bryant, H. B., H. D. Stratton, and S. S. Packard (1871) *Bryant and Stratton's Common School Book-keeping; embracing Single-and Double-Entry*, New York［福澤諭吉訳（1873, 1874）『帳合之法　初編　一、二、三、四』慶應義塾出版局］.
Buckhaults J. and D. Fisher (2011) Trends in Accounting Education: Decreasing Accounting Anxiety and Promoting New Methods, *The Journal of education for Business*, Vol. 86, No. 1, pp. 31-35.
Callahan, D. (1980) "Goals in the Teaching of Ethics," in Callahan D. and S. Bok, Eds., *Ethics Teaching in Higher Education*, Dlenum Press, pp. 64-69.
Carlson, P. A. (1967) *Bookkeeping instruction in the twentieth century and the Evaluation of 20th century bookkeeping and accounting*, South-Western Publishing Co. Cen.
Casady, C. P. (1974) "The Value of High School Bookkeeping Courses," *The Business Education Forum*, Vol. 29., Oct., pp. 19-21.
Chalupa, M. R. and C. Sormunen (1995) Strategies for Developing Critical Thinking, *The Business Education Forum*, Vol. 49., Feb., pp. 41-43.
Charvonia, R (1963). "What Accounting Image Are You Creating?" *The Journal of Business Education*, Vol. 39., Nov., pp. 67-68.
Chatfield, M., R. Vangermeersch. (1996) *The History of Accounting An International Encyclopedia*, Garland Publishing Inc,

Cheffers, M., M. Pakaluk (2005) *A New Approach Understanding Accounting Ethics*, Allen David Press.
――――― (2005) *A New Approach Understanding Accounting Ethics, Instructor's Manual Academic Year 2005-6*, Allen David Press.
――――― (2007) A *New Approach to Understading Accounting Ethics principles-based accounting Professionalism Pride 2nd Edition*, Allen David Press., [藤沼亜起監訳「公認会計士の職業倫理」研究会訳（2011）『会計倫理の基礎と実践――公認会計士の職業倫理』同文舘出版].
Clevenger, E. (1939) "Social Values of Bookkeeping," *The Journal of Business Education*, Vol. 15, Sep., pp. 13-14.
Colt, J. C. (1839) *The Science of Double Entry Book-keeping, Simplified, arranged, and methodized---*, N. G. Burgess & Co.
Commission on the Reorganization of Secondary Education (1918) *Cardinal Principles of Secondary Education*, Department of the interior bureau of education Bulletin, No. 35. (http://tmh.floonet.net/articles/cardprin.html).
Cooper, W. W., & Y. Ijiri (1983) *Kohler's Dictionary For Accountants, 6th Edition*, [染谷恭次郎訳（1973）『コーラー会計辞典』丸善].
Covey, S. R. *7 Habits of Highly effective people: Powerful lessons in personal change*, Simon& Schuster, 1990 [ジェームス・J・スキナー、川西茂訳（1996）『7つの習慣』キングベアー出版].
Cradit, R. V. (1929) "Evolution of the Bookkeeping Approach," *The Balance Sheet*, Vol. 10, Feb., pp. 178-181.
――――― (1931) "The Advantage and Disadvantage of the Different Approach to the Study of Bookkeeping," *The Balance Shee*t, Vol. 12, Feb., pp. 178-182, 212.
――――― (1934) "Bookkeeping and the Economic Crisis," *The Journal of Business Education*, Vol. 9, Feb., pp. 11-12., March, pp. 23-24., April, pp. 17-18.
Cunningham, B. M. (1996) How To Restructure An Accounting Course To Enhance Creative And Critical Thinking, *Accounting education: A journal of theory practice and research*. Vol. 1 No. 1, pp. 49-66.
Daughtrey, A. S. and R. A. Ristau (1991) *Basic Business and Economic Education 4th Edition*, South-Western Publishing Co.
Deines, D. S., J. Bittner., G. Eichman (2012) The Accounting Pilot and Bridge Project, *Issues in Accounting Education*, Vol. 27, No. 1, pp. 113-122.
Dickerson, E. S. (1945) "A Weak Link in Bookkeeping-Teaching Deferred and Accurued Items," *The Balance Sheet*, Vol. 26, May, p. 340.
Dillsrd J. F. (1999) "Commentary on Theoretical Approaches To Research on Accounting Ethics: A Technical Matrix of Accounting Ethics," *Research*

on *Accounting Ethics*, Vol. 5, pp. 141-143.
D'onofrio, M. J. (1983) "Introducing Microcomputers in Accounting Classes," *The Business Education Forum*, Vol. 37, March., pp. 19-21.
Doney, L. N., N. E. Lephardt, and J. P. Trebby (1993) Development Critical Thinking Skills in Accounting Students, *The Journal of Education for Business*, Vol. 68, May/June, pp. 297-300.
Dunn, C. L. (1960) "Teaching of Ajusting and Reversing Entries in the Elementary Accounting Courses," *The Accounting Review*, Vol. 35, No. 1, pp. 135-137.
Moses, R. D. and L. J. Echternacht (1991) "Automated and Manual simulation in high school accounting: The Effect on Student Achievement, Perceptions, and Time Required to Complete," *The NABTE REVIEW*. Issue Number 18. pp. 44-48.
Duron, R., B. Limbach, and W. Waugh (2006) Critical Thinking Framework For Any Discipline, *International Journal of Teaching and Learning in Higher Education*, Vol. 17, No. 2, pp. 160-166. (http://www.isetl.org/ijtlhe/pdf/IJTLHE55.pdf)
Eaton, R. H. (1933) "The Cost Approach," *The Accounting Review*, Vol. 8 No. 1 pp. 29-33.
Edmonds, T. P. and R. M. Alford (1989) Environmental complexity and the level of information processing by introductory accounting students. *Issues In Accounting Education*, Fall, pp. 345-358.
Edomonds, C. D. and T. P. Edomonds, (1997) "Educational idealism One More Reason to Stress the Perpetual Inventory System in Classroom Instruction," *The Journal of Education for Business*, Vol. 72, March/April, pp. 217-220.
Edwards, J. D., R. H. Hermanson (1993) *Essentials of financial accounting: with ethics cases*, Business One Irwin.
Elder, L. (2000) Why Critical Thinking is Essential To the Community College Mission And Why It Will Be Difficult to Achieve, July. (http://www.criticalthinking.org/articles/why-c t-is-essential.cfm)
Elder, L. and R. Paul (2009) *A Glossary of Critical thinking Terms and Concepts*, Foundation for Critical Thinking Press.
Ennis, R. H. (1996) *Critical Thinking*, Prentice Hall.
Esquerrě, P. J. (1916) *The Applied Theory of Accounts*, Ronald Press Co.
Fearon, E. H. (1935) "What of Beginning Bookkeeping?" *The Business Education World*, Vol. 15, March, pp. 539-541.
Feiertag, J. and Z. L. Berge. (2008) Training Generation N: how educators should approach the Net Generation, *Education+Training*, Vol. 50 No. 6, pp. 457-

464.
Fellingham, J. C. (2007) " Is Accounting an Academic Discipline?" *The Accounting Horizons,* Vol. 21, No. 2, pp. 159-163.
Fess, R. C. (1987) "Ethics In Accounting: Can It Be Taught?," *Outlook,* Summer, p. 60.
File, C. M. (1932) "The Realization Bookkeeping Objectives," *The Balance Sheet,* Vol. 14, Oct., pp. 74-77, 91.
Financial Accounting Standards Board (1985), *Statement of Financial Accounting Concepts No. 6: Elements of Financial Statements* ［平松一夫・広瀬義州訳（1994）『FASBの財務会計の諸概念（改訳新版）』中央経済社］.
Fordham, P.K. and C. H. White (1987), "Computerized Accounting: Object or Vehicle?," *The Business Education Forum,* Vol. 41, Feb., p. 16-17.
Forkner, H. L., R. M. Swanson, R. J. Thompson (1960) *The Teaching of Bookkeeping,* South-Western Publishing Co.
Foster, L. O. (1941) "The Asset Approach to Elementary Accounting," *The Accounting Review,* Vol. 16 No. 1, pp. 8-15.
Frame, T.M., K. A. Middleton, and C. G. Hamner (1987) "Don't Fool Your Students: Be Sure They know The Bottom Line," *The Business Education Forum,* Vol. 41, Jan., pp. 16-18.
Freeman, M.H. (1948) "Can We Justify Elementary Bookkeeping?," *The Journal of Business Education,* Vol. 24, Oct., pp. 13-14, 30.
───── (1951) "Ten Suggestions for Improving Learning Failure and Reducing in Bookkeeping," *The Business Educational World,* Vol. 31, June, pp. 504-505, 517.
───── (1970) "Some Myths and Misconceptions About High School Bookkeeping," *The Business Education Forum,* Vol. 24, pp. 27-29.
Friedlob, G.T. and R. M. Cosenza (1981) "Assessing the Value of High School Accounting for the College Bound," *The Business Education Forum,*Vol. 35, April, pp. 14-15.
Garrison, L. L. (1968) "Adjusting Entries-Why?" *The Business Education Forum,* Vol. 22, Oct., p. 16-17.
Gaynor, W. D. (1928) "The Teaching of Bookkeeping," *The Balance Sheet,* Vol. 9, Jan., pp. 10-12.
Geary, W.T. and R. R. Sims (1994) "Can ethics be learned?" *The Accounting Education,* Vol. 3, No. 1, pp. 3-18.
Gilbert, J. W. (1856) *Practical Treatise on Banking Vol. 1,* Longman, Brown, Green and Longmans.
Gilbertoson, C. B. (1992) *Accounting Learning and Instruction, 2nd Edition,* South-

Western Publishing Co.
Gilbertson, C. B., and M. W. Lehman (2008) *Century 21 Accounting 9E, General Journal Wraparound Teacher's Edition*, South-Western Cengage Learning.
Glenn, J. M. (2000) "Teaching the Net Generation," *The Business Education Forum*, Vol. 54, Feb., pp. 6-8, 10, 12-14.
Goldberg, L. (1973) *An Outline of Accounting*, The Law Book Co. Ltd.
Good, C. V. Editor (1945) *Dictionary of Education First Edition Fifth Impression*, McGraw-Hill Book Co., Inc.
Graham J. (1993) "How To Refocus Content and Methodology," *The Business Education Forum*, Vol. 48, Oct., pp. 30-33.
Greeley, D. H. (1921) *Business Accounting, Vol. 1, Theory of Accounts*, Ronald Press Co.
Gregg, M. and B. K. Behn (2011) "Pathways Commission: The Future of Accounting Education," *The Business Education Forum*, Vol. 66, Dec., pp. 15-17.
Griffin, P, B. McGaw, E. Care (2012) *Assessment and Teaching of 21st Century Skills Educational Assessment in an Information Age*, Springer, [三宅なほみ監訳、益川弘如・望月俊男翻訳 (2014)『21世紀型スキル――学びと評価の新たなかたち』北大路書房].
Guerrieri, D. J. (1988) "Choosing the Best Method to Introduce Accounting." *The Business Education Forum*, Vol. 576, April, pp. 13-17.
Guerrieri, D. J. F. B. Harber., W. B. Hoyt, R. E. Turner (1985) *Teacher's Manual Accounting Concepts/Procedures/Applications Advanced Course*, Houghton Mifflin Co.
――― (1992) *Accounting concepts/procedures/applications First Year Course Second Edition*, Glencoe Division of Macmillian/McGraw-Hill Publishing Co.
――― (2000a) *GLENCOE Accounting First-Year Course, Teacher's Wraparound Edition*. Glenco McGraw-Hill.
――― (2000b) *Strategies for Teaching Ethics in Accounting, First-Year Course*, Glencoe McGraw-Hill Co.
――― (2007) *GLENCOE Accounting First-Year Course, Teacher Wraparound Edition*, McGraw-Hill Co.
Haga, E. J. (1961) "Single-Entry Bookkeeping of 1875 Still Useful," *The Journal of Business Education*, Vol. 24, Oct., pp. 13-14, 30.
Hanna, J. M. (1960) "How to Teach Merchandise Inventory Adjustment," *The Business Education World*, Vol. 86, May, pp. 326-327.
Hansen, J. D. (2006) "Using Problem-Based Learning in Accounting," *The Journal*

of education for Business, Vol. 81, March/April, pp. 221-224.
Harder, J. C. and S.Dickey (2002) "Habits of Highly Effective Accounting Teachers." The Business Education Forum, Vol. 36, April, pp. 32-33, 53.
Hartman, V, P. Nix, M. Mcferidge, D. G. Hertz. (1982) "High School Guidance for College Accounting Success," The Business Education Forum, Vol. 36, April, pp. 20-21.
Hatcher, H. H. (1933) "The Social-Business Objective of Bookkeeping," The Balance Sheet, Vol. 35, Oct., pp. 63-67.
Healy, J. M. (1990) Endangered minds: Why Our Children Don't Tthink, and What We Can Do About It, Simon and Schuster ［西村辨作・新美明夫訳 (1992)『滅びゆく思考力──子どもたちの脳が変わる』大修館書店］.
Hellmuth, S. (1991) "What High School Accounting Can Do for Your Students," The Business Education Forum, Vol. 45, Feb., pp. 12-16.
Henrich, W. E. (1942) "The Classification Approach Bookkeeping," The Journal of Business Education, Vol. 18, Sep., pp. 17-18.
Herrick, C. A. (1904) The Meaning and Practice of Commercial Education, Macmillian Co.
Hesss, S., A. Benson (2006) Career Pathways: The New Career Technical Education. (http//136.165.122.102/UserFiles/File/media/20061109_careerPathwaysTheNewCareerTechnicalEducation.pdf)
Hill, G. G. (1934) "Discussion of The Socialized Bookkeeping Course," The Business Education World, Vol. 14, March, p. 386.
Hoffman, A. M. (1949) Bookkeeping, American Book Co.
Hosler, M. M., B. J. Schmidt, C.L. Jennings, and S. J.B. Wanous (2000) A Chronology of Business Education in the United States 1635-2000, The National Business Education Association.
Hogn, D. P. (1994) "Applied Academics in Accounting," The Business Education Forum, Vol. 48, Feb., pp. 35-37.
Hoyt, W. B. (1993) "Accounting: A Diamond in the Secondary Curriculum," The Business Education Forum, Vol. 47, Feb., pp. 39-41.
────── (1996) "Balancing Technology with Established Metholodology" The Business Education Forum, Vol. 50, Feb., pp. 29-31.
────── (1997) "Technology and Accounting Methodology," The Changing Dimension of Business Education Thirty-Fifth Yearbook, National Business Education Association, pp. 101-111.
Huff, R. (1972) "Make Bookkeeping Course Current and Useful By Changing Content and Objectives," The Business Education Forum, Vol. 26, March, pp. 72-74.

Huffman, H. (1948) "Personal Value in Bookkeeping," *The Journal of Business Education*, Vol. 23, Jan., pp. 13-14.
Husen, T., T. W. Postiethwaite Editor (1988) *The International Encyclopedia of Education Research and Studies, Volume 1*, Pergamon Press.
Huss, H. F. and D. M. Patterson (1993) "Ethics in Accounting: Values Education Without Indoctrination," *The Journal of Business Ethics*, Vol. 12, No. 3, pp. 235-243.
Jackson, J. H., T. H. Sanders, A. H. Sproul (1926) *Bookkeeping and Business Knowledge complete course*, Ginn and company.
Johnson, C. A. and L. C. Claudia (1999) "Promoting the Work Ethic Among Generation X and N-Gen Students," *National Business Education Association Yearbook*, No. 37, pp. 16-27.
Johnson, G. L., J. A. Gentry (1974) *Finney and Miller's Principles of Accounting Intermediate, Seventh Education*, Prentice Hall, Inc.
Joint Council on Economic Education; JCEE (Warmke R.E. Editor) (Roman F. Warmke Editor) (1971) *Teaching Personal Economic in the Business Curriculum*, Joint Council on Economic Education.
Jones, A, and S. Sin (2003) *Generic Skills in Accounting Competencies for students and graduates*, Pearson Educational Australia Pty Limited.
Kerby, D. and J. Romine (2003) "Ideas for the Accounting Classroom," *The Business Education Forum*, Vol. 57, Feb., pp. 30-32, 59.
Kester, R. B. (1917) *Accounting Theory and Practice, Vol.1*, Ronald Press Co.
Ketz, E. J. ed. (2006) *Accounting Ethics, Critical Perspectives on Business and Management, vol. II*, Routledge.
King, P. M. and Kitchener K. S. (1994) *Developing Reflective Judgment: Understanding and Promotion Intellectual Growth and Critical Thinking in Adolescents and Adults*, Jossey-Bass Publishers.
King, L. F. (1932) "A Critical Study on Methods of Approach in Bookkeeping," *The Balance Sheet*, Vol. 13, *Feb.*, pp. 206-208, 227.
Klein, J. J. (1919) *Bookkeeping and Accounting*, D. Appleton & Co.
─── (1927) *Elements of Accounting, Theory and Practice*, D Appleton & Co.
Kohlberg, L. (1969) *Stage and Sequence, The Cognitive- Developmental Approach to Socialization* [永野重史監訳 (1990)『道徳性の形成認知発達アプローチ』新曜社].
Kohlberg, L. (1981) *Essays on Moral Development vol. 2*, Harper & Row.
Kohlberg, L, C. Levine, & A. Hewer. (1992) *Moral Stages; A Current Formulation and a Response to Critics* [片瀬一男・高橋征二訳 (1992)『道徳性の発達段階──コールバーグ理論をめぐる論争への回答』新曜社].

Landrum, M. L. (1939) "Socialized Bookkeeping vs. Vocational Bookkeeping," *The Balance Sheet*, Vol. 20, Feb., pp. 247-249.

――― (1952) "Vocational Bookkeeping Has Many General Educational Values," *The Balance Sheet*, Vol. 58, Feb., pp. 244-247, 261.

Lanham, J. S. (1957) "Should Bookkeeping Be Taught to College bound Students?" *The Business Education World*, Vol. 33, Dce., pp. 7-8.

Larson, K. D., P. B. W. Miller. (1995) *Financial Accounting Sixth Edition*, Richard D. Irwin, Inc.

Lasselle, R. C. (1986) "Preparing Students for Entry-Level Positions," *The Business Education Forum*, Vol. 40, Feb., pp. 13-14.

Lebeda, A. (1946) " Accountant or Bookkeeper? Can you explain the difference?" *The Business Education World*, Vol. 26, June, p. 563.

Levy, F. and J. R. Murnane (2006) "How Computerized Work and Globalization Shape Human Skill Demands," *MIT IPC Working paper* IPC-05-006.

Lipkin, L. (1959) "The Dynamic Equation of Accounting," *The Accounting Review*, Vol. 34, Jan., pp. 134-135.

Lisle, G. ed. (1903), *EncyclopÆdia of Accounting*, Vol. I, 1991, Reprinted Nihon-Shoseki, Ltd.

Littleton, A. C. (1923a) "Value of the Balance Sheet Approach," *AAUIA, Proceedings*, VII, No. 1, April, [Moyer A. C. (1961) *Essays on Accountancy*, University of Illinois Press], pp. 568-570.

――― (1923b). "Limitations in the Balance Sheet Approach," *AAUIA. Proceedings*, VII, No. 1, April, [Moyer, C. A. (1961) *Essays on Accountancy*, University of Illinois Press], pp. 570-571.

――― (1931a) "A Cost Approach to Elementary Bookkeeping," The Accounting Review, Vol. 6, March, pp. 33-37. [Moyer, C. A. (1961) *Essays on Accountancy*, University of Illinois Press] pp. 572-575.［黒澤清（1931）「リットルトン原価観念による簿記教授法」『會計』第 29 巻第 1 号、pp. 164-168]。

――― (1931b) "Approaches to Elementary Accountancy," *The Accounting Review* [Moyer A. C. (1961) *Essays on Accountancy*, University of Illinois Press, pp. 567-568].

――― (1934) "The Income Approach," *The Accounting Review, Vol.* Dec., pp. 342-346.

Loeb, S. E. (1988) "Teaching Students Accounting Ethics: Some Crucial Issues," *Issues in Accounting Education*, Fall, pp. 316-329.

Lomax, P. S. (1928) *Commercial Teaching Problems*, Prentice-Hall Inc.

Lomax, P. S. and P. L. Agnew. (1930) *Problems of Teaching Bookkeeping*, Prentice-

Hall Inc.
Lynch, L. R.（1997）*Designing Vocational and Technical Teacher Education for the 21st Century:Implications from the Reform Literature*, Center on Education and Traing for Employment, The Ohio State University.
Lyon, L. S.（1922）*Education for Business*, The Unversity of Chicago Press.
Reap, M. C.（1985）" Integrating information processing into accounting." *The Business Education Forum*, Vol. 39, April-May, pp. 10-11.
D'onofrio, M. J.（1983）"Introducing microcomputers in accounting classes." *The Business Education Forum*, Vol. 37, March, pp. 19-20.
Mastilak, C.（2012）First-Day strategies for Millennial students in introductory accounting Course: It's All fun and Games Until Something Gets Learned, *The Journal of education for Business*, Vol. 87, No. 1, pp. 48-51.
Meservey, A. B.（1882）*Meservey's Book-keeping, Single and Double entry*, Thompson Brown.
Mischel, T.（1971）*Cognitive Development and Epistemology*, Academic Press,［岩佐信通訳（1987）『道徳性の発達と道徳教育――コールバーグ理論の展開と実践』広池学園出版部］.
Moluckie, J. E.（1934）"Bookkeeping-Socialization or Utilization?" *The Balance Sheet*, Vol. 16, Oct., pp. 67-68.
Mooney, K., S. P. Mooney and S. V. Crosson（2012）"The Changing Accounting Curriculum at the Secondary and Postsecondary Levels."［In Stitt-Gohdes W.（ed.）（2012）*Trends & Issues in Business Education*, NBEA 2012 yearbook, pp. 46-60］.
Moses, D. R. and L. J. Echternacht.（1991）"Automated and Manual Simulation in High School Accounting: The Effect ON Student Achievement, Perceptions, and Time Required to Complete," *NABTE REVIEW*, Issue Number 18. pp. 44-48.
Musselman, V. A.（1967）"Let's Update Our Bookkeeping Teaching," *The Journal of Business Education*, Jan., pp. 13-14.
Musselman, V. A. and J. M. Hanna（1960）*Teaching Bookkeeping and Accounting*, McGraw-Hill Book Co.
Musselman, V. A., J. M. Hanna, D. H. Weaver, and H. J. Kaluza.（1979）*Methods of Teaching Accounting, Second Edition*, Gregg Division/McGraw Hill.
Myer, J. N.（1946）"Fallacies in the Balance-Sheet Approach," *The Accounting Review*, Vol. 21 No. 1, Jan., pp. 8-13.
Nanassy, L. C., D. R. Malsbary, H. A., Tonne（1977）*Principles and Trends in Business Education*, The Bobbs-Merill Company, Inc.
National Commission on Fraudulent Financial Reporting（Treadway

Commission) (1987) *Report of the National Commission on Fraudulent Financial Reporting* [鳥羽至英・八田進二訳 (1991)『不正な財務報告——結論と勧告』白桃書房].

National Business Education Association (1995) *National Standards for Business Education*, National Business Education Association.

——— (2001) *National Standards for Business Education*, National Business Education Association.

——— (2005) Accounting For Today and Tomorrow," *Keying In*, Vol. 15, No. 4.

——— (2013) *National Standards for Business Education*, National Business Education Association.

National Research Council (2000) *Committee on Developments in the Science of Learning How people learn: brain, mind, experience, and school expanded* [米国学術研究推進会議編著、森敏昭・秋田喜代美監訳、21世紀の認知心理学を創る会訳 (2002)『授業を変える——認知心理学のさらなる挑戦』北大路書房].

Ness, P. H. V. (1966) "To Reverse or Not to Reverse?" *The Accounting Review*, Vol. 41, No.1, pp. 138-141.

Nichols, E. G. (1933) *Commercial Education in the High School*, D Appleton-Century Co., p. 51.

Nicol, R. E. G. (1968) "The Accounting Equation Revisited: A Conceptual Accounting Model," *The Accounting Review*, Vol. 43., Oct., pp. 777-779.

Nobes, C. (2002) *The Penguin Dictionary of Accounting*, Penguin Books.

Noble, H. S. (1933) "A Cost Approach to Elementary Accounting," *The Accounting Review*, Vol. 8, No. 4, pp. 29-33.

Noel, T. W. (1935) "Aims in Teaching Bookkeeping," *The Journal of Business Education*, Vol. 11, Nov., pp. 13-14.

O'Connor, M. A., A. L. Kieser, J. J. Olivo (2011) "Engaging the Millennial generation in Business Education Classes," *The Business Education Forum*, Vol. 66, Dec., pp. 36-39.

Ohlemacher, P. M. (1990) "Integrating Ethics In High School Accounting," *The Business Education Forum, Vol. 44*, Jan., p. 14.

Packenham, E. S. (1967) "Toward the limination of Reversing Entries- A Teaching Note," *The Journal of Business Education*, Vol. 43, Dec., pp. 118-119.

Paisey C, and Paisey N. J. (2007) Balancing the vocational and academic dimensions of accounting education: the case for as core curriculm, *The Journal of Vocational education and Training*, Vol. 59, No. 1, pp. 89-105.

Parker, E. S. (1933) "An Approach to Bookkeeping," *The Balance Sheet*, Vol. 15,

Nov., pp. 105-110, 134, Dec., pp. 150-152, 175.
Parker, P. H. (1992) *Macmillan Dictionary of Accounting, Second Edition*, Macmillan.
Paul, K. (1995) A Framework for Incorporating Critical Thinking into Accounting Education, *Journal of Accounting Education*, Vol. 13, No 3, pp. 299-318.
Paul, R. W. edited by Willsen, J. and A. J. A. Binker (1993) *Critical thinking: how to prepare students for a rapidly changing world*, Foundation for Critical Thinking.
Pearson, M. L. (1935) "A Neglected Field in Bookkeeping," *The Journal of business Education*, Vol. 10, June, pp. 7-9.
Pellegrino, J. and W. M. L. Hilton (2012) *Education for Life and Work: Developing Transferable Knowledge and Skills in the 21st Century*, National Academic Press.
Percy, A. L. (1935) "What of Beginning Bookkeeping?," *The Business Education World*, Vol. 15, June, pp. 775-779.
Pertnership for 21st Century Skills: P21 (2009) A Report and Mile Guide for 21st Century Skills. (www.21STCENTURYSKILLS.ORG.)
Peursem, K. V. and A. Julian (1999) "Ethics Education and the Accounting Curriculum, Can Ethics Be Taught?" (http://www.aaahq.org/AM2003/EthicsSymposium/Session%204a3.pdf)
Pilcher, D. J. (1932) "The Accounting Equation," *The Accounting Review*, Vol. 7, Dec., pp. 294-296.
Piper, T. R., M. C. Gentile, S. D. Parks, *Can Ethics Be Taught?: Perspectives, Challenges, and Approaches at the Harvard Business School*, Harvard Business School Pr, 1993［小林俊治他訳（1995）『ハーバードで教える企業倫理』生産性出版］.
Popham, E.L., Schrag, A.F., Blockhus W. (1975) *A Teaching -Learning System For Business Education*, McGraw-Hill Book Company, Inc.［雲英道夫・篠原靖市・原廉訳（1981）『ビジネス教育の教授──学習システム（上下巻）』多賀出版］.
Porters, R. J. (1913) *Pitman's Dictionary of Book-Keeping*, Sir Isacc Pitman & Sons.
Prensky, M. (2001) "Digital Natives, Digital Immigrants, Part II: Do They Really Think Differently?" *On the Horizon* (NCB University Press, Vol. 9 No. 6, December) (http://www.marcprensky.com/writing/Prensky%20-%20Digital%20Natives,%20Digital%20Immigrants%20-%20Part2.pdf#search='Prensky%2C+M.%282001%29%E2%80%9CDigital+Natives%2C+Digital+Immigrants%2C+Part+II%3A+Do+They+Really+Think+Differently%3F%E2%80%9C+On+the+Horizon')

Price, J. E., M. D. Haddock, and H. R. Brock (1994) *College Accounting, Seventh Edition, Instructor's Edition*, Glenco Division of Macmillan/MacGraw-Hill School Publishing Co.

Progressive Education Association (1942) *Commission on the Relation of School and College, Adventure in American Education, Vol. 1*, "The Story of the Eight-Year Study," Harper & Brothers.

Reap, M. C. (1985), "Integrating Information Processing into Accounting," *The Business Education Forum*, Vol. 39, April/May, pp. 10-11.

Reich, R. B. (1991) *The work of nations: preparing ourselves for 21st-century capitalism*, Simon & Schuster [中谷巌訳 (1991)『ザワークオブネーションズ——21世紀資本主義のイメージ』ダイヤモンド社].

Reid, A. N. (1984), "Teach the tried and true-and then the new," *The Business Education Forum*, Vol. 38, Jan., pp. 10-11.

Reimer, J., D. P. Paolitto. & R. H. Hersh, *Promoting Moral Growth: From Piaget To Kohlberg*, Second Edition, Waveland Press, Inc., 1983 [荒木紀幸監訳 (2004)『道徳性を発達させる授業のコツ』北大路書房].

Reininga, W. (1965) "An Approach to Elementary Accounting," *The Accounting Review*, Vol. 8, No. 1, pp. 211-214.

Reinstein, A. and G. H. Lander (2008) Developing Critical Thinking in College Programs, *Research in Higher Education Journal*, Vol. 1, Nov. (http://www.aabri.com/manuscripts/08046.pdf)

Reinstein, R. and E. M. Bayou (1997) Critical thinking in accounting education: processes, skills and applications, *Managerial Auditing Journal*, Vol. 12 No. 7, pp. 336-342.

Report of the Harvard Committee (1945) *General Education in a Free Society*, Harvard University Press.

Reynold, A. R. (1989) "Teaching Accounting: Are Your Methods Effective?" *The Business Education Forum*, Vol. 43, April, pp. 28-29.

Riordan, M. P. and E. K. S. Pierre (1992) "The Development of Critical Thinking," *Management Accounting*, Vol. 73, Feb., p. 63.

Ross, E. K, Hanson D. R, Gilbertson, B. C, Lehman, W. M, Swanson, M. R. (1995a) *Century 21 Accounting Firstyear Course, Wrapround Teacher's Edition*, South-Western Publishing Co.

―――― (1995b) *Century 21 Accounting First-year Course Sixth Edition*, South-Western Publishing Co.

―――― (1995c) *Century 21 Accounting First-year Course, Teacher's Resource Guide*, South-Western Publishing Co.

Ross, S. & Hason. (1987) *Teacher's Reference Guide Century 21 Accounting First*

Year Course, Fourth Edition, South-Western Publishing Co.
Satlow, P. I. (1953) "Let's Modernize the Content of Bookkeeping," *The Journal of Business Education*, Vol. 28, Jan., pp. 155-157.
Schär, J. F. (1921) *Einfache und doppelte Buchhaltung, 7durchgesehene Aufl*, Verlag für Sprach und Handelswissenschaft.
――――― (1922) *Buchhandlung und Bilanz 5 Auflag*, Berlin［林良吉譯（1925）『會計及び貸借對照表』同文館］.
Sampsell, M. (1996) *Great Ideas for Teaching Introductory Accounting*, South-Western College Publishing.
Schmalenbach, E. (1939) *Dynamische Bilanz, Siebente auflage*, G.A. Gloeckner, Verlagsbuchhandlung, s. 56-57.［土岐政蔵訳（1950）『動的貸借対照表論』森山書店、pp. 19-20］.
Schmidt, L. A. (1931) "Getting the Most out of the Balance Sheet Approach," *The Balance Sheet*, Vol. 12, March, pp. 224-226, 247.
Schrag, A. F. and R. P. Poland (1987) *A System for Teaching Business Education Second Edition*, McGraw-Hill. Inc.
Scott, J. C. (1996) "Culture and Accounting-Not So Strange Bedfellows," *The Business Education Forum*, Vol. 50, April, pp. 36-38.
Segovia, J. (2006) Understanding Generation NeXt and creating Active Learning in Accounting Courses, *The Business Education Forum*, Vol. 60, Dec., pp. 17-20.
Selby, P. O. (1945) *The Teaching of Bookkeeping*, Gregg Publishing Co.
Shakespeare, W. (1605) *The Tragedy of Hamlet, Prince of Denmark [3.1]*.［野島秀勝（2002）『ハムレット』岩波書店］.
Shenkir, W. G. (1990) "A Perspective from Education: Business Ethics, Ethics should be taught in a climate of honor and trust," *Management Accounting*, Vol. 71, June, pp. 30-33.
Shields, H. G. (1930) Real Business Education Is Economic Education, *The Journal of Business Education*, Vol. 5, June, pp. 27, 37.
Shilt, B. A. (1937) *The Contribution of Bookkeeping Instruction to Modern Civilization, Monograph 35*, South-Western Publishing Co.
Shuell, T. J. (1996) Teaching and Learning in a classroom, In Berliner D. C. and R. C. Calfee Editor (1996), *Handbook of educational psychology*, Macmilian Library reference USA.
Siegel, J. G., J. K. Shim (1994) *Barron's Dictionary of Accounting Terms*, Barron's Educational Series, Inc.［堀内正博・佐々木洋和訳（2001）『英文会計用語辞典』清文社］.
Smith, H. M. (1960) Criticism of the Teaching of Bookkeeping, *The Journal of*

Business Education, Vol. 35, April, pp. 295-296.

Spiegelberg, E. J. (1992) "Where Is Accounting Education Headed?," *The Business Education Forum*, Vol. 46, Feb., pp. 323-26.

Sprague, C. E. (1880) "The Algebra of Accounts," *The Bookkeeper*, July 20; August 3; August 17; August 31, pp. 2-4; 19-22; 35-37; 51-53.

─────── (1923) *The Philosophy of Accounts 5th ed.*, Ronald Press Co.

Springer, C. W., and A. F. Borthick. (2004) Business simulation to stage critical thinking in introductory accounting: Rationale, design and implementation. *Issues in Accounting Education*, August, pp. 277-303.

Sproul, A. H. (1929) Bookkeeping and Accounting, in Kitson, H. D. (ed.), *Commercial Education in Secondary Schools*, Ginn and Company.

Stepheson, J. (1929) *Priciples of Accounta Part II Application of Double Entry to the Wholesale and Retail Trade*, Sir Isaac Pitman & sons, Ltd.

Stitt-Gohdes, W. L. (2011) *The Business Education Profession: Principles and Practices, Second edition*, Delta Pi Epsilon.

Stone, V. W. (1960) "A Test for Reversing Entires," *The Accounting Review*, Vol. 35, No. 2, pp. 318-320.

Swanson, R. M., K. E. Ross, R. D. Hanson. (1987) *Centry 21 Accounting First-Year Course Fourth Edition*, South-Western Publishing Co.

Swanson, R. M., K. E. Ross, R. D. Hanson. (1987) *Teacher's Reference Guide Centry 21 Accounting First-Year Course Fourth Edition*, South-Western Publishing Co.

Tapscott, D. (2009) *Grouwn Up Digital How the Net Generation is Changing Your World*, McGraw-Hill Co., [栗原潔訳 (2009)『デジタルネイティブが世界を変える』翔泳社].

Taylor, M. (2006) Generation NeXt Comes to College: 2006 Updates and Emerging Issues/A Collection of Papers on Self-Study and Institutional Improvement, Vol. 2, Chapter, 2:48-2:5 (taylorprograms.org/images/images//Gen_NeXt article_HLC_06. pdf).

The Secretary's Commission on Achieving Necessary Skills (SCANS) (1991) *What work requires of schools: A SCANS Report for America 2000*, Department of Labor, Washington, D. C.

Thrner, E. R. (1985) "The Equation Approach A Fast Start In Accounting," *The Business Education Forum*, March, pp. 24-26.

Tonne, A. H, Popham, L. E, Freeman, H. M. (1957) *Methods of Teaching Business Subjects Second Edition*, McGraw-Hill Book Company, Inc.

Tonne, H. A. and J. P. Copeland (1938) "The Next Step in the balance Sheet Approach," *The Journal of Business Education*, Feb., pp. 13-14.

Tonne, H. A. (1947) *Principles of Business Education*, The Gregg Publishing Co.
──── (1953) "Teaching Merchandising Adjustment and Closing Entries," *The Journal of Business Education*, Dec., pp. 109-111.
Tonne, H. A., L. C. Nanassy (1970) *Principles of Business Education, Fourth Edition*, McGraw-Hill Book.
Trilling B., Fadel C. (2012) *21st Century Skills: Learning for Life in Our Times*, Jossey-Bass.
Turner, E. R. (1985) "The Equation Approach A Fast Start Is Accounting," *The Business Education Forum*, Vol. 66. March, pp. 24-26.
Vincent A, and M. Meche (1995) *Strategies for Teaching Ethics, Delta Pi Epsilon Instructional Strategies An Applied Research Series*, Vol. 11, No. 2, pp. 2-3.
Walter, M. R. (1969) "Prediction For 2000 A.D.:Bookkeeping Will Be Dropped From The High School Curriculum," *The Journal of Business Education*, Feb., pp. 199-200.
Warters, S. T. (1998) "Accounting: The Discipline of the Discipline" (http://kbea.org/Journal/1998/1198-16.htm).
Watty, K, B. Jackling, R.M.S. Wilson Editor (2012) *Personal Transferable Skills in Accounting Education*, Routledge.
Whitefield, D. (2003) Personal and impersonal skills development in an accounting degree a case study of accounting education, Swinbume University of Technology, School of Business. (http://researchbank.seinburne.edu.au/vital/access/manager/Repository/swin:7482)
Whitney, E. P. (1992) "An Accounting Program for Today," *The Business Education Forum*, Vol. 66, April, pp. 27-28.
Hoyt, W. B. (1997) "Technology and Accounting Methodology," *The Changing Dimension of Business Education Thirty-Fifth Yearbook*, National Business Education Association, pp. 101-111.
Williams, D. (1993) "Reforming accounting education," *The Journal of Accountancy*, Vol. 176, August, pp. 76-82.
Wilson, M. and L. E.,Gerber (2008) "How generational theory can improve teachintg Strategies for working with the millennials." *Currents in Teaching and Learning*, Vol. 1, No.1, pp. 29-44.
Wisehart, K.M. (1930) "Have You the Right to in Business?" *The American Magazine*, Vol. 103, No. 8, pp. 26-27, 92-94.
Wolcott, S. K. and C. L. Lynch, (1997) "Critical Thinking in the Accounting Classroom: A Reflective Judgment Developmental Process Perspective, "*Accounting Education: A Journal of Theory, Practice and Research*, Vol.

2, Issue 1, pp. 59-78.

Wolcott, S. K., C. P. Baril., B. M. Cunningham, D. R. Fordham and K. S. Pierre (2002) "Critical Thought on Critical Thinking Research," *The Journal of Accounting Education*, Vol. 20, No. 2, pp. 85-103.

Yamey, B. S. (1947) "Notes on the Origin of Double-Entry Bookkeeping," *The Accounting Review*, Vol. 22, No. 3, p. 264.

Yeaton, K. (2008) "Recruiting and Manageging the 'Why?,' Generation: GenY," *CPA journal*, (http:// www.nysscpa. org/printversions/cpaj/2008/408/p68.htm).

Hesss, S. and A. Benson (2006) Career Pathways: The New Career Technical Education (http//136.165.122.102/UserFiles/File/media/20061109/20061109_careerPathwaysTheNewCareerTechnicalEducation.pdf).

Zelliot, E. A. (1950) "Objectives In Secondary School Bookkeeping Courses," *UBEA Forum*, Vol. 4, No. 8, pp. 27-28, 40.

青柳文司 (1986)『アメリカ会計学』中央経済社。

─── (1993)「おぼえる会計学から考える会計学へ」『企業会計』第45巻第1号、pp. 52-57。

秋田喜代美 (2008)「教室談話で育つメタ認知」『現代のエスプリ』497号、pp. 88-97。

秋葉国利 (1977)「商品勘定三分割方法という名称の妥当性について」『北海学園大学経済論集』第24巻4号、pp. 59-70。

─── (1984)「期首における再修正記入の意義と目的（Ⅰ）」『北海学園大学経済論集』第32巻2号、pp. 1-2。

─── (1985)「期首における再修正記入の意義と目的（新稿）」『北海学園大学経済論集』第33巻3号、pp. 101-113。

─── (1994)「商品売買の処理における3分の問題点-1-」『北海学園大学経済論集』第41巻4号、pp. 1-8。

─── (1995)「商品売買の処理における3分の問題点-2-」『北海学園大学経済論集』第42巻4号、pp. 9-17。

─── (2002)「もう一つの総記法」『北海学園大学経済論集』第49巻4号、pp. 33-37。

渥美国際交流財団関口グループ研究会 (SGRA) (2013)『21世紀型学力を育むヒューチャースクールの戦略と課題』SGRAレポート No. 0065。

新井清光 (1998)『商業580高校簿記新訂版』実教出版。

爾嗹遐度述、芳川顯正督纂、海老原濟譯・梅浦精一譯、小林雄七郎・宇佐川秀次郎・丹吉人刪補校正 (1873)『銀行簿記精法1-5巻』大蔵省。

安藤英義 (2001)『簿記会計の研究』中央経済社。

─── (2002)「吉田良三「取引要素説」の形式」『一橋論叢』第128巻第5号、

pp. 487-503。
——— (2011)『商業 306 新簿記』実教出版。
飯野利夫 (1954)「簿記の目的」『ビジネスレビュー』第 2 巻第 3 号、pp. 35-47。
——— (1961)「財務諸表作成基準――決算その 4」『産業経理』第 21 巻第 3 号、pp. 207-210。
——— (1966)「商品会計処理法の吟味――新しい三分法の提唱」『会計人コース』第 1 巻第 6 号、pp. 4-5。
——— (1970)「商品の処理 (2)」『税経セミナー』第 15 巻第 4 号、pp. 28-32。
飯野利夫・山桝忠恕・染谷恭次郎編 (1974)『簿記原理 講座簿記会計第一巻』有斐閣。
池田広司 (2001)「IT と簿記教育」『甲南経営研究』第 42 巻第 12 号、pp. 1-23。
泉宏之 (2003)「商品売買取引の処理」『會計』第 164 巻第 2 号、pp. 29-38。
市川伸一 (2003)「動機づけの心理学が進路指導を変える」『Career Guidance』pp. 12-19。
井上達雄 (1969)『例解会計簿記精義』白桃書房。
今西幸蔵 (2009)「キーコンピテンシーと DeSeCo 計画」『天理大学学報』第 60 巻第 1 号、pp.79-107。
岩垂至 (1935)『銀行実務講座 第 5 巻』非凡閣。
——— (1951)『簿記会計精義』同文館出版。
上野清貴監修 (2012)『簿記のススメ――人生を豊かにする知識』創成社。
上野道輔 (1919)「複式簿記ノ欠点ニ就イテ」『国家学会雑誌』第 33 巻第 4 號、pp. 56-78。
——— (1928a)「混合勘定に関する一考察」『経濟論叢』第 27 巻第 5 號、pp. 1-27。
——— (1928b)『簿記理論の研究』有斐閣。
上原孝吉 (1959)『技術家庭科 中学簿記指導書』柴田書店。
魚谷安二郎 (1933)「収支簿記法解説」『會計學研究』第 2 號、pp. 87-116。
宇佐美邦雄 (1956)『現金仕訳式簿記法』簿記普及会。
碓氷厚次 (1967)「簿記学と会計学との差別について」『熊本商大論集』第 24 号、pp. 1-10。
内尾直喜 (1897)『改正銀行簿記學總覽：全』簿記友會本部。
浦坂純子・西村和雄・平田純一・八木匡 (2002)「数学学習と大学教育所得昇進――（経済学部出身者大学教育とキャリア形成に関する実態調査）に基づく実証分析」『日本経済研究』No. 46、pp. 22-43。
浦崎直浩 (2005)「企業倫理教育とアカウンティングマインドの育成」『會計』第 168 巻 3 号、pp. 365-378。
——— (2007)「会計倫理教育の課題と方法」『産業経理』第 67 巻 2 号、pp. 47-58。
太神和好 (1932)「収支計算簿記の機構」『商業論集（大分高商創立十周年記念論

文集)』第 6 巻第 2 號、pp. 148-180。
太田哲三（1925）「混合勘定に就て（二勘定系統説を評す）」『會計』第 17 巻第 6 號、pp. 38-44。
――――（1932）『会計制度論』千倉書房。
大塚宗春・川村義則（2011）『商業307 高校簿記』実教出版。
大坪文次郎（1888）『簿記活法：実地適用』金港堂。
大埜隆治（1953）『商業教育』岩崎書店。
大原信久（1891）『実地応用簿記学教科書』東京簿記精修学館。
――――（1913a）『簿記学教科書　第 1 巻商業　新式複式収支貸借 改良増版』私立大原簿記学校。
――――（1913b）「廓新会の趣旨　主観式収支簿記の主張」『簿記世界』第 15 巻 2 號、pp. 1-7。
――――（1913c）「主観的簿記と客観的簿記の優劣」『東京經濟雜誌』1681 號、pp. 58-62。
――――（1913d）「主観的簿記と客観的簿記の優劣」『日本経済新誌』第 13 巻 1 號、pp. 38-40。
――――（1913e）「主観的簿記と客観的簿記の優劣」『實業界』第 8 巻 4 號、pp. 248-250。
――――（1916）「某宮家で採用せられた家政簿記」『簿記世界』第 18 巻 1 號、pp. 3-6。
――――（1920）「新式収支計算簿記の實施」『簿記世界』第 22 巻 3 號、pp. 1-22。
――――（1921a）「最近　商業簿記』私立大原簿記学校。
――――（1921b）「生活向上策としての収支簿記」『簿記世界』第 23 巻 1 號、pp. 1-9。
――――（1921c）「民族習慣と収支式及貸借の適否可否」『簿記世界』第 23 巻 5 號、pp. 1-6。
――――（聖山）（1920b）「収支簿記と貸借簿記との比較」『簿記世界』第 22 巻 5 號、pp. 15-23。
大原簿記学校（1922）『校長大原信久先生の表彰に際して』大原簿記学校。
大羽純久（1968）「簿記学導入法の推移」『広島商大論集（商経論）』第 9 巻第 1 号、pp. 1-18。
大藪俊哉（1968）「商品勘定分割上の諸問題」『エコノミア』No. 35、pp. 58-72。
――――（1979）「期首再振替仕訳の理論的根拠」飯野利夫先生還暦記念論文集刊行会編『財務会計研究（飯野利夫先生還暦記念論文集）』国元書房、pp. 255-266。
――――（1986）「Ⅲ　簿記の一巡に手続再考」宇南山英夫編『会計ディスクロージャー』同文館出版、pp. 45-59。
――――（1991）『簿記の計算と理論』税務研究会出版局。

―――――（1997）『簿記論講1』中央経済社。
岡田誠一（1935）「明治簿記學史斷片」日本会計学会編『東奭五郎先生下野直太郎先生古稀記念論文集』森山書店、pp. 297-323。
興津裕康・大矢知浩司編（2002）『現代会計用語辞典（第3版）』税務経理協会。
海後宗臣（1951）『新教育の進路』明治図書出版。
片瀬一男・高橋征二・菅原真枝（2002）『道徳意識の社会心理学』北樹出版。
片野一郎（1956）『日本銀行簿記精説』中央経済社。
―――――（1966）『簿記精説』同文舘。
神代浩（代表）（2012）『教育課程の編成に関する基礎研究報告書3 社会の変化に対応する資質や能力を育成する教育課程――研究開発事例分析等からの示唆』国立教育政策研究所。
勝野頼彦（代表）（2013）『教育課程の編成に関する基礎研究報告書5 社会の変化に対応する資質や能力を育成する教育課程編成の基本原理［改訂版］』国立教育政策研究所。
―――――（2014）『教育課程の編成に関する基礎研究報告書7 資質や能力の包括的育成に向けた教育課程の基準の原理［改訂版］』国立教育政策研究所。
川島太津夫（2012）「変わる労働市場、変わるべき大学教育」『日本労働研究雑誌』No. 629、pp. 19-30。
木内天民（1931）『天民遺稿』木内先生遺稿出版会。
岸川公紀・島本克彦（2000）「高等学校における簿記指導上の問題点と課題――これからの簿記教育と効果的な指導法の手がかりとして」『日本簿記学会年報』第18号、pp. 54-60。
木村重義（1967）『簿記要論』中央経済社。
木村國治（1934）「収支簿記法批判序説」『經濟法律論叢』第5巻第1號、pp. 197-205。
木村禎橘（1924）『簿記計理学綱要』寶文舘。
木村和三郎（1930）「商品勘定の損益計算的説明」『内外研究』第3巻第1號、pp. 84-103。
雲英道夫（1987）「アメリカの商業教育断想―― Edward Harris 教授来日講演より」『専修経営研究年報』第11号、pp. 87-107。
金融広報委員会（2007）『金融教育プログラム――社会の中で生きる力を育む授業とは』金融広報委員会。
金融・証券知識の普及に関するNPO連絡協議会（金融知力普及協会、証券学習協会、投資と学習を普及推進する会〈エイプロシス〉日本ファイナンシャルプランナーズ協会）証券知識普及プロジェクト（日本証券業協会、東京証券取引所、投資信託協会、証券広報センター）（2005）『経済教育に関するアンケート学校における経済・金融教育の実態調査報告書』(http://www.jafp.or.jp/ about/research/ files/houkoku.pdf#search='学校におけ

る経済金融の実態調査）。
金融庁総務企画局政策課（2004）『初等中等教育段階における金融経済教育に関するアンケート調査結果報告書』（http://www.fsa.go.jp/news/newsj/16/sonota/f-20040831-3b.pdf#search='初等中等教育段階における金融）。
工藤栄一郎（1999）「Jピールの簿記書と仕訳帳のアプローチ――複式簿記教授法の萌芽」『熊本学園商学論集』第6巻第1号、pp. 57。
――――（2013）「わが国固有の複式記入理論の形成――「取引要素説」形成過程の検討」『産業経理』第73巻第2号、pp. 76-94。
工藤栄一郎・島本克彦（2012）「近代的簿記教育制度の到達点としての吉田良三『甲種商業簿記教科書』」『日本簿記学会年報』第27号、pp. 85-94。
久野光朗（1985）『アメリカ簿記史――アメリカ会計史序説』同文館出版。
――――（2009）『アメリカ会計史序説――簿記から会計への進化』同文館出版。
久保田佑歌（2013）「大学におけるジェネリックスキル教育の意義と課題」『愛知教育大学教育創造開発機構紀要』Vol. 3、pp. 63-70。
倉沢剛（1985）『米国カリキュラム研究史』風間書房。
倉田三郎（1988）「ヒュックリの単式簿記論について」『商大論叢』第39巻4号、pp. 5-35。
――――（1992）「単式簿記論の特徴と複式簿記の本質」『松山大学論集』第4巻3号、pp. 218-237。
黒澤清（1934）「傳票式収支簿記の形態論的考察」『會計』第35巻2號、pp. 192-208。
――――（1938）『新定商業簿記の常識』千倉書房。
――――（1943）「勘定計書の理論――新しき簿記教授法の展開」『會計』第53巻2號、pp. 1-8。
――――（1943）「勘定計書の理論――新しき簿記教授法の展開（其二）」『會計』第53巻3號、pp. 1-7。
――――（1951）『改訂簿記原理』千倉書房。
――――（1967a）『企業経営と複式簿記原理』同文館出版。
――――（1967b）『商業簿記の導入について』『ひとつばし資料』第2巻第7号、pp. 1-14。
経済産業省　経済産業政策局　産業人材政策室（2014）『「社会人基礎力育成の好事例　社会人基礎力育成の好事例の普及に関する調査」報告書』経済産業省。
小池拓自（2009）「金融経済教育」『青少年をめぐる諸問題総合調査報告書』（http://www.ndl.go.jp/jp/data/publication/document/2009/200884/21.pdf#search='金融経済教育'）
厚生労働省職業能力開発局（2001）『エンプロイアビリティの判断基準に関する調査研究報告書』厚生労働省。

神戸大学会計学研究室編（1997）『第5版会計学辞典』同文館出版。
国立教育文化総合研究所（2012）『「PISAから見た世紀の教育」PISA報告書』国立教育文化総合研究所。
小島佐恵子（2007）「所年次教育とジェネリックスキル」『IDE』、No. 487、pp. 64-69。
小菅敏郎（1931）「商品勘定の損益分記法」『經濟論叢』第33巻第4號、pp. 127-134。
―――（1931）「商品勘定の分割記帳法」『經營と經濟』第1巻第2號、pp. 243-250。
―――（1931）「分割商品勘定に關する――考察」『經營と經濟』第2巻第4号、pp. 24-33。
小西彦太郎（1937）「銀行会計における貸借記録の統一」『曾計』第1巻3號、pp. 81-89。
兒林百合松（1917）「會計學と簿記學」『曾計』第1巻3號、pp. 24-32。
―――（1917）「「シュペラー」式改良單式簿記」『曾計』第1巻7號、pp. 38-44。
財団法人帝国馬匹協会（1930）『家畜保険講習提要（家畜保険組合会計実務）』帝国馬匹協会。
財団法人日本経済教育センター（2005）『牛丼屋経営シミュレーション　○×家、牛丼屋を開店する』財団法人日本経済教育センター。
―――（2007）『牛丼屋経営シミュレーション2　△△家、牛丼屋を開店する』財団法人日本経済教育センター。
坂下晃（2010）「最近における金融経済教育の動向について」『証券レポート』No. 1658, pp. 1-22。
佐々木裕子（2014）『21世紀を生き抜く　3+1の力』ディスカヴァートゥエンティワン。
佐藤孝一・染谷恭次郎編（1982）『新版簿記会計小辞典』中央経済社。
佐藤宗弥（1989）「コンピュータ会計教育の現状」『会計人コース』第24巻第14号、pp. 4-8。
―――（1992）「会計教育の再検討――情報処理技術との関連において」『會計』第142巻第6号、pp. 809-821。
佐野安仁・吉田謙二編（1996）『コールバーグ理論の基底』世界思想社。
産経新聞社・駿河台教育研究所（2012）『「時代が求める人物像」に関する調査結果』産経新聞社駿河台教育研究所。
茂木石山（1919）「收支曾計」『簿記世界』第21巻4號、pp. 1-6。
柴健次（2007）『会計教育方法論』関西大学出版部。
―――（編集）（2012）『IFRS教育の基礎研究』創成社。
―――（編集）（2013）『IFRS教育の実践研究』創成社。

島本克彦（1994）「アメリカにおける簿記導入法の推移について」『研究資料（神戸商科大学経済研究所）』通号145、pp. 27-41。
─── (1994)「高等学校におけるコンピュータ簿記の導入について」『研究資料（神戸商科大学経済研究所）』145号、pp. 43-53。
─── (1998)「商業教育の目標について」『商業教育研究』創刊号、pp. 3-11。
─── (1999)「高等学校における簿記教育の諸問題」（統一論題）第14回日本簿記学会関西部会報告資料。
─── (2000)「簿記教育の諸問題」第15回日本簿記学会関西部会報告資料。
─── (2001)「再整理仕訳についての一考察」『創造（姫路商業高等学校）』第13号、pp. 196-202。
─── (2004)「簿記教育の諸問題」（統一論題）第20回日本簿記学会関西部会報告資料。
─── (2005a)「簿記会計教育と論理」『日本簿記学会年報』第20号、pp. 73-81。
─── (2005b)「簿記教育の諸問題」『日本簿記学会年報』第20号、pp. 117-125。
─── (2007)「高校教育の現場における会計教育の課題」『企業会計』第59巻2号、pp. 97-104。
─── (2009)「ビジネス教育の問題と方策」『商業教育論集』第19集、pp. 9-12。
─── (2011)「これからの簿記会計教育」『日本簿記学会年報』第26号、pp. 191-201。
─── (2012)「日本式収支計算簿記について」第71回日本会計研究学会自由論題報告資料。
─── (2013)「簿記教育の諸問題─進む簿記離れ『日本簿記学会年報』第28号、pp. 19-27。
─── (2014)「決算振替仕訳の指導」『大阪簿記会計学協会会報』第58号、pp. 5-6。
─── (2014a)「簿記入門指導における貸借対照表導入法について」第30回日本簿記学会全国大会報告資料。
─── (2014b)「日本式収支計算簿記について」『経理研究』57号、pp. 145-156。
清水禎文（2012）「ジェネリックスキル論展開とその政策的背景」『東北大学大学院教育学研究年報』第61集、第1号、pp. 275-287。
皇至道（1976）『徳は教えられるか──道徳教育の人生的基礎』お茶の水書房。
副島民雄訳（1975）『徳について』[田中美知太郎、藤沢令夫編『プラトン全集15』岩波書店]。
下野直太郎（1917）「貸借對照表の形式を論ず」『曾計』第1巻1號、pp. 1-48。

─────（1921a）「所感」『簿記世界』第 23 巻 8 號、pp. 40-51。
─────（1921b）「收支簿記法を論ず」『商學研究』第 1 巻 2 號、pp.399-411。
─────（1927）「日本式收支簿記法」『曾計』第 21 巻 3 號、pp.39-50。
─────（1930）「伊太利式貸借簿記法と日本式收支簿記法」『曾計』、第 26 巻 3 號、pp.1-8。
─────（1931）『單複貸借收支　簿記曾計法』森山書店。
─────（1932）「西洋式貸借簿記計算法の缺點を論難す」『曾計』第 29 巻 4 號、pp. 57-62。
─────（1934）「銀行會社の不正不當なる簿記計算法と現行の簿記計算法」『曾計』第 34 巻 2 號、pp. 1-7。
─────（1934）「現行西洋式貸借簿記計算法の不備缺點を論ず」『曾計』34 巻 4 號、pp. 1-7。
杉山茂（1934）『日本式収支簿記』千倉書房。
鈴木勲（2002）『逐条学校教育法』学陽書房。
須藤文基編（1921）『簿記學辭典』三星社販賣部。
染谷恭次郎（1975）「簿記教育の方法に関する諸問題」『早稲田商学』248 号、pp. 75-89。
醍醐聰（2013）『商業 308 簿記』東京法令出版。
高寺貞男（1967）「「貸借対照表」制度導入期におけるイギリス式と大陸式の結合」『経営史学』第 2 巻 2 号、pp. 30-63。
─────（1993）「アジア会計史上の共通慣行としての収支簿記法の文化負荷性」『大阪経大論集』第 44 巻 3 号、pp. 1-15。
高野德藏（1921）「舊貸借簿記使用の弊害と収支複式簿記の現代に理想的なる理由を述べ収支記帳法を示す」『簿記世界』第 23 巻 8 號、pp. 95-102.。
瀧田輝巳（2002）『簿記学』同文館出版。
─────編（2007）『複式簿記──根本原則の研究』白桃書房。
竹内清（2002）「若者と規範意識」深谷昌志編『教職研修総合特集（No. 152）子どもの規範的意識を育てる』教育開発研究所。
武田隆二（2001）『簿記 I　第 3 版』税務経理協会。
但馬弘衛（1933）「収支簿記理論」『曾計』第 32 巻 5 號、pp. 38-50。
田中義雄（1989）「高等学校における簿記会計教育の方向」『専修商学論集』47 号、pp. 15-34。
─────（1991）「日米の簿記会計教育の比較──高等学校における会計の機械化教育を中心として」『私学研修』第 125 号、pp. 30-40。
田中藤一郎（1930）「明治中葉に於ける収支簿記法の先驅」『曾計』第 26 巻 3 號、pp. 103-108。
─────（1934）「収支簿記法の吟味」『商業經濟論叢』20 巻（上）、pp. 103-114。
─────（1940）『実践商業簿記大意』平野書店。

田中繁造（1933a）「下野博士の收支簿記に就て」『曾計』第33巻1號、pp. 123-130。
―――（1933b）「収支簿記管見」『曾計』第34巻4號、pp. 119-131。
丹波康太郎（1937）「單式簿記の特質に關する一考察」『国民經濟雜誌』第63巻4號、pp. 227-249。
中央教育審議会（2008）『学士課程の教育の構築に向けて（答申）』文部科学省。
―――（2011）『今後の学校におけるキャリア教育職業教育の在り方につい（答申）』文部科学省。
戸田博之（1992）「非複式簿記の再吟味」安平昭二編『簿記会計の理論歴史教育』東京経済情報出版、pp. 213-228。
栃内吉古（松翠）編（1902）『内外名誉録　第1編』内外名誉録出版事務所。
轟真広編（1922）『空拳努力信濃立志伝』轟真広。
友田光明（2010）「商品勘定について（1）」『京都経済短期大学論集』第17巻3号、pp. 187-202。
―――（2010）「商品勘定について（2）」『京都経済短期大学論集』18巻3号、pp. 149-170。
―――（2012）「商品勘定について（3）」『京都経済短期大学論集』19巻3号、pp. 113-130。
外山美樹（2011）『行動を起こし持続する力――モチベーションの心理学』新曜社。
内閣府経済社会総合研究所編（2005）『経済教育に関する研究会中間報告書』(http://www.esri.go.jp/jp/archive/hou/hou020/hou13a.pdf#search='経済教育。中間報告')。
内閣府経済社会総合研究所（2006）『経済教育に関する研究調査報告書』日本経済教育センター（http://www.esri.go.jp/jp/archive/hou/hou030/hou22a-.pdf）。
中谷素之（2011）『やる気をひきだす教師――学習動機づけの心理学』金子書房。
中野常男（1992）『会計理論生成史』中央経済社。
―――（1999）『複式簿記原理（第2版）』中央経済社。
――― 編（2007）『複式簿記の構造と機能』同文館出版。
―――（1993）「簿記学と会計学――その史的展開過程について」『曾計』第144巻5號、pp. 30-45。
永野重史編（1990）『道徳性の発達と教育――コールバーグ理論の展開』新曜社。
中村忠（1990）「簿記学と会計学」『税経セミナー』第35巻第7号、pp. 2-7。
―――（1991）『簿記あれこれ』日本放送協会学園。
―――（1993）『新訂現代簿記』白桃書房。
―――（1996）『簿記の考え方学び方』税務経理協会。
―――（2002）『簿記の考え方学び方　改訂版』税務経理協会。
―――（2003）『簿記の考え方学び方　二訂版』税務経理協会。

―――（2004）『簿記の考え方学び方　三訂版』税務経理協会。
―――（2005）『簿記の考え方学び方　四訂版』税務経理協会。
―――（2006）『簿記の考え方学び方　五訂版』税務経理協会。
西尾幹二（1992）『教育と自由――中教審方向から大学改革へ』新潮社。
西垣直記（1930）「日本式收支簿記法の檢討」『彦根高商論叢』7號、pp. 81-122。
西川孝治郎（1954）「福沢諭吉と収支簿記法」『會計』第 66 巻 6 號、pp. 895-907。
―――（1956）「シャンド式簿記の起源について」『會計』第 70 巻 5 號、pp. 716-724。
―――（1957）「収支簿記の首唱者」『企業会計』第 9 巻 4 号、表紙裏面。
―――（1967）「シャンド原著「銀行簿記精法」-2 完 - 現金式仕訳法の成立事情」『商学集志』第 37 巻 2 号、pp. 1-14。
―――（1974）「シャンド式簿記の起源論争」『商学集志』第 44 巻 23 号、pp. 239-248。
西村和雄（2012）「理科教科の学習が年収に及ぼす効果」『数学文化』No. 17、pp. 062-066。
西村和雄・平田純一・八木匡・浦坂純子（2006）「数学学習と所得」『数学文化』No. 7、pp. 012-020。
日本会計研究学会特別委員会（委員長安平昭二）（1992）『会計システムと簿記機構簿記形態に関する研究』日本会計研究学会。
日本証券業協会、東京証券取引所、投資信託協会、証券広報センター（2005）『経済教育に関するアンケート学校における経済・金融教育の実態調査報告書』（http://www.jafp.or.jp/ about/research/ files/houkoku.pdf#search='学校における経済金融の実態調査）。
日本消費者教育学会編（2007）『新消費者教育 Q&A』中部日本教育文化会。
日本簿記学会簿記教育研究部会（島本克彦部会長）（2000）『簿記教育上の諸問題――高等学校の現場から』日本簿記学会簿記研究部会。
日本簿記学会簿記教育研究部会（柴健次部会長）（2002）『簿記教育における実験的アプローチの有効性（最終報告）』日本簿記学会簿記教育研究部会。
日本簿記学会簿記教育研究部会（浦崎直浩部会長）（2008）『簿記教育と倫理のフレームワークに関する研究』日本簿記学会簿記教育研究部会。
日本簿記学会簿記教育研究部会（上野清貴部会長）（2010）『教養としての簿記に関する研究』日本簿記学会簿記教育研究部会。
沼田嘉穂（1935）「簿記學と会計學に關する一考察」『會計』第 36 巻第 1 号、pp. 63-74。
―――（1955）「簿記の導入法と展開について」『簿記』第 6 巻第 1 号、pp. 4-9。
―――（1961）『簿記論攷』中央経済社。
―――（1966）『新版近代簿記』中央経済社。
―――（1971）「簿記理論から見た混合勘定の実体」『企業会計』第 23 巻 4 号、

pp. 4-10。
―――(1972)「複式簿記の導入法としての取引要素結合表」『會計』第102巻第2号、pp. 63-74。
―――(1973)『現代簿記精義』中央経済社。
―――(1978)『簿記教科書』同文館出版。
―――(1983)『完全簿記教程（Ⅱ）増補改訂版』中央経済社。
野田文香（2010）「高等教育における「ジェネリックスキル評価をめぐる問題点と今後の課題――オーストラリアと米国の取組から」『比較教育学研究』第40号、pp. 3-21。
橋本尚（2009）「国際財務報告基準と会計教育」『税経通信』第64巻第1号、pp. 32-38。
長谷川哲嘉（1990）『簿記論』新世社。
原口亮平（1924）「商品勘定に就いて」『神戸高等商業学校開校二十周年記念講演及論文集』pp. 255-273。
原俊雄（1997）「商品売買取引処理法の再検討」『情報研究』18号、pp. 149-158。
―――(2008)「簿記教育上の諸問題―― Book-keeping Trivia」『横浜経営研究』第29巻第12号、pp. 71-81。
原田保秀（2012）『会計倫理の視座――規範的教育的実証的考察』千倉書房。
東奭五郎（1914）「會計學の定義に就て」『神戸高等商業學校開校第十周年記念論文集』pp. 119-132。
―――(1924)「商品勘定の整理記帳法私案　其一」『會計』第15巻第2號、pp. 1-9。
―――(1924)「商品勘定の整理記帳法私案　其二」『會計』第15巻第3號、pp. 36-44。
久野秀男（1955）「普通銀行簿記法批判」『バンキング』90号、pp. 203-211。
―――(1958)「日記帳増補日記帳日締帳」『バンキング』26号、pp. 195-203。
―――(1968)「銀行会計原理」法政大学出版局。
―――(1974)「近代簿記への道 -3- 近代簿記への系譜その直系と傍系――現金式仕訳帳の登場と異端の改革者ジョーンズ」『産業經理』第34巻6号、pp. 41-46。
―――(1993)「「複式」とは何か――「仕訳（日記）帳」の思考様式」『学習院大学経済論集』第30巻3号、pp. 299-315。
広瀬郁雄（1994）「簿記（学）と会計学の区別の意義について」『上武大学商学部紀要』第5巻1号、pp. 117-126。
廣瀬幸四郎（1989）「販売資産の記帳処理について」『會計』第135巻第5号、pp. 123-136。
福浦幾巳（2008）「ICT化の進展を背景とした会計教育の課題」『企業会計』第60巻第1号、pp. 113-118。

藤永弘（2004）『大学教育と会計教育』創成社。
福山雅市郎（1955）「現金仕訳簿記に関する批評試論」『バンキング』92号、pp. 173-186。
―――（1956）「現金式簿記法への反省」『月刊簿記』第7巻10号、pp. 48-55。
藤沢令夫訳（1974）『メノン』[田中美知太郎・藤沢令夫編『プラトン全集9』岩波書店]。
藤田幸男編（1998）『21世紀の会計教育』白桃書房。
藤田芳夫（1966）「商品勘定分割への新しいアプローチ」『商學討究』第17巻第2号、pp. 81-96。
藤山雛鳳（1921）「収支帳合法の新創は簿記學者の本領なり」『簿記世界』第23巻3號、pp.10-12。
藤山正（1916a）「主觀簿記の原理（形式の部）」『簿記世界』第16巻10號、pp. 4-24。
―――（1916b）「収支計算の簿記原理」『簿記世界』第16巻2號、pp. 3-18。
―――（1916c）「収支計算の簿記原理（続き）」『簿記世界』第16巻3號、pp. 12-24。
―――（1921）「収支曾計帳簿の組織及び形式學の理を提唱す」『簿記世界』第23巻4號、pp. 14-22。
藤原泰（1935）『銀行会計の基礎原理』文雅堂。
古館市太郎（1931）『實踐簿記及會計講義』尚文堂。
―――（出題）（1923）「討論　収支簿記ハ複式簿記の価値アリヤ」『計理學研究』10號、pp. 80-84。
簿記學研究會（1914）「三大問題（諸学者論述）」『簿記世界廓新記念號』第16巻9號。
細井安次郎（1916）「會計學と簿記學との形式的差異」『商業及経済研究』第1巻10號、pp. 1-10。
間島進吾（2010）「IFRS導入と会計教育」『商学論纂』第51巻1号、pp. 351-367。
松下佳代（2007）「コンピテンス概念の大学カリキュラムへのインパクトとその問題点―― Tuning Projectの批判的検討」『京都大学高等教育研究』第13号、pp. 101-119。
―――編（2007）『〈新しい能力〉は教育をかえられるか――学力リテラシーコンピテンシー』ミネルヴァ書房。
―――（2012）「パフォーマンス評価による学習の質の評価――学習評価の構図の分析にもとづいて」『京都大学高等教育研究』第18号、pp. 75-108。
―――（2014）「学習成果としての能力とその評価――ルーブリックを用いた評価の可能性と課題」『名古屋高等教育研究』第14号、pp. 235-255。
松田辰雄（1941）「改良収支簿記の提唱」『曾計』第48巻2号、pp. 91-103。
―――（1942）「新日本式収支簿記に對する自己批判」『曾計』第50巻4号、pp. 97-103。
三澤一（1989）「パソコン簿記と大学における簿記教育」『成蹊大学経済学部論集』

　　　　　第19巻第2号、pp. 155-163。
道田泰司（2001）『批判的思考の諸概念──人はそれを何だと考えているか？』『琉球大学教育学部紀要』第59集、pp. 109-127。
─────（2003）「批判的思考概念の多様性と根底イメージ」『心理学評論』第46巻第4号、pp. 617-639。
─────（2004）「批判的思考は良い思考か？」『琉球大学教育学部紀要』第64集、pp. 333-346。
宮坂純一（1998）「ビジネス倫理は教えられるのか──モラル意識の高揚に向けて」『産業と経済』第13巻第2号、pp. 29-45。
村井実（1994）『道徳教育原理──道徳教育をどう考えればよいか』教育出版。
─────（1997）『道徳は教えられるか』国土社。
村瀬玄（1955）「簿記の倫理的価値」『月刊簿記』第6巻8号、p. 775。
森安吉（1923）「簿記科に對する卑見」『補習教育』6號、pp. 95-97。
森川八州男（1987）『精説簿記論［1］』白桃書房。
森田哲彌・宮本国章編（2002）『会計学辞典（第4版）』中央経済社。
森田哲彌・岡本清・中村忠編（1996）『会計学大辞典　第4版』中央経済社。
森田哲彌（1976）『財務分析基礎講座　第1分冊　簿記Ⅰ』全国銀行協会。
文部科学省中央教育審議会答申（2011）『今後の学校におけるキャリア教育職業教育の在り方について』ぎょうせい。
文部省（1952）『中学校職業科用　中学簿記』実教出版。
─────編（1953）『高等学校学商業科　学習指導書　簿記会計科編』文部省。
─────編（1989）『文部省高等学校学習指導要領解説　商業編』大日本図書。
安平昭二（1979）「資本等式貸借対照表等式による簿記導入法をめぐって」『神戸商科大学50周年記念論文集』pp. 167-182。
─────（1980）「商品勘定の諸処理法について」『商大論集』第31巻第4・5号、pp. 342-361。
─────（1987a）「簿記の問題点を考える──その若干に関する私見」『税経セミナー』第32巻第4号、pp. 7-13。
─────（1987b）『商業145　簿記会計Ⅰ』大原出版。
─────（1988）「商品売買処理法についての考察──「売上高売上原価表示法」のすすめ」『商大論集』第39巻第4号、pp. 24-37。
─────（1989）「『精算表』に関する若干の予備的考案」『商大論集』第40巻45号、pp. 1-20。
─────（1990）「『簿記一巡の手続き』に関する若干の考察」『商大論集』第41巻第4・5号、pp. 67-78。
─────（1992）『簿記その教育と学習』中央経済社。
─────（1992）「『実体名目二勘定系統説』の概要──企業複式簿記の本質への勘定論的考察一つの試み」『商大論集』第43巻第4・5号、pp. 145-162。

─────（1996）「単式簿記」「複式簿記」［森田哲彌・岡本清・中村忠編（1996）『会計学大辞典　第 4 版』］中央経済社、p. 709, 921。
─────（2002）『簿記要論　四訂版』同文舘。
─────（2003）『入門企業複式簿記（新版）』東京経済情報出版。
山岸明子（1999）『道徳性の発達に関する実証的理論的研究』風間書房。
山口年一（1961）「簿記教育の導入法」『諸学紀要』第 5 号、pp. 1-42。
山下勝治（1937）「ヒューグリー簿記體系と簿記形式（其一）」『會計』第 41 巻 5 號、pp. 29-48。
─────（1937）「ヒューグリー簿記體系と簿記形式（（其二完）」『會計』第 41 巻 6 號、pp. 51-82。
山田邦男（1974）「分割商品勘定の問題点」『中京商学論叢』第 20 巻 2 号、pp. 75-84。
山田伝太郎（1959）「分割商品勘定の性質について」『簿記』第 10 巻第 6 号、pp.71-72。
山野井房一郎（1967）「簿記機構の説明法に関する新しい試み」『臨時増刊公認會計士』第 67 号、pp. 39-45。
山桝忠恕（1974）『複式簿記原理』千倉書房。
─────（1994）『複式簿記原理』千倉書房。
吉田威（1980）「単式簿記の本質」『商経論叢』第 15 巻第 3・4 号、pp. 1-86。
吉田良三（1904）『最新商業簿記學』同文舘。
─────（1907a）『最新商業簿記』同文舘。
─────（1907b）『簡易商業簿記教科書』同文舘。
─────（1911）『甲種商業簿記教科書（上巻）』同文舘。
─────（1912）『最新商業簿記　第二回訂正改版』同文舘。
─────（1914a）『最新式近世簿記精義』同文舘。
─────（1914b）『最新式近世簿記精義』同文舘。
─────（1919）『改訂最新式近世商業簿記』同文舘。
─────（1920）『甲種商業簿記教科書（上巻）』同文舘。
─────（1922）『最新式近世商業簿記　第二回改版』同文舘。
─────（1923a）『簡易商業簿記教科書　第三回改版』同文舘。
─────（1923b）『商業簿記教科書（上巻）』同文舘。
─────（1925）『改訂増補近世簿記精義』同文舘。
─────（1928）「純粋勘定と混合勘定」『會計』第 22 巻第 6 號、pp. 1-8。
─────（1931）『改訂増補簡易商業簿記教科書』同文舘。
─────（1934a）『商業簿記提要』同文舘。
─────（1934b）『四訂版商業簿記教科書（上巻）』同文舘。
─────（1936）『女子簿記教科書』同文舘。
─────（1939）『改訂中等簿記教科書』同文舘。

―――― (1940)『五訂版商業簿記教科書（上巻）』同文館。
芳野国雄（1957）『銀行の会計実務』立正大学経済学研究所金融制度調査会。
渡邊泉（2005）『損益計算の進化』森山書店。
―――― (2012)「単式簿記は複式簿記の萌芽なのか――会計の本質との関連において」『商経学叢』第 59 巻第 1 号、pp. 125-139。
―――― (2014)『会計の歴史探訪――過去から未来へのメッセージ』同文館出版。
渡辺和夫（1992）『リトルトン会計思想の歴史的展開』同文館出版。
渡辺進編（1975）『最新基準会計学辞典』中央経済社。
渡部寅二（1925）「分割商品勘定に就て」『會計』第 17 巻第 5 號、pp. 5-18。
渡辺義雄（1918）「複式簿記と單式簿記との区別につきて」『會計』第 3 巻第 2 號、pp. 63-72。

あ と が き

　簿記教育の諸問題、なかでも学会で論題となっていたテーマについて述べてきた。まだまだいろいろな課題が山積している。毎年同じような項目や内容を指導して、自分自身、経験だけは十分すぎるほど重ねている。この数年、学会の統一論題で報告するために、社会の変化や新しい学習理論への研究も行ってきた。その成果を授業に取り入れようとする意気込みはあるのだが、思ったように満足のいく授業展開ができず反省ばかりがよぎってくる。

　これからは、生まれたときから、チャンネル型のスイッチを見たことがなく、スマホやタブレットをスワイプする世代が、世の中を席巻するようになるであろう。ドッグイヤーといわれるように社会は急速に変化しつつある。今後、これらの機器を活用する、いつでも、どこでも学習できるモバイル学習が一般的になるかもしれない。そのような時代のなかで、簿記は不易と称して、伝統を重んじる教授項目・内容や方法を変えないで果たしてよいのであろうか。ますます生徒の世代の要求とかけ離れたものになっていくように思える。確かに教育は、生徒が好まないものでも教える必要がある。本文で述べたように、コンピュータ時代にあっても、手書きの簿記による指導は、書かせる行為によって学ばせたり、科目名の漢字を覚えさせたりすることができる等の利点があることを忘れてはならないであろう。

　大学の初級簿記の授業でも、高等学校と同様に、理屈よりも技術として強制力を伴う訓練型の問題練習に徹した学習を好む生徒が多くなっているように思われる。小中高での学習塾型の授業形態が浸透し、自らを律して学ぶより、強制力や競争心を煽って反復・暗記型の指導法に慣れ親しんでいるせいなのかもしれない。確かにこのような方法は、単に知識の確認度合を測定するための手書きによる初級の検定受験には有効であろう。

　明治期においても、このような、単に技術的側面を反復・暗記的に教える簿記教育は上級学校の教育としてふさわしくないとの批判があったようである。それゆえ当時の簿記教育者は、フォルソムの価値交換などの説明を取り入れ、「学」として簿記を教授することにより、教育的地位を確保しようと

した。その後「学」だけでなく「術」の必要性も叫ばれ、実学として両者の融合を図るようになった。現在の初級簿記教育は、戦後の検定制度の導入に伴い、とりわけ「術」の教育に移行したように思える。しかし急速なICTの発達により、反復的な「術」そのものは、コンピュータに委ね、必要とされなくなりつつある。それゆえ、これからの社会に必要な批判的思考力や対人関係技能のようなソフトスキルも簿記教育に組み込み、その教育的価値を再認識させる必要があろう。そのためには、検定制度も含めて教育内容や方法そのものの改善を図ることも課題の1つとなるであろう。学習評価についても単に問題を解いて解答数だけを見るような方法ではなく、生徒自らの成長度を測定するような簿記教育におけるパフォーマンス評価の方法についても研究する必要があるであろう。

　また、初級簿記の目標を教養の1つとして考え、簿記人口を増やす努力も必要であろう。そうしたとき、職業目標の場合の教育と同様に、単に知識を獲得させるだけではなく、将来の経済生活にも適応できる、理解・応用面までの水準に達するような授業が望ましいと考えられる。知識の獲得方法についても構成主義教育に見られるように、生徒主体とした授業方法を開発していく必要がある。簿記教育にはどうしても伝統的に本質主義的な面をなくすことには抵抗があるため、他の科目のように取り入れられることがすくないように思われるからである。

　最後に、本書について、ご健在なら、飯野先生からは、「引用や紹介もよいが、各項目についてもっと背景的な状況まで踏み込んで咀嚼し、自己流の簿記教育の理論や方法論を構築しなさい」、また、安平先生からは、「自分の考えを述べるときは将棋を指すときのように多面的により深く考え、簿記教育理論の体系化を目指しなさい」とのコメントがありそうである。

　今後、簿記教育について、本書で述べた考え方や意見をさらに発展させ、その体系化をめざしてさらなる研究と実践に努めたいと考えている。

　　　2014年12月

　　　　　　　　　　　　　　　　　　　　　　　　島本　克彦

索 引

アルファベット

ICT　24, 31, 33, 37, 41, 143
P21（The Partnership for 21st Century Skills）　31, 37
Pathways Commission　49
SCANS: The Secretary's Commission on Achieving Necessary Skills　30

ア行

アクティブ・ラーニング　47
生きる力　19, 31, 94, 151, 154, 157
一般教育目標　6
売上高一括計上法　97
売上高・売上原価表示法　97
英国式帳簿組織　99
APテスト　46
X世代　24
エンプロイアビリティ　31
大原信久　179

カ行

会計教育改善委員会
　　（AEEC: Accounting Education Change Commission1)　30
外発的動機づけ　45
学士力　19
価値明確化（Value Clarification）　90
学校学習指導要領　153
慣習的水準　91
勘定導入法（account approach）　59
危機に立つ国家　202

記帳（recordkeeping）　169
規範論的次元　87
義務論　87
キャリア教育　44
キャリア・テクニカル教育　52
牛丼屋経営シミュレーション　157
教養簿記　151
金銀勘定　189
銀行簿記精法　183
金銭出納日記帳　189
金融教育　158
繰越（棚卸）商品　100
繰延　114
訓練転移価値
　　（transfer-of-training value）　15
経済教育　156
継続記録法　99
結果論　87
決算整理仕訳　102
決算振替仕訳　105
原価導入法　79
原価の流れ　108
原子論的思考　87
構成主義（Constructivism）　29
構成する　172
行動目標　166
Kohlberg理論　89
個人用途目標　6
5段階モデル　92
小遣い帳　159
ごみ捨て場（dumping grounds）　169
混合勘定　99
コンピテンシー　163
コンピテンス　31

コンピュータ簿記　143

サ行

再整理仕訳　113
サイレント世代　23
資産導入法　79
自動化簿記（Automated Accounting）
　　144
下野直太郎　180
社会人基礎力　31
社会的思考　87
社会目標　6
アラン・シャンド（Allan Shand）
　　183
シャンド式簿記法　183
自由意思（free will）　87
収支計算簿記　179
自由社会による一般教育　9
主観簿記法　179
商業学校通則　17
消費者教育　158
商品勘定　97
商品勘定の分割　99
消耗品　114
職業獲得価値　14
職業教育　44
職業的知性（occupational intelligence）
　　200
職業目標　6, 16
仕訳（帳）導入法
　　（The Journal Approach）　56
人的勘定　127
進歩主義（Progressivism）　29
進歩的教育協会　11
ステークホルダー　19
精算表　105
生徒の認知　107

漸進的分化　108
漸増的に教える　172
専門教育　44
総記法　97
損益勘定　121

タ行

大学準備のための目標　6
貸借対照表等式導入法
　　（The Blance Sheet and Equation
　　Approach）　66
貸借対照表導入法（The Balance Sheet
　　Approach）　60
貸借簿記　184
タキソノミー（認知領域）
　　（Bloom）　35
棚卸計算法　106
単式　127
単式簿記　125
中等教育改善委員会　202
中等教育改造委員会
　　（Commission on the Reorganization
　　of Secondary Education）　5
チューニング（Tuning）　39
帳合の法　183
手書きによる簿記　144
デジタルネイティヴ　42
ドイツ式総合簿記法　183
動機づけ理論　45
統合的調和　108
等式導入法（The Equation Approach）
　　66
投資教育　158
頭字語記憶法　174
道徳的推論　90
取引要素　70
取引要素の結合関係表　71

ナ行

内発的動機づけ　45
7つの習慣　172
認識論的次元　87
認知構造　90
熱中する　173

ハ行

8年研究　11
発生概念　107
パフォーマンス目標　165
反省的判断モデル
　　（Reflective Judgement model）　35
ひかり　175
ビジネス教育　3
ビジネスについての教育　202
ビジネスのための教育　202
ビジネス文書導入法　79
非職業目標　16
批判的思考（critical thinking）　33
フィージビリティ・スタディ　38
複雑性の統制　109
福澤諭吉　183
複式　127
複式簿記　125
普通教育　44
物的二勘定系統説　129
負の数　176
分記法　97
分類導入法　79
ベビーブーマー世代　24
ヘリコプターペアレント　51
簿記一巡の手続き　55
簿記係　13
本質主義（Essentialism）　29

マ行

マイナスイメージ　42
見越　114
ミレニアム世代　24
メタ認知（metacognition）　33
元帳導入法　58

ヤ行

有意味学習　97
要約して繰り返す　174
抑揚をつける　173
吉田良三　71

ラ行

倫理的相対主義　90
例をあげる　173

ワ行

笑い　174

【著者略歴】

島本　克彦（しまもと・かつひこ）

1952 年兵庫県姫路市生まれ、中央大学商学部会計学科卒業、同大学院商学研究科修士課程修了（商学修士）。兵庫県立神戸商業高等学校、小野高等学校、姫路商業高等学校を経て、現在、関西学院大学商学部准教授

論　文　「アメリカにおける簿記導入法の推移について」研究資料（神戸商科大学経済研究所）145 号、「簿記会計教育と倫理」（日本簿記学会年報　第 20 号）、「簿記教育の諸問題──進む簿記離れ」（日本簿記学会年報　第 28 号）等

関西学院大学研究叢書　第 169 編

簿記教育上の諸問題

2015 年 3 月 31 日初版第一刷発行

著　者　島本克彦

発行者　田中きく代
発行所　関西学院大学出版会
所在地　〒662-0891
　　　　兵庫県西宮市上ケ原一番町 1-155
電　話　0798-53-7002

印　刷　協和印刷株式会社

©2015 Katsuhiko Shimamoto
Printed in Japan by Kwansei Gakuin University Press
ISBN 978-4-86283-194-1
乱丁・落丁本はお取り替えいたします。
本書の全部または一部を無断で複写・複製することを禁じます。